Peter Haining
Das große Gespensterlexikon

Peter Haining

DAS GROSSE GESPENSTERLEXIKON

Geister, Medien und Autoren

Titel der englischen Originalausgabe:
A DICTIONARY OF GHOSTS
Originalverlag: ROBERT HALE, LONDON
Übersetzt von CHRISTIANE OEHLMANN UND
MARIANNE SCHULZ-RUBACH
Deutsche Bearbeitung: WOLFGANG DRESCHER

Lizenzausgabe 1991 für
Manfred Pawlak Verlagsgesellschaft mbH, Herrsching

Umschlaggestaltung: Bine Cordes, Weyarn
Umschlagmotiv: Interfoto, München
Printed in Germany
ISBN 3-88199-902-7

Im Grübeln und bei Nachtgesichten, wenn tiefer Schlaf die Menschen überfällt, kam Furcht und Zittern über mich und ließ erschaudern alle meine Glieder. Ein Geist schwebt an meinem Gesicht vorüber, die Haare meines Leibes sträuben sich. Er steht, ich kann sein Aussehen nicht erkennen, eine Gestalt nur vor meinen Augen.

Das Buch Hiob 4,13–15

Inhalt

Vorwort

Nach einer 1981 in Großbritannien durchgeführten Umfrage glaubten 44% der Befragten an die Existenz von Geistern; von diesen behauptete wiederum jeder siebte, daß er schon einen Geist gesehen oder gehört habe oder von ihm heimgesucht worden sei. Die Umfrage ergab auch, daß über die Hälfte der Nation an gewisse übersinnliche Phänomene glaubt. In den USA zeigte eine ähnlich breitangelegte Umfrage, daß dort über 57% der erwachsenen Bevölkerung von ihrer Realität überzeugt sind. Eine etwas ältere Untersuchung für die Bundesrepublik ergab, daß 11% der erwachsenen Bevölkerung mit Geistern in irgendeiner Form in Berührung gekommen waren; von den übrigen 89% der Befragten glaubten weitere 7% an ihre Existenz, konnten sich 13% nicht entscheiden, und nur 69% lehnten ihr Vorhandensein völlig ab.

Solche Umfrageergebnisse, die auf einem repräsentativen Querschnitt von Frauen und Männern aus allen Lebensbereichen basieren, weisen auf einen bemerkenswerten Glauben an eine Sache hin, die zu allen Zeiten von Kontroversen begleitet war. Nur wenige würden wirklich leugnen, daß es sich hier um ein Thema von faszinierender und strittiger Art handelt – ein Thema, das von manchen einer höchst intensiven Nachforschung für wert erachtet, von anderen hingegen schlicht als Produkt einer blühenden Phantasie hingestellt wird.

Die Vorstellung von Geistern – unkörperlichen Wesen, von denen man glaubt, daß sie die Seelen Verstorbener sind – ist ein Teil der menschlichen Denktradition seit uralten Zeiten, und die Mischung aus Glauben und Unglauben, die wir auch noch heute besitzen, unterscheidet sich nur wenig von der unserer

Vorfahren. Obgleich der Vormarsch von Bildung, Wissenschaft und Technik viel dazu beigetragen hat, die alten Konzeptionen der Menschheit zu verändern, hat er weder dazu geführt, unsere Auffassungen von Geistern entscheidend zu verändern noch die Ursachen für sie zu erklären. Dieses Element der Rätselhaftigkeit ist einer der wichtigsten Gründe für unser Interesse, das im Laufe der Jahre nicht abnahm.

Die Thematik führte natürlich zu einer umfangreichen Bibliothek von Werken über Geister und Spukgestalten, viele beziehen sich auf persönliche Erfahrungen, andere auf sorgfältige Nachforschungen. Sie sind vorzüglich oder geschmacklos, objektiv oder sensationslüstern. Wollte man sie alle lesen, um eine Antwort auf dieses Rätsel zu erhalten, würde man sicherlich ein ganzes Leben damit verbringen. So wird sich der Leser vielleicht fragen, warum dieser enormen Sammlung noch ein weiteres Buch hinzugefügt wird. Ganz einfach deshalb, weil noch niemand den Versuch unternommen hat, ein Lexikon dieser Art zu erstellen. Keiner hat meines Wissens bisher versucht, die verschiedenen Geister rund um die Welt zu typisieren, die berühmtesten historischen Spukgestalten zu katalogisieren und die Sachverständigen und Autoren vorzustellen, die sich mit diesem Gegenstand befaßten.

Dieses Lexikon beansprucht nicht, erschöpfend zu sein – der Gegenstand ist so vielfältig, daß es eigentlich unmöglich ist, jeden Bestandteil in einem einzigen Band zu erfassen. Aber es ist repräsentativ und gibt, wie ich glaube, einen angemessenen Überblick über das Thema, und zwar in einer Weise, die sowohl für den Laien als auch für den Fachmann nützlich ist. Es basiert auf meiner 25jährigen Beschäftigung mit dieser Materie, sowohl als Forscher als auch als Gutachter. Viele Stichworte wurden durch die Ausführungen viel größerer Experten erhärtet; wo es solche Autoritäten nicht gibt, stellen sie meine auf zahlreichen Quellen basierende Meinung dar. In vielen Fällen sind Verweise auf weitere Bücher zu diesem Thema ebenfalls angegeben.

Was meinen eigenen Glauben an Geister betrifft, so finde ich die Belege sehr überzeugend, daß solche Wesen, Dinge oder Gespenster – nennen Sie es, wie Sie wollen – existieren. Ich selbst bin so vielen aufrichtigen Menschen begegnet, die von ihren eigenen Erfahrungen überzeugt waren, und habe darüber hinaus mehr als genug authentische Geschichten gelesen, um nicht an ihre Möglichkeit zu denken. Ich hoffe also, daß Sie, auch wenn Sie sich in dieses Werk als totaler Skeptiker vertiefen, in Wort und Bild genug Beweise finden werden, um Ihre Ansichten zu überdenken . . .

Boxford, Suffolk
Februar 1981

Peter Haining

Ein notwendiger Hinweis für die Benutzer dieses Lexikons: Die Titel der englischsprachigen Bücher, auf die in den einzelnen Stichworten verwiesen wird, wurden nur dann auf deutsch angegeben, wenn das Werk als Übersetzung lieferbar ist.

A

Affe

Der [illegible] Affe ist der Gefürchtete [illegible]

[illegible]

A

Afrit
Der arabische Afrit ist der Geist eines Menschen, der ermordet wurde und zurückkehrt, um sich am Mörder zu rächen. Einer alten Überlieferung gemäß erscheint der Afrit immer an der Stelle, wo das Blut der getöteten Person auf den Boden tropfte, und materialisiert sich gleichsam wie Rauch aus dem Feuer. Das Verhalten dieser Geister kann recht erschreckend sein, und die einzige Möglichkeit, ihr Auftreten zu verhindern, besteht darin, einen neuen Nagel an der Stelle in den Boden zu schlagen, wo das Verbrechen verübt wurde. Experten haben erwähnt, daß diese Tradition – bekannt als »den Geist festnageln« – eine gewisse Ähnlichkeit mit Methoden aufweist, die in der europäischen Folklore im Umgang mit Vampiren empfohlen wird.

Amityville, der Schrecken von
Der Schrecken von Amityville gilt als berüchtigtster angeblicher Spuk, der im letzten Jahrzehnt in aller Munde war. Ein gleichnamiges Buch, 1978 von Jay Anson (1922–1980) verfaßt, wurde weltweit ein millionenfacher Bestseller, und der ein Jahr später entstandene Film war eine ähnliche Sensation. Der Spuk ereignete sich im Dezember 1975 in einem typisch amerikanischen Vorstadthaus in Amityville auf Long Island, New York, gleich nachdem George und Kathy Lutz mit ihren drei Kindern eingezogen waren. In den folgenden 28 Tagen wurden sie von allen möglichen Geistererscheinungen überfallen und flohen schließlich entsetzt aus dem Haus. Der Grund für diese poltergeistartigen Geschehnisse soll auf die Tatsache zurückzuführen sein, daß ein ehemaliger Bewohner, der 24jährige Ronald De Feo, seine

schlafenden Eltern und zwei Geschwister dort ermordet hatte. Trotz der eindrucksvollen Beweisführung in Ansons Buch *The Amityville Horror* wurden in letzter Zeit erhebliche Zweifel an der Echtheit der Geschichte geäußert.

Angekok
Der Angekok ist ein Medium der Eskimos oder ein Schamane, der die Macht besitzt, mit Geistern zu kommunizieren oder die Geister der Toten zu beschwören. Die Eskimos glauben, daß jeder Unglücksfall auf See von den Geistern ihrer Vorfahren verursacht wird, und bringen ihnen daher häufig Opfergaben dar.

Anhaltergespenst
Die geläufigste Geistergeschichte Amerikas – so behauptet es wenigstens William Oliver Stevens in seinem Buch *Unbidden Guests* (1949) – ist die Geschichte vom »Hitchhiker« (Anhalter). Sie beschreibt, wie jemand mit einem Auto fährt und ein Mädchen mitnimmt, das per Anhalter reisen will. Die junge Frau nimmt die Mitfahrgelegenheit dankbar an und bittet darum, an einem bestimmten Haus an der Straße abgesetzt zu werden. Sie plaudert angenehm mit dem Fahrer, bis der Wagen am Ziel angelangt ist. Dort steigt der Fahrer aus und geht die Stufen zum Haus hinauf, um an der Tür zu klingeln. Aus irgendeinem Grund bleibt das Mädchen im Auto. Wenn er zu ihr zurückkommt, ist niemand mehr im Wagen. Mr. Stevens fügt hinzu: »Es stellt sich heraus, daß sie kürzlich auf der Autobahn in der Nähe der Stelle, wo sie mitgenommen werden wollte, bei einem Autounfall getötet wurde. Wahrscheinlich hat fast jeder im Lande irgendwann einmal eine abgewandelte Form dieser Geschichte gehört.«

In der Bundesrepublik Deutschland hatten zahlreiche Autofahrer, vor allen Dingen im süddeutschen Raum, 1982 ähnliche Erlebnisse mit einem Anhalter in Jeans, der sich nach einem angeregten Gespräch wortwörtlich in Luft auflöste!

Ankou

Der Ankou oder »Friedhofswächter« ist der Geist, der die Gräber bewacht; die Geschichten über ihn findet man in ganz Europa.

Der schreckliche Ankou oder »Friedhofswächter« auf einem Stich aus dem 19. Jahrhundert.

Immer wenn ein neuer Friedhof entstand, pflegte man früher irgendein unglückliches Opfer bei lebendigem Leibe im ersten Grab zu beerdigen. Auf diese Weise entstand ein geisterhafter Wächter. Jeder – ob lebend oder tot –, der kommt, den Frieden der Verstorbenen zu stören, wird vom Ankou abgeschreckt. In England soll der »Friedhofswächter« die Ursache für jenes unfreiwillige Schauern sein, das einem manchmal über den Rücken läuft. Die Menschen sagen dann häufig: »Da läuft jemand über mein Grab.«

Anzeigen
Die vielleicht verrückteste Anzeige, die man je in den Annalen des Übernatürlichen verzeichnen konnte, erschien am 27. Februar 1919 in der »Morning Post«: *»Von Spukerscheinungen heimgesuchte Besitztümer!* Eine Dame, die diese Angelegenheit gründlich erforscht hat und ungewöhnliche Kräfte besitzt, wird die Hintergründe der Beeinträchtigungen herausfinden und für Abhilfe sorgen. Ständig vom Unglück verfolgte Häuser können häufig von den Einflüssen erlöst werden. Strengste Vertraulichkeit. Referenzen vorhanden und erbeten.«

Athenodoros (2. Jhdt.)
Eine der frühesten überlieferten Geistergeschichten rankt sich um den griechischen Philosophen Athenodoros, der im 2. Jahrhundert n. Chr. lebte. Plinius der Jüngere berichtet von der Geschichte und erzählt, daß der Philosoph einst in einem Haus wohnte, in dem angeblich ein in Ketten gelegter Geist umgehen sollte. Als die Gestalt eines Abends Athenodoros erschien, folgte er ihr hinaus in den Garten, wo sie ganz plötzlich über einer Stelle trockener Erde verschwand. Am nächsten Tag ließ der Grieche an der Stelle graben und fand dort ein von Ketten umschlungenes menschliches Skelett. Nachdem diesen Knochen eine angemessene Bestattung zuteil geworden war, schreibt Plinius, stattete der Geist dem Haus niemals wieder einen Besuch ab.

John Aubrey

Aubrey, John (1626–1697)

Aubrey, der berühmte Altertumsforscher und Folklorist, hat sich als einer der ersten Sammler von Geistergeschichten Englands verdient gemacht, und sein großartiger Sammelband *Miscellanies* (1696) ist voller Phantomgeschichten, die er nach mündlichen Berichten im ganzen Land gesammelt und anschließend aufgezeichnet hat. Aubreys Glaube an das Übernatürliche war deshalb so stark ausgeprägt, weil er persönlich in seinem

Haus gespenstisch klopfende Geräusche wahrgenommen hatte. In seinem Buch bezieht er sich auf diese Momente, in denen kurz vor dem Tode seines Vaters merkwürdige, unerklärliche Geräusche zu hören waren. »Drei oder vier Tage vor dem Tode meines Vaters«, schreibt er, »als ich ungefähr um neun Uhr morgens in meinem Bette lag, und zwar völlig wach, hörte ich drei deutliche Klopfgeräusche am Kopfende des Bettes, wie von einem Lineal oder einer Rute.« Dieses seltsame Ereignis, verbunden mit den anderen Zeugenaussagen, die er sammelte, überzeugten ihn völlig von der Wirklichkeit der Geisterwelt.

B

Baka

Baka ist ein haitianisches Wort für eine gespensterhafte, dem Ghul vergleichbare Kreatur, die nach dem Tod zurückkehrt, um menschliches Fleisch zu essen. Während ihres irdischen Daseins sollen Bakas Angehörige einer geheimen Gesellschaft gewesen sein, die sie auf ihren Weg, dem sie nach ihrem Tode unweigerlich folgen müssen, vorbereitete.

Banshee

Die Banshee oder »bean si«, wie der Geist korrekt auf gälisch bezeichnet wird, ist die »Frau des Todes«, die bei sehr alten irischen Familien ihr Unwesen treibt. Sie ist unzweifelhaft der bekannteste Geist dieses Landes. Sie erscheint unmittelbar vor dem Tod einer Person und kündigt ihn unter Geschrei und Wehklage an. Die Todesfee erscheint gewöhnlich des Nachts in der Nachbarschaft des Stammhauses. Obwohl es sich bei ihrer Stimme eindeutig um eine menschliche Frauenstimme handelt, klagt sie in einer für jedermann unverständlichen Sprache. Sie kann ebensogut einige Nächte vor dem Ableben einer Person zu dem Haus kommen, und es ist möglich, daß die Ankündigung des bevorstehenden Todes jemandem gilt, der ganz woanders, selbst im Ausland, lebt. Es sind einige Beispiele von Mitgliedern alter irischer Familien überliefert, die buchstäblich Tausende von Meilen entfernt – wie zum Beispiel Kanada und Australien – in dem Moment starben, wo die Banshee vor ihrem Geburtshaus im fernen Irland ihre Klagen anstimmte.

Die Banshee tritt entweder als schöne junge Frau auf, in elegante Roben gekleidet, wie zum Beispiel einem grauen Mantel

Typische Darstellung einer Banshee, Irlands berühmtem Klagegespenst.

über einem grünen Kleid im Stil des Mittelalters, oder sie erscheint als sehr alte Frau, gekrümmt und verfallen, eingehüllt in Wickeltücher oder Totenhemden. Beide Typen der Banshee haben langes, im Wind wehendes Haar, und ihre Augen sind vom ständigen Weinen glutrot. Die Überlieferung beschreibt das Geschöpf als sehr schüchtern und leicht zu verunsichern. Wenn sie verärgert ist, fliegt sie weg und kommt in derselben Generation nicht mehr zurück. Man glaubt auch, daß jede Banshee der Geist eines viel früher gestorbenen Familienmitgliedes ist, der zum Todesboten ernannt wurde. Überall in Irland sollen sowohl Familien höherer als auch niederer Klassen ihre eigene Todesfee haben.

Die Schotten besitzen auch eine eigene Form der Todesfee, die »bean-nighe« oder »kleine Wäscherin an der Furt«. Wenn sie erscheint, wäscht sie die Totenhemden derer, die demnächst sterben werden. Die »bean-nighe« ist der Geist einer Frau, die im Wochenbett starb, und soll einigen Berichten zufolge ziemlich häßlich sein – mit nur einem Nasenloch, großen vorstehenden Zähnen und langen Hängebrüsten.

Sowohl die schottischen als auch die irischen Banshees werden ausführlich in Elliott O'Donnells Buch *The Banshee* (1907) beschrieben, wo auch ihre Geschichte und einige merkwürdige Beispiele ihres Auftretens in verschiedenen Teilen der Welt betrachtet werden.

Bäume

Der Glaube, daß bestimmte Bäume spuken, ist eine sehr alte Tradition. In seinem Buch *Trees of Ghostly Dread* (1958), das diesem Thema gewidmet ist, schreibt Elliott O'Donnell: »Der phantasievollen Vorstellungskraft erscheint die Gestalt von Bäumen in der Dunkelheit häufig sehr gespenstisch; ihre phantastische Form, die verschlungenen und knorrigen Äste können die unerfreuliche Erinnerung an Knochenarme mit langen, gekrümmten Fingern wachrufen, die sich ausstrecken, als wollten sie einen gleich ergreifen. Das Rascheln der Blätter im Wind klingt wie flüsternde Laute, und das Pfeifen und Jaulen des Windes klingt wie das Schreien und Wehklagen verlorener Seelen.« Johann Wolfgang von Goethe hat diese Stimmung in seiner Ballade vom *Erlkönig* so dicht eingefangen, daß dieses Gedicht mit Recht als Meisterwerk dieser Kunstgattung angesehen werden kann.

In seinem Buch erwähnt O'Donnell weltweite Berichte über spukende Bäume, wie zum Beispiel den »Verhängnisvollen Kirschbaum« in Kanada; den »Geisterwald« in der Nähe von Cromarty in Schottland und das »Schreiende Gespenst« vom Mannheimer Forst in Deutschland.

Bebende Tipis der Indianer

Das Bebende Zelt oder Tipi des indianischen Medizinmannes ist sowohl als berühmteste als auch sehr charakteristische kanadische Geistergeschichte bezeichnet worden. Der Legende nach besaßen indianische Medizinmänner oder »pilotois«, wie sie genannt wurden, die Macht, Geister zu beschwören, die ihre Zelte zum Beben brachten und ihnen merkwürdige, furchterregende Lichter und Geräusche entlockten. Einige Leute hielten diese Manifestationen einfach für Tricks der Medizinmänner; aber gründliche Untersuchungen einer Reihe von Leuten erweckten an dieser vereinfachten Erklärung starke Zweifel. Pater LeJeune (1591–1664), der die jesuitische Missionierung der Huron-Indianer leitete und als der erste Parapsychologe Kanadas gilt, hat die Indianer gründlich kennengelernt und war besonders an ihren Sitten und Gebräuchen interessiert. In seinem Buch *Relations* (1634) beschreibt er seine Teilnahme an einer Reihe von indianischen Séancen, wobei er das merkwürdige Phänomen des Bebenden Tipi gesehen hat. Er hörte auch Geschichten, daß die Medizinmänner die Fähigkeit besitzen, mit den Toten zu sprechen, mit Feuer zu hantieren, ohne sich zu verbrennen, und nach Belieben schweben zu können. Zusammenfassend schreibt er zum Schluß seiner Untersuchung: »Ich bin davon überzeugt, daß es unter ihnen tatsächlich einige wenige gibt, die Kontakte zu Dämonen haben; aber in der Mehrheit sind sie nur Betrüger, die ihre Tricks einzig dazu einsetzen, den Kranken und Armen Geschenke zu entlocken, sich selbst aber beliebt oder gefürchtet zu machen.« Spätere Forscher haben dieses seltsame Phänomen bis zum heutigen Tage immer wieder untersucht; das Thema wird ziemlich ausführlich in *Exploring the Supernatural: The Weird in Folklore* von R. S. Lambert (1955) erörtert.

Bell-Hexe

Die Bell-Hexe war ein lauter, lästiger Poltergeist, der die Familie von Jack Bell aus Robertson County in Tennessee von 1817 bis 1820 in einer Weise gepeinigt hat, daß sie sich quer durch Amerika eines berüchtigten Rufs erfreute. Zunächst begann der Geist im Spätsommer 1817 den Farmer Bell, seine Frau und acht Kinder zu verfolgen. Kurze Zeit trat er in der Gestalt seltsamer Tiere auf, und danach fiel er durch klopfende Geräusche innerhalb und außerhalb des Hauses auf. Später ging das Gespenst dazu über, die Bettdecken der schlafenden Kinder zu entwenden und dann diejenigen zu zwicken und zu schlagen, die sich zu wehren versuchten. Eine Zeitlang hielten die Bells ihre Gespenstergeschichte geheim, aber als die Neuigkeiten nach draußen drangen, folgte ein nicht abbrechender Strom von Besuchern in das Haus – wobei viele von ihnen den Zorn des mittlerweile Bell-Hexe genannten Phantoms zu hören oder zu spüren bekamen. Nach Monaten des Unbills begann der Geist mit der Familie zu sprechen und verkündete den Grund seines Auftretens: »Ich bin niemand anderes als die Hexe der alten Kate Bell, und ich bin entschlossen, den alten Jack Bell, solange er lebt, heimzusuchen und zu quälen.« Offensichtlich hielt der Geist sein Wort, denn das arme Opfer brach am 19. Dezember 1820 nahezu wahnsinnig zusammen und starb. Danach hörte man nur unter ominösen Umständen von dem Geist – um aber ganz sicherzugehen, daß er die Umgebung nicht mehr terrorisierte, wurde das Haus der Familie Bell abgerissen und dem Erdboden gleichgemacht. Die erstaunliche Geschichte wurde 1934 von einem Nachkommen der Familie, Charles Bailey Bell, aufgezeichnet.

Benson, Edward Frederic (1867–1940)

E. F. Benson ist der Autor von vier klassischen Sammlungen von Geistergeschichten: *The Room in the Tower* (1912), *Visible and Invisible* (1923), *Spook Stories* (1928) und *More Spook Stories* (1934). Ausgewählte Beiträge sind fast in jeder neuen Geister- oder Horrorgeschichtenanthologie zu finden. Als einer von drei schriftstellerisch tätigen Brüdern wurde E. F. Benson mit einem Roman über die feine Gesellschaft, der 1893 erschien, bekannt. Aber es sind seine Geistergeschichten, die seinen Namen bis zum heutigen Tage lebendig halten. Merkwürdigerweise hat keiner der Brüder geheiratet, und ihre früher so berühmte Familie starb mit dem letzten Überlebenden, E. F. Benson, 1940 aus.

Bergmönch

Der Bergmönch ist eine erschreckend aussehende Gestalt eines riesigen Mönchs, der in den Bergwerken Deutschlands, die

Edward Frederic Benson

Schätze bergen, sein Unwesen treiben soll. Ein enger Verwandter von ihm ist der schlesische Berggeist Rübezahl. Nach dem von Julian Franklyn herausgegebenen Buch *A Survey of the Occult* (1935), das diesen Geist ebenfalls erwähnt, sollen alle Schatzminen auf der ganzen Welt von ähnlichen Dämonen oder Schutzgeistern heimgesucht werden.

Bergwerk zu Falun

Zu Beginn des 18. Jahrhunderts wurde in der schwedischen Stadt Falun die unversehrte Leiche eines jungen Bergmanns gefunden, der mehr als fünfzig Jahre davor verschüttet worden war. Der Tote wurde im dortigen Bergmuseum ausgestellt und erst nach dem Ersten Weltkrieg beerdigt. Der Bericht über diesen seltsamen Fund verbreitete sich wie ein Lauffeuer durch Europa; in Deutschland aber wurde der Stoff von dreien seiner bedeutendsten Dichter und einem seiner wirkungsvollsten Komponisten aufgegriffen und ins Reich des Gespenstisch-Mysteriösen transponiert.

Johann Peter Hebel (1760–1826), der badische Dichter, der *Das Schatzkästlein des Rheinischen Hausfreunds* schrieb, nahm den Bericht über die Denkwürdigkeiten zu Falun zum Anlaß für eine der einfachsten und zugleich schönsten seiner Geschichten.

E.T.A. Hoffmann (1776–1822), Verfasser vieler romantischer Kunstmärchen, in denen Geisterwesen in das Menschenleben eingreifen (wie in der Erzählung *Der goldene Topf*), nahm den Stoff in seiner Geschichte *Die Bergwerke zu Falun* wieder auf. Elis Fröbohm, ein ehemaliger Seemann, beschließt, an Land zu bleiben und in einem Bergwerk zu arbeiten. Dort begegnet er bald Torbern, einem alten Bergmann, der in Wirklichkeit ein Geist im Dienste der schönen Bergkönigin ist. Elis verfällt dem Zauber des unterirdischen Reiches und seiner machtvollen Herrscherin und verläßt am Tage seiner geplanten Hochzeit die Welt für immer, um Torbern als Diener abzulösen. Erst Jahrzehnte später erkennt die uralt gewordene Braut, das »Johannismütterchen«, den gefundenen, nicht verwesten Leichnam wieder.

Richard Wagner (1813–1883) plante lange Zeit in der Folge des *Fliegenden Holländers* eine Oper zu diesem Thema. Über den Librettoentwurf gedieh das Vorhaben aber nicht weiter.

Hugo von Hofmannsthal (1874–1929) gab dem Stoff in seinem 1899 geschriebenen, aber erst 1932 aus dem Nachlaß veröffentlichten Trauerspiel die wohl endgültige und schönste Fassung. Er hält sich weitgehend an die Erzählung E.T.A. Hoffmanns, aber wie er die Geister, den alten Torbern und die

Selbstporträt E. T. A. Hoffmanns.

Bergkönigin, auf die Bühne stellt, ist im deutschen Sprachraum fast unerreicht.

Berrimas kopfloser Geist

Die Geschichte von Berrimas kopflosem Geist gilt als die am besten belegte Geistergeschichte Australiens, sie ist vielleicht auch die unheimlichste. Berrima ist eine typisch ländliche Stadt in Australien, ungefähr 100 Meilen südlich von Sydney. Hier wurde am 22. Oktober 1842 eine Frau namens Lucretia Dunkley im Stadtgefängnis gehängt, was den heute berühmten Spuk auslöste. Joyce Zwarycz erzählt ihre Geschichte in dem Buch *Visits from Beyond the Grave* (1975) und schreibt, daß Lucretia, die Pächterin des Dorfgasthofes mit dem merkwürdigen Namen »Zum Dreibeinigen Mann«, ihr Leben am Galgen beendete, weil sie einen ihrer Gäste, einen wohlhabenden Farmer, ermordet und dem Toten 500 Goldstücke gestohlen hatte. Er fährt fort: »Nachdem der Henker seine Arbeit verrichtet hatte, wurde der Kopf des Opfers für wissenschaftliche Zwecke entfernt. Daraufhin soll Lucretias kopfloser Geist um die Pinien vor dem Gebäude geirrt sein. Jahrzehntelang haben Augenzeugen von der Erscheinung berichtet. Doch vor einigen Jahren wurden die Pinien gefällt, und der Geist verschwand. Man nahm an, daß die wandernde Seele für immer gegangen sei, aber es wurde berichtet, daß sie erst kürzlich, Ostern 1961, wieder aufgetaucht sei. Als zwei Jugendliche in der Nähe der Ruine des ehemaligen Gasthofes zelteten, hörten sie, wie jemand schluchzend um Atem rang. Sie erzählten, daß sie bei ihren Nachforschungen Lucretias kopfloses Gespenst umherstreifen sahen. Voller Entsetzen packten die beiden Camper ihre Sachen zusammen und zogen weiter nach Canberra.«

Blackwood, Algernon (1869–1951)
Algernon Blackwood ist vielen tausend britischen Radiohörern und Fernsehzuschauern unter dem Spitznamen »der Geistermann« in vertrauter Erinnerung. Er verdiente sich diesen Namen mit der eindrucksvollen und spannenden Art, in der er jahrelang Geschichten vom Übernatürlichen erzählt hat. Als junger Mann machte Blackwood ausgedehnte Reisen und hatte sowohl in Kanada als auch in den USA direkte Begegnungen mit Geistern – Erfahrungen, die ihm dazu verhalfen, seinen unheimlichen Geschichten große Echtheit zu verleihen. Nach dem Erfolg seiner ersten Geschichte *A Haunted Island* (1899) erfreute er seine Leser mit einer Flut genialer und Schauer verursachender Geschichten, die später in solchen Sammlungen wie *The Empty House* (1906), *Day and Night Stories* (1917), *Strange Stories* (1929) und vielen anderen erschienen. Deutsche Leser kennen ihn aus den Bänden *Besuch von Drüben, Der Griff aus dem Dunkel, Das*

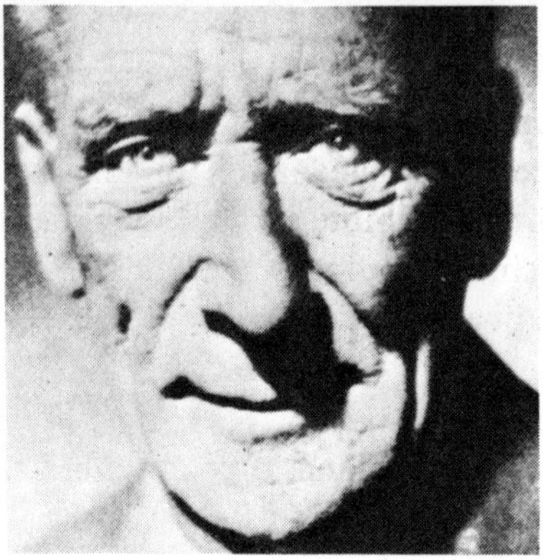

Algernon
Blackwood

leere Haus und *Tanz des Todes.* Er erfand auch einen »schrecklichen« Parapsychologen, der ein Spiegel seiner selbst und seiner Erfahrungen war – ein Mann, der immer bereit war, jede Aufgabe anzugehen, die mit Magie und dem Übersinnlichen zu tun hatte. Die Geschichten über diese Figur sind in dem Band *John Silence* (1908) zusammengefaßt.

Blake, William (1757–1827)

Der englische Dichter und Maler William Blake, dessen Werke zu seinen Lebzeiten kaum Beachtung fanden, heute aber gesammelt und sehr geschätzt werden, war während seines gesamten Lebens intensiven und ständigen Heimsuchungen aus der Geisterwelt ausgesetzt, die ihn aber zu zahlreichen seiner Arbeiten anregten. Blake, ein verschrobener Mann mit mystischen Neigungen, sagte, daß er oft von dem Geist seines toten Bruders besucht worden sei, der das erste Mal fast unmittelbar nach seinem Tod zu ihm kam und vor Freude in die Hände geklatscht hätte. Auf vielen seiner Gemälde findet man Geistergestalten, die auch in einigen seiner schönsten Gedichte sehr lebendig beschrieben werden, wie etwa den Propheten Jeremias, mit dem er häufigen Kontakt gehabt haben will.

Blaukappe

Die Blaukappe ist ein Gespenst, das früher in Bergwerken umgegangen und, wenn ihm Geschenke angeboten wurden, den Minenarbeitern bei ihrer Arbeit geholfen haben soll. Es tauchte meistens in Form einer blau gefärbten Flamme auf und soll ungeheure Kräfte besessen haben. Wenn man es jedoch nicht richtig behandelte, so brachte es Unheil über die Mine, in der es hauste.

Boggart

Boggart ist ein Begriff aus dem Norden Englands und umschreibt eine schelmische und oft unangenehme Art von Gespenst. Boggarts haben die Angewohnheit, nachts in die Schlafzimmer von Leuten zu schleichen, ihnen eine feuchtkalte Hand auf das Gesicht zu legen und ihnen dann das Bettzeug wegzuziehen. Besonders in Lancashire gibt es eine Fülle von Boggart-Geschichten, wie in Elliott O'Donnells Buch *Dangerous Ghosts* (1954) nachzulesen ist, dem die beiden folgenden Beispiele entnommen sind: »Ein auf einer Farm in der Nähe von Blackburn spukender Geist pflegte stets die Gutsfrau zu erschrecken, indem er ihr vor ihrer Nase das Baby wegschnappte. Er trug das schreiende Kind in die Küche und setzte es zur Überraschung der Köchin recht unsanft auf der Herdplatte ab. Eine nicht weit von dem Gut gelegene Hütte wurde ebenfalls von einem Boggart heimgesucht, der die einzige Bewohnerin, eine alte Frau, in Angst und Schrecken versetzte, indem er sie schüttelte, an den Ohren zog, auf eine Kiste warf und mit seinen langen, abscheulich gelben Zähnen knirschte.« Einer alten Tradition in Lancashire zufolge sollen am Tor oder an der Haustür aufgehängte Hufeisen die Boggarts fernhalten.

Bogie

Der Bogie ist eine ziemlich unangenehme Art von Gespenst, das sich ein Vergnügen daraus macht, Menschen zu quälen und zu erschrecken. Man glaubte in England, wo seine Heimat ist, daß diese Geister die Macht hätten, Kinder zu stehlen. Daraus entstand eine in weiten Kreisen oft wiederholte Warnung der Eltern an ungezogene Kinder: »Du hörst besser auf, sonst holt dich der Bogie-Mann!« Gemäß der britischen Folklore sind Bogies sehr gefährliche Geister, die jeden, der ihnen keinen Respekt bezeugt, entweder angreifen oder zumindest das Fürchten lehren. Sie sollen von schwarzer Erscheinung sein, ziemlich gedrungen, behaart und mit häßlichen, grinsenden Gesichtern. Früher hielt man sie für die Mächtigsten unter den Geistern, weil sie dem Teufel als Gehilfen dienten, als er noch seine bösen Taten mit der Menschheit trieb. Bogies haben anscheinend die Fähigkeit, nach Belieben in eine andere Gestalt zu schlüpfen, und erheben manchmal die Stimme zu einer Wehklage, die klingt, als würden sie sagen: »Ich will meine Knochen.« In Schottland glaubt man, daß sie sich verscheuchen lassen, wenn ihnen eine aufgeschlagene Bibel entgegengehalten wird. Die »bogey-beasts« (Tierkobolde) sind vergleichbare Geister, die die Gestalt von schrecklich aussehenden Kreaturen und die Größe eines Hundes annehmen können.

Boleyn, Anne (ca. 1504–1536)
Anne Boleyn, die zweite Frau des berüchtigten Heinrich VIII. und Mutter der später berühmten Königin Elizabeth I., hat für einen der bekanntesten Geister im Tower von London gesorgt. Nachdem sie bei Heinrich in Ungnade gefallen war, wurde sie aufgrund erfundener Anschuldigungen im Tower eingekerkert und dann geköpft. Wenig später soll ihr Geist sowohl in der Nähe der Towerkapelle als auch auf dem Tower Hill herumspaziert sein. 400 Jahre lang haben die Wächter des Tower bis heute ihre leicht dahingleitende »merkwürdig erleuchtete« Gestalt beobachten können.

Booth, John Wilkes (1838–1865)
Zahlreiche Berichte belegen, daß John Wilkes Booth, jener Schauspieler, der den amerikanischen Präsidenten Abraham Lincoln am 14. April 1865 erschossen hat, dazu verurteilt ist, an dem Ort der furchtbaren Tat zu spuken. Das Attentat ereignete sich im Ford's Theatre in Washington, und viele Jahre lang sind

Booths schwere Schritte im gesamten Gebäude zu hören gewesen. Das Theater blieb aufgrund seines unheilvollen Rufs fast ein Jahrhundert lang praktisch ungenutzt, bis es 1968 wiedereröffnet wurde. Aber sowohl Arbeiter als auch Schauspieler haben

John Wilkes Booth, der Mann, der Abraham Lincoln erschoß und als Geist im Ford's Theatre in Washington spukt.

nachher von merkwürdigen Begegnungen mit dem Phantom berichtet. Es gibt eine hartnäckige Legende, daß alle Schauspieler und Schauspielerinen, die ihre Rollen auf dem Fluchtweg entlang der Bühne sprechen, über die Booth nach den Schüssen entkommen konnte, sich hoffnungslos verhaspeln werden.

Borgias

Die italienische Überlieferung besagt, daß die Borgias die am meisten vom Spuk verfolgte Familie im Lande sei, was zweifelsohne auf ihre ruchlose Vergangenheit zurückzuführen ist. Einige Nachkommen sahen sich dem außergewöhnlichen und erschrekkenden Anblick eines gespenstisch aussehenden Sarges ausgesetzt, der ein blaues Licht ausstrahlt und auf dem das Phantom eines Vorfahren sitzt! Dies hat sich immer als Todesomen erwiesen, denn die betreffende Person ist jeweils kurz danach gestorben.

Botschaften an der Wand

Berichte über Geisterbotschaften reichen weit in die Geschichte zurück, von König Belsazars Fest, als eine Hand des Königs Todesurteil mit feurigen Lettern auf eine Wand schrieb (Thema für eine unsterbliche Ballade Heinrich Heines), bis hin zu der drängenden Mahnung: »Hüte dich vor der Titanic«, die in schimmernden Buchstaben auf einer Wand erschien und einen Passagier veranlaßte, bewußt diesen Dampfer zu meiden und nicht auf ihm zu reisen. Charles L. Tweedale widmet in seinem Buch *Man's Survival After Death* (1923) leuchtenden Erscheinungen dieser Art ein ganzes Kapitel.

Brahmadaitya

Der Brahmadaitya ist das Haupt der gutartigen Geister Indiens und soll der Geist eines Brahmanen sein, der unverheiratet starb. Er legt offensichtlich großen Wert auf seine Ernährung, lebt auf einem Baum und ist Menschen gegenüber wohlgesinnt, solange sie sein Gebiet nicht unbefugt betreten. Tun sie es doch, bricht er ihnen buchstäblich das Genick!

Zwei Reisende, die entdecken, wie ihre Schatten, die auf die Wolken geworfen werden, das Brockengespenst erzeugen.

Brockengespenst

Das Brockengespenst war über viele Generationen hinweg eines der bekanntesten Gespenster Deutschlands, und tatsächlich bestiegen viele Leute jahrelang nur ungern den Berg, aus Angst, der riesigen turmhohen Gestalt des Gespenstes gegenüberstehen zu können. Der Brocken, der mit 1142 Metern der höchste Berg im Harz ist, galt lange Zeit als ein Treffpunkt von Hexen und Dämonen, die sich regelmäßig – insbesondere in der Walpurgisnacht – auf der Bergspitze trafen, um ihre schrecklichen Orgien zu feiern. Als dann Berichte über eine furchterregende gespenstische Gestalt, die sich aus dem Nebel heraus schrecklich vor dem unachtsamen Wanderer auftürmte, publiziert wurden, erschien der Ort doppelt finster. Jedoch wurde das Brockengespenst 1818 von einem deutschen Gelehrten namens Gustav Jordan »gebannt«. Mehrere Male hatte er den Brocken auf der Suche nach dem Gespenst besucht – und erblickte es auch jedesmal! Eines Tages dann dämmerte ihm das Geheimnis des Rätsels: Es war eine optische Täuschung des Lichts. Im März 1818 klärte er seine Leser auf: »Nachdem ich die Möglichkeit hatte, das Geheimnis dieses Phänomens im vollen Umfang aufzudecken, kann ich denjenigen meiner Leser, die begierig sein mögen, es selbst zu sehen, folgende Mitteilung machen. Wenn die aufgehende Sonne – und in Analogie dazu verhält es sich im Falle der untergehenden Sonne gleichfalls so – ihre Strahlen über den Brocken auf den Körper eines Menschen wirft, der zarten, leichten Nebelwänden gegenübersteht, deren Schwaden um ihn herum oder hinter ihm schweben, muß er nur seine Augen ganz fest auf sie richten und wird dann aller Wahrscheinlichkeit nach das einzigartige Schauspiel erleben, wie sich sein eigener Schatten auf eine Länge von 150 bis 180 Meter vergrößert, ungefähr drei Kilometer von ihm entfernt. Es handelt sich hier um eins der reizvollsten Phänomene, das ich je auf der großen Wetterwarte Deutschlands beobachten konnte.«

Brutus' Geister

Marcus Brutus (85–42 v. Chr.), der maßgeblich an der Verschwörung gegen Cäsar beteiligt war, soll der römischen Legende zufolge während seines Lebens von zwei verschiedenen Phantomen verfolgt worden sein. Das erste war der Geist Cäsars selbst, der ihm eines Nachts, nicht lange vor dem Mord, erschien. Das zweite war ein Todesbote, der ihn unmittelbar vor der Schlacht gegen Antonius und Octavian in Philippi besuchte. Dieser Geschichte nach wollte Brutus gerade zu Bett gehen, als er plötzlich ein Geräusch vernahm, sich umdrehte und einem Geist gegenüberstand, »der mit seinen riesigen Ausmaßen und seinem gleichen, abgemagerten Gesicht furchterregend aussah«. Der entnervte Brutus faßte sich schließlich ein Herz und fragte das Gespenst nach seinem Begehren, worauf es antwortete: »Ich bin dein böser Geist, und du wirst mich in der Nähe von Philippi wiedersehen.« Und tatsächlich sah Brutus das Phantom während

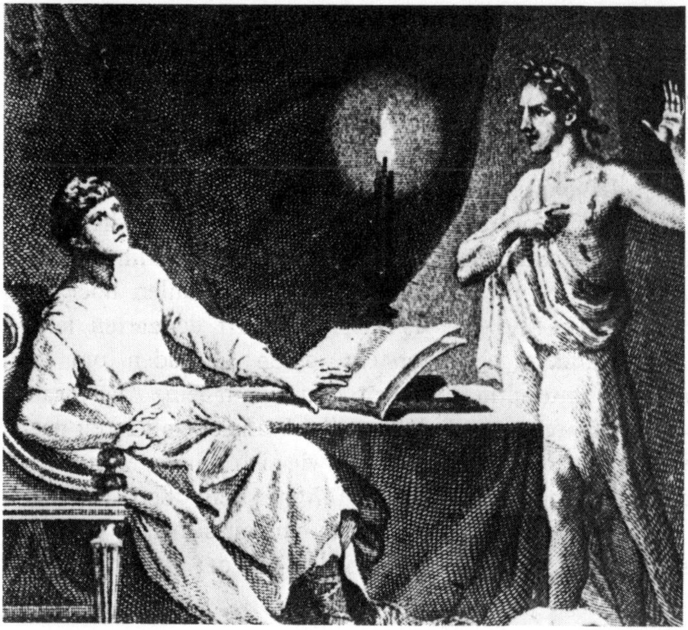

— Eins der beiden Phantome, die Marcus Brutus, Cäsars Mörder, heimsuchten.

der folgenden verhängnisvollen Schlacht kurz vor seinem Freitod wieder!

Bugaboos

Trotz ihres unheilvoll klingenden Namens sollen diese indischen Geister der Menschheit freundlich gesinnt sein. Julian Franklyn schreibt in seinem Buch *A Survey of the Occult* (1935), daß die Inder nicht wirklich an die Existenz dieser Geister glauben, aber »Mütter benutzen sie, um unartige Kinder einzuschüchtern«. Die Inder kennen auch zwei Geister, Jak und Jakni genannt, männliche und weibliche Wesen, deren Aufgabe es ist, die Dörfer des Landes gegen andere übelwollende Geister zu schützen. Doch neigen sie auch dazu, Gegenstände zu entwenden, die ihnen als Geschenke, die sie sich dann gegenseitig machen, gefallen.

Buguet, Edouard (1841–1901)
Edouard Buguet war ein französischer Pionier auf dem Gebiet der Geisterfotografie. Seine Bilder machten ihn in den sechziger und siebziger Jahren des 19. Jahrhunderts weltberühmt, wurden jedoch 1876 als bloßer Schwindel entlarvt. Im Gegensatz zu den Bildern seiner Zeitgenossen, die sich auch auf diesem Gebiet betätigten, waren Buguets Bilder überraschend klar und unverschleiert, und er hatte ziemliche Schwierigkeiten, den abgebildeten Gesichtern ein geisterhaftes Aussehen zu verleihen. Anfangs arbeitete er mit lebenden Modellen, als er jedoch fürchtete, man könne sie erkennen, ging er dazu über, Puppen und Büsten zu verwenden. Sein Atelier wurde schließlich von der Polizei gestürmt, nachdem sich ein unzufriedener Kunde beschwert hatte. So kamen alle Tricks seines Handwerks ans Tageslicht. Obwohl Buguet seine Betrügereien zugab, kam es zum Prozeß, und er wurde zu einem Jahr Gefängnis verurteilt. Nach seiner Entlassung arbeitete er nie wieder als Fotograf, aber seine Fotos wurden Sammlerstücke, und immer wieder gab es Anhänger, die glaubten, er habe wirklich die Geister der Toten fotografiert.

C

Carnacki der Geisterjäger

Zusammen mit Algernon Blackwoods *John Silence* ist Carnacki der Geisterjäger vielleicht der größte parapsychologische Detektiv innerhalb dieser Literaturgattung. Sein »Vater« ist William Hope Hodgsons (1871–1918), dessen beste Geschichten sich in dem Sammelband *Carnacki the Ghost Finder,* der 1913 veröffentlicht wurde und seitdem im englischen Sprachraum ständig neu aufgelegt wird, finden. Hodgson war ein bemerkenswert talentierter Schriftsteller auf dem Gebiet des Übernatürlichen und erntete erst spät die Anerkennung, die ihm gebührt. Von seinen herausragenden unheimlichen Geschichten, die auf See spielen, seien *The Mystery of the Derelict* (1907), *The Voice in the Night* (1907), dt.: *Stimme in der Nacht,* und sein Roman *The Ghost Pirates* (1909) erwähnt.

Cassio Burroughs' zwei Phantome

Die seltsame Geschichte des Geistes von Cassio Burroughs ist eine der bizarrsten Episoden innerhalb der Geschichte des Übernatürlichen. Burroughs war offensichtlich ein ausschweifender und ziemlich haltloser Lebemann, der um die Mitte des 17. Jahrhunderts in London wohnte. Die Legende erzählt, daß er sich eines Abends duellieren wollte und ihn der Weg dorthin an einem Friedhof vorbeiführte. Und da stand er plötzlich nicht nur einem, sondern gleich zwei Geistern gegenüber, wie Lionel A. Weatherley in seinem Buch *The Supernatural* (1933) diese Episode schildert. »Einer war der Geist einer schönen italienischen Dame, der er Unrecht zugefügt, die er verlassen hatte und die deswegen an gebrochenem Herzen gestorben war. Ihr zur Seite

Cassio Burroughs, der Lebemann, dessen Tod im 17. Jahrhundert von zwei Phantomen zugleich vorausgesagt wurde.

stand ein grinsendes Skelett – Omen seines bevorstehenden Todes.« Von Panik ergriffen, floh der Mann vom Friedhof, konnte jedoch das Duell nicht umgehen, das nur allzu sicher tödlich für ihn ausgehen mußte. Kaum hatte sich die Nachricht von Burroughs' Tod in London herumgesprochen, wurde seine Begegnung mit den beiden Geistern zum Hauptgesprächsthema und bald durch Balladen und große Flugschriften weithin bekannt. Eine weitere Schilderung der Geschichte findet sich in Aubreys *Miscellanies* aus dem Jahre 1696.

Chagrin

Chagrin, manchmal auch Cogrino oder Harginn, ist ein Begriff der Zigeuner für einen besonders bösen Geistertypus. Nach *A Survey of the Occult* von Julian Franklyn (1935) wird der Geist meist in Form eines großen gelben Igels beobachtet und ist ausnahmslos ein Omen für irgendeine bevorstehende Katastrophe.

Chinesische Geister

Trotz der großen Umwälzungen innerhalb der chinesischen Gesellschaft im Laufe dieses Jahrhunderts hält eine große Zahl der Menschen vermutlich immer noch am alten Glauben an Geister fest. Sie teilen sie in zwei Hauptgruppen ein, nämlich in die »Shen«, die guten Geister, und die »Kuei«, die bösen Geister. Die Shen sind die Geister der Ahnen und verdienen somit Verehrung, während die Kuei mit Finsternis, Unglück und Tod in Zusammenhang gebracht werden.

G. W. Mead schreibt in seinem Buch *Chinese Ghouls and Goblins* (1928), daß es »vielleicht zwanzig verschiedene Arten von Geistern und Dämonen und Hunderte von Untergruppen, die nicht immer so einfach voneinander zu unterscheiden sind«, gebe. Laut Mead haben die Chinesen keine Angst vor ihren Geistern – die Shen sind ihnen willkommen, den bösen Kuei treten sie mit Eisen- oder Stahlwaffen entgegen, weil die Geister diese angeblich fürchten. Von den Mandarinen und konfuzianischen Gelehrten nahm man einst an, daß sie Macht über die Kuei hätten. Heutzutage jedoch kann jeder intelligente Mensch sie überlisten, weil sie ausnahmslos sehr dumm sein sollen.

Die Chinesen versuchen, wie viele Menschen in den westlichen Ländern, Kontakt zu ihren Shens aufzunehmen, wobei sie ein eigens dafür konstruiertes Hilfsinstrument benutzen. Mead schreibt dazu folgendes: »Das chinesische Instrument besteht aus einem V-förmigen Stock, einer europäischen Wünschelrute vergleichbar, nur mit dem Unterschied, daß ein weiterer Stock in der Spitze des V rechtwinklig zu ihm befestigt ist. Nimmt man den gegabelten Stock horizontal in zwei Hände, zeigt die ›Schreibfeder‹ senkrecht nach unten. Diese wird über eine Schale

Ein Berggespenst, eines aus der Vielzahl der chinesischen Geister.

mit Sand gehalten, und die Schriftzeichen werden, sowie sie sich ergeben haben, auf ein Blatt Papier übertragen. Für den Hausgebrauch stellt man eine solche Planchette her, indem man ein umgedrehtes Sieb über eine Schale mit Mehl hält und ein Eßstäbchen durch das Netz schiebt.«

Mead schreibt weiter, daß Materialisationen über das Ektoplasma in China schon Hunderte von Jahren vor unserer Zeitrechnung bekannt waren und es zudem professionell arbeitende Medien gibt, die man »Wu« nennt, welche meistens Frauen sind. Er fügt hinzu, daß sie im allgemeinen von der Bevölkerung mit wenig Wohlwollen betrachtet werden, weil die Menschen offensichtlich den eigenen, direkten Kontakt zu den Geistern vorziehen.

Chopper

Fast die gesamte deutsche Öffentlichkeit beteiligte sich im Jahr 1982 an dem Rätselraten um Chopper, den Geist in einer Neutraublinger Zahnarztpraxis. Das offensichtlich in die attraktive Arzthelferin Claudia verliebte Gespenst verfolgte seine Angebetene mit Anträgen, Versprechungen und dummen Scherzen, ja sogar Obszönitäten, die sie und die behandelten Patienten deutlich mithören konnten. Wochenlang suchten Polizeibeamte, Abhörspezialisten der Bundespost sowie des Freiburger Instituts für Grenzfragen der Psychologie nach der Herkunft der Stimme, die unerwartet anrief, aus Waschbecken und selbst sanitären Einrichtungen tönte.

Dann gelang – für viele sicher enttäuschend – die Enttarnung: Kein anderer als die Verfolgte selbst hatte, zusammen mit dem Zahnarzt und seiner Frau, Presse und Öffentlichkeit genarrt! Das Gelächter war allgemein; weniger humorvoll reagierte die zuständige Staatsanwaltschaft, die gegen die drei »Gespenster« eine Anklage wegen Vortäuschung einer Straftat und eine fünfstellige Schadensersatzforderung für die langwierige Geisterjagd erhob.

Cideville

Die gespenstischen Aktivitäten, die 1850 im Pfarrhaus von Cideville in der Normandie registriert wurden, sind als die wahrscheinlich abwechslungsreichsten eines einzelnen Poltergeistes beschrieben worden. 34 Zeugen sollten über die Belästigungen aussagen, die erst ruchbar wurden, als ein Mann namens Felix Thorel den Dorfpfarrer von Cideville, Pater Tinel, wegen Verleumdung vor Gericht brachte, weil dieser ihn als Hexer bezeichnet hatte. Der Pater kam zu dieser Anschuldigung, weil er Thorel für den Urheber aller merkwürdigen Geräusche und Geschehnisse in seinem Haus hielt. Der Vorfall wurde von Sacheverell Sitwell in seinem Buch *Poltergeists* (1940) aufgezeichnet. Er stellt fest, daß der Fall nahezu alle typischen Merkmale eines Poltergeistphänomens enthält: Klopfen; rhythmisches Trommeln bekannter Melodien; Tische und Stühle, die in Bewegung geraten; Messerwerfen; Schreibpulte, die auf und ab schweben; Steinewerfen; brausender Wind und Kissen und Bettdecken, die weggerissen werden. Trotz intensiver Nachforschungen wurde der Fall nie zufriedenstellend aufgeklärt.

Cock-Lane-Geist
Der Spuk des Cock-Lane-Geistes im Jahre 1742 war seinerzeit eine Londoner Sensation und hat sich seinen Ruf bis zum heutigen Tage bewahrt. Das kleine Reihenhaus in der engen Gasse, in dem sich die Erscheinungen ereigneten, wirkte wie ein Magnet auf Neugierige, und die Menschen kämpften buchstäblich darum, in das kleine Zimmer zu gelangen, wo ein zwölfjähriges Mädchen namens Elizabeth Parsons unheimliche und schreckliche Botschaften des Geistes übermittelte. Das Gespenst gab vor, Frances Lynes zu sein, und beschuldigte ihren Liebhaber, William Kent, sie vergiftet zu haben, als sie an Pocken erkrankt war. Wegen ihrer seltsamen Geräusche wurde sie »Scratching Fanny« (Kratzende Fanny) genannt, und die kleine Elizabeth beschrieb sie als »eine in ein Leichentuch gehüllte Gestalt ohne Hände«. Das Interesse an den Vorgängen war derartig groß, daß einige angesehene Leute das »Geheimnisvolle Haus«, wie es genannt wurde, aufsuchten. Darunter waren auch Dr. Samuel Johnson (der mit einer Untersuchungskommission kam, jedoch nichts sah und hörte), der Herzog von York, Horace Walpole und Oliver Goldsmith, der unter einem Pseudonym den ersten Bericht über den Spuk verfaßte. Er trug den Titel *The Mystery Revealed* und wurde noch im selben Jahr veröffentlicht. Obwohl man dem Kind später Betrug nachweisen konnte, erklärte dies nicht alle aufgetretenen Zwischenfälle, in denen einige Fachleute den

THE

MYSTERY REVEALED;

Containing a SERIES of

TRANSACTIONS

AND

AUTHENTIC TESTIMONIALS,

Refpecting the fuppofed

COCK-LANE GHOST;

Which have hitherto been concealed from the PUBLIC.

—— *Since none the Living dare implead,*
Arraign him in the Perfon of the Dead.

DRYDEN.

LONDON:
Printed for W. BRISTOW, in St. Paul's Church-yard;
and C. ETHRINGTON, York.
MDCCXLII.

Titelblatt zu einem Bericht über den berühmten Cock-Lane-Geist, verfaßt von Oliver Goldsmith im Jahre 1762.

seltenen Fall eines Geistes sahen, der sich auf der Suche nach Rache tatsächlich an die Öffentlichkeit gewagt hatte. Der Cock-Lane-Geist ist auch durch ein Bild William Hogarth' berühmt geworden, mit dem er sich über die Leichtgläubigkeit der Leute lustig machte.

Wilkie Collins

Collins, William Wilkie (1824–1889)
Wilkie Collins war ein weiterer Schriftsteller des viktorianischen Zeitalters, dessen Geschichten aus dem Reich des Übersinnlichen sich als zeitlos und alles überdauernd erwiesen haben, insbesondere *A Terribly Strange Bed* (1852), dt.: *Ein schauerlich fremdes Bett, The Dead Hand* (1857) und sein glänzender Gespensterroman *The Haunted Hotel* (1877), dt.: *Das geheimnisvolle Hotel.* Als deutsche Übersetzungen liegen ferner vor: *Der Ermordete kommt wieder, Gruselgeschichten, Mrs. Zant und ihr Geist* und *Der rote Schal.* Collins ist zudem als Freund und Mitarbeiter von Charles Dickens und als Autor zweier klassischer Detektivromane, *The Woman in White* (1860), dt.: *Die Frau in Weiß,* und *The Moonstone* (1868), dt.: *Der Monddiamant,* bekannt geworden, deren Fernsehverfilmung ein Millionenpublikum erreichte.

Cook, Florence (1856–1904)
Florence Cook ist als jenes Medium berühmt geworden, das nicht nur eine Geisterseele namens Katie King beschwor, sondern auch zuließ, daß man sie fotografierte – das abgebildete Foto aus dem Jahre 1874 ist ein Beispiel dafür. Miss Cook soll von Kindheit an Interesse am Übernatürlichen gezeigt haben. Sie nahm an ihrer ersten spiritistischen Sitzung teil, als sie kaum ein Teenager war, und begann mit ihren eigenen Materialisationen im Alter von fünfzehn Jahren. Der berühmte Geist Katie King, den sie beschwor, soll die Tochter von John King, wie sich der britische Seeräuber und spätere Vizegouverneur von Jamaika, Sir Henry Morgan (1635–1688), auch nannte, gewesen sein. Obwohl viele die Materialisation für Betrug hielten (weil sie Florence Cook hinter der Verkleidung vermuteten), wurde ihr Fall immer wieder von dem großen Physiker Sir William Crookes unterstützt, der die beiden Frauen in einiger Entfernung voneinander gesehen haben will. Erzählt wird die wunderliche Geschichte von Florence Cook und Katie King von J. A. Hill in seinem Buch *Spiritualism: Its History, Phenomena and Doctrine* (1918).

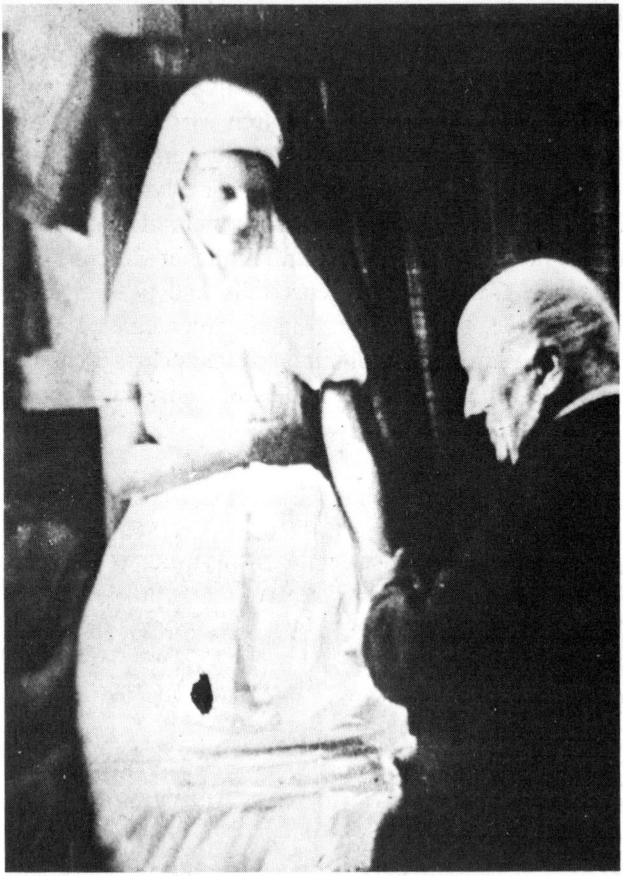

Das englische Medium Florence Cook soll diesen Geist, »Katie King«, auf ihren Séancen beschworen haben.

Crawford, Francis Marion (1854–1909)

Nach Jahren der Nichtbeachtung wurde F. Marion Crawford schließlich als einer der großen Schriftsteller unheimlicher Geschichten anerkannt – und das ist nur allzu gerecht, zumal eine seiner Geschichten, *The Upper Berth,* allgemein als die am häufigsten nachgedruckte aller Geistergeschichten gilt. Tatsächlich sind auch zwei weitere Geistergeschichten von Crawford, *The*

Screaming Skull und *The Dead Smile,* in Anthologien sehr beliebt. Es scheint sich bei ihm um den klassischen Fall eines Mannes zu handeln, dessen Werk bekannter ist als er selbst! Obwohl er allgemein für einen Amerikaner gehalten wird, wurde Crawford in Wirklichkeit in Italien geboren und verbrachte einen Großteil seiner Jugend im Orient, wo ihn die Mystik in ihren Bann zog. Er schrieb im Laufe seines Lebens mehr als vierzig Bücher, aber nur die kleine Sammlung unheimlicher Geschichten, die in *Wandering Ghosts* zusammengestellt und postum 1911 veröffentlicht wurde, hielt seinen Namen unter einer kleinen Gruppe von Enthusiasten lebendig und spielte nachträglich eine wesentliche Rolle, seine Bedeutung in diesem Genre zu sichern.

Crewe-Kreis

»Crewe-Kreis« war der Name einer Gruppe von Geisterfotografen, die von einem Mann namens William Hope (1863–1933) ge-

Ein Foto des »Crewe-Kreises«, dem Sir Arthur Conan Doyle angehörte. Das Geistergesicht, das angeblich auf dem Negativ erschien, kann man erkennen, wenn man das Buch seitlich dreht.

leitet wurde und in Crewe, England, wirkte. 1905 behauptete Hope, die Seelen Verstorbener fotografieren zu können; seine Bilder waren so überzeugend, daß er bald andere um sich scharte, die meinten, ähnlich talentiert zu sein. In den folgenden Jahren haben zahlreiche Institutionen und Individuen die Produkte des Crewe-Kreises untersucht, so auch die Royal Photographic Society und Sir Arthur Conan Doyle, der von der Arbeit des Kreises so beeindruckt war, daß er vorwiegend über diesen Kreis ein Buch mit dem Titel *The Case for Spirit Photography* (1922) verfaßte.

Conan ließ sich zusammen mit den Mitgliedern des Kreises von William Hope fotografieren und mußte anschließend sein Erstaunen über das Ergebnis zugeben – auch wenn das Geistergesicht, das sich auf dem Foto materialisierte, auf der Seite liegend erschien! Über Hope schrieb er später: »Daß er heftig angegriffen wurde, versteht sich von selbst, aber jede neue gegen ihn gerichtete Behauptung verlief im Sande, während seine Begabung mit der Zeit noch wuchs. Kein Medium kann jemals wirklich Erfolg garantieren, aber innerhalb der ihm zustehenden Grenzen könnte man behaupten, daß Hope in drei von fünf Fällen Erfolg hatte, obwohl sich die Ergebnisse, was Sichtbarkeit und Gebrauchswert betrifft, sehr unterscheiden.«

Jüngere Untersuchungen jener Geisterfotografien, die sie nicht eindeutig als Betrug überführen konnten, führten zu der Vermutung, daß sie das Ergebnis spontan entstandener Bilder auf den Filmplatten sein könnten. Die Auseinandersetzung darüber dauert an, wie eine neuere Untersuchung aus dem Jahre 1977 beweist.

Crookes, Sir William (1832–1919)

Obwohl er vielleicht als erfolgreicher Chemiker und Physiker bekannter ist, war Sir William Crookes auch stark an allen Aspekten des Übernatürlichen, insbesondere am Spiritismus, interessiert. Es wird von ihm behauptet, daß er an mehr spiritistischen Sitzungen teilnahm als jeder andere wissenschaftlich qualifizierte Forscher vor bzw. seit seiner Zeit. Auf diesen Séancen

William Crookes, der Chemiker und Physiker, der mit dem Geist von »Katie King« fotografiert wurde.

war er Zeuge der Materialisation zahlreicher menschlicher Gestalten. Es existiert immer noch ein Foto von ihm und dem als Katie King bekannten Geist, der wiederholt von dem Medium Florence Cook beschworen wurde. Crookes war zudem Mitglied und zeitweise Präsident des »Geisterclubs« in London und zeigte lebhaftes Interesse an den vielen Spukgeschichten, die dieser Organisation zugeleitet wurden. Obwohl Skeptiker manche seiner Ansichten mit Spott überzogen, sollte sein gewaltiges Werk *Researches in the Phenomena of Spiritualism,* das postum 1926 zusammengestellt wurde, jedem ernsthaften Forscher als Lektüre empfohlen werden.

Crowe, Catherine (1800–1870)
Mrs. Crowe ist die Autorin einer frühen und immer noch wichtigen Studie über Geistererscheinungen, *The Night Side of Nature* (1848), in der sie die Ergebnisse ihrer jahrelangen Erforschung des Übernatürlichen veröffentlichte. Sie soll eine kränkliche und ziemlich kleinmütige Natur gehabt haben, und man nahm an, daß ihre exzessive Beschäftigung mit dem Makabren die Ursache für eine kurzzeitige Geisteskrankheit gewesen ist. Dennoch zeigt ihr Buch eine bemerkenswert wissenschaftliche Herangehensweise an die Geisterthematik und hat sich als Modell für vieles, was später geschrieben wurde, erwiesen.

D

Dämon von Spreyton

Der Dämon von Spreyton war ein berühmter Poltergeist des 18. Jahrhunderts, der in Richard Bovets wichtigem Buch über Dämonenlehre, *Pandaemonium* (1684), geschildert wird. Bovet (1641–ca. 1703) teilte dieses Werk in zwei Abschnitte ein, wobei sich der erste mit Hexerei, der zweite mit fünfzehn Geistergeschichten befaßt, die er gesammelt und erforscht hat – *The Demon of Spreyton* ist die faszinierendste von ihnen. Bovet glaubte, wie er zugab, an Gespenster: »Je unerklärlicher diese Dinge in sich zu sein scheinen (wobei die wahren Umstände erwiesen sind), desto mehr sollte sich der Glaube an diese außergewöhnlichen Kräfte durchsetzen.« Andrew Lang hat die fesselnde Geschichte des Dämons von Spreyton für den modernen Leser in seinem Buch *Cock Lane and Common Sense* (1894) nacherzählt.

Davenport-Brüder

Ira und William Davenport waren zwei amerikanische Medien, die zwischen 1860 und 1880 zu beiden Seiten des Atlantiks das Publikum in Erstaunen versetzten, wenn sie angebliche »Geisterhände« materialisierten, die schwierige Knoten lösen und Musikinstrumente spielen konnten. Viele Spiritisten glaubten aufgrund des Stils, mit dem die Brüder ihre Vorstellung gaben, daß sie von Geistern unterstützt würden. Obwohl Berufszauberer beweisen konnten, daß alles, was sie vorführten, auf Zaubertricks beruhte, genossen sie weiterhin ein erstaunlich hohes Ansehen.

In den Werbebroschüren für ihre Vorstellungen rühmten sich die Brüder folgendermaßen: »Musikinstrumente spielen wundersamst und auf höchst unergründliche und geheimnisvolle Art.

Ein amüsanter zeitgenössischer Stich, der Ira und William Davenport mit den »Geisterhänden« darstellt, mit denen sie imstande waren, ihre betrügerischen Vorstellungen zu geben.

Menschenhände und -arme werden sichtbar, und viele andere Experimente gelangen zur Vorstellung, die nur von den Brüdern Davenport im Jahre 1885 ausgingen und von Imitatoren niemals erfolgreich vorgeführt werden konnten. Besonders Ungläubige sind eingeladen und sollten die ersten Reihen einnehmen.« Julian Franklyn beschrieb die Aufdeckung ihrer Machenschaften folgendermaßen: »Sie wurden von einem Weber aus Lancashire entlarvt, der wußte, wie man einen ›Tom-Fool‹-Knoten bindet. Diesen konnten sie nicht lösen und blieben fortan gefesselt, und die ›Geister‹ gaben keine Musikvorstellung mehr.«

Dee, John (1527–1608)

An John Dee, als »Königin Elizabeth' Merlin« bezeichnet und berühmt für seine Zauberkräfte, seine umfassende Bibliothek über das und sein großes Wissen auf dem Gebiet des Okkultismus, erinnert man sich heute überwiegend aufgrund eines bekannten Bildes, auf dem er einen Geist beschwört. Dieses Ereignis war immer von einem gewissen Geheimnis umgeben, weil sein Begleiter bei dieser Gelegenheit ein berühmter Scharlatan namens

John Dee und sein Partner Edward Kelly bei einer Geisterbeschwörung auf dem Friedhof von Wootton-in-the-Dale im Jahre 1581.

Edward Kelly war, der Dee bereits bei einer Reihe von Anlässen zum Narren gehalten hatte. Dennoch weiß man, daß die beiden Männer im Jahre 1581 an einem Ort in Lancashire, den man Wootton-in-the-Dale nannte, die Kunst der Nekromantie (Totenbeschwörung) einsetzten, um zu experimentieren und mit einem Geist in Verbindung zu treten. In seinen späteren Jahren behauptete Dee, mit Gespenstern und Geistern regelrecht gesprochen zu haben, und hinterließ darüber auch einen Bericht mit dem Titel *A True and Faithful Relation of What Passed for Many Years between Dr. J. Dee and Some Spirits,* der später von Meric Casaubon veröffentlicht wurde. Dee und seine Welt werden ausführlich in Frances A. Yates' hervorragender Arbeit *The Occult Philosophy in the Elizabethan Age* (1979) untersucht.

Dickens, Charles (1812–1870)

Charles Dickens ist der Autor der vielleicht berühmtesten aller Geistergeschichten, *A Christmas Carol* (1843), dt.: *Ein Weihnachtslied,* in der sich die Geister der Vergangenheit, Gegenwart und Zukunft zusammenschließen, um dem alten Geizhals Ebenezer Scrooge seine Eigenarten abzugewöhnen. Mit dem Erfolg dieser Geschichte begann Dickens' Tradition, zu jedem Weihnachtsfest eine Geistergeschichte zu schreiben. Er ermunterte auch die Mitarbeiter seiner von ihm herausgegebenen Zeitschriften *Year* zu jeder Festzeit, es ihm mit ähnlichen Spukgeschichten gleichzutun. Zu seinen eigenen bemerkenswerten Beiträgen innerhalb dieser Literaturgattung gehören *The Haunted Man* (1848) und *The Haunted House* (1859) sowie *No. 1 Branch Line: The Signalman,* die auch in zahlreichen deutschen Übersetzungen, unter anderem in dem Sammelband *Der Heimgesuchte,* vorliegen.

Es ist vielleicht nicht überraschend, daß Charles Dickens selbst als Geist gesehen wurde – zum ersten Mal in der Nähe der Getreidebörse von Rochester, die er in *The Mystery of Edwin Drood* (1870) verewigte, und auch in der Nachbarschaft des alten Friedhofs von St. Nicholas, wo er begraben werden sollte. Der große Schriftsteller wurde tatsächlich jedoch in der Londoner

»Redlaw und das Phantom«, eine berühmte Illustration von J. Leech zu Charles Dickens' Geschichte »The Haunted Man«.

Westminster Abbey zur letzten Ruhe gebettet, was seinen Schatten offensichtlich jedoch nicht davon abhielt, in die Stadt zurückzukehren, die er zu Lebzeiten so geliebt hatte.

Domovoy

Domovoy ist der volkstümliche Begriff der Russen für einen Geist. Diese Gespenster ähneln den Poltergeistern, weil sie dazu neigen, Geräusche zu machen und im allgemeinen Menschen zu belästigen. Sie erledigen aber auch die Hausarbeiten, während die Familie schläft, falls man sie respektvoll behandelt, und erweisen sich so als osteuropäische Verwandte der Heinzelmännchen von Köln.

Doppelgänger

Doppelgänger ist das deutsche Wort für einen Geist, der eigentlich das identische Abbild eines Menschen ist, der noch lebt. Der Geist erscheint bei dieser Person, um mit seinem Spuk darauf hinzuweisen, daß sie bald eine fürchterliche Tragödie zu erwarten habe. Diese Geister sind auch in Schottland bekannt, wo sie »cowalker« genannt werden. Auch der Fetsch gehört in diese Gruppe hinein. In dem Buch *The Secret Commonwealth* von Robert Kirk (1815) werden sie beschrieben als »dem Menschen vollständig ähnlich, als Zwillingsbruder oder Gegenstück, das ihm als sein Schatten erscheint, sowohl vor als auch nach dem Tod des Originals«. Diesem Phänomen widmet auch Heinrich Bessler in seinem Buch *Das Gespensterschiff* (1976) ein Kapitel.

Downing Street

Downing Street Nr. 10, der Sitz des britischen Premierministers, wird schon seit langem als Ort beschrieben, an dem es spuken soll, obwohl einige Jahre lang kein Bewohner von dem Auftauchen des Geistes berichtet hat. Der Legende nach kleidet sich die Gestalt im Régencestil um 1720 und vermittelt den Eindruck, ein Mann von hohem Rang gewesen zu sein, vielleicht sogar ein Premierminister jener Zeit. Der Geist hat offensichtlich einen sehr gütigen Gesichtsausdruck und zeigt sich nur in Zeiten nationaler Krisen. Das letzte Mal wurde er 1960 gesehen, als Arbeiter, die an der Rückseite des Hauses Arbeiten durchführten, sahen, wie eine merkwürdig altmodische Gestalt ziemlich verschwommen und weiß durch den Garten schritt.

Doyle, Sir Arthur Conan (1859–1930)
Obwohl als Erfinder des unsterblichen Detektivs Sherlock Holmes weltberühmt, war Sir Arthur Conan Doyle zutiefst an allen Aspekten des Übernatürlichen interessiert und wurde ein solch überzeugter Anhänger spiritistischer Vorstellungen, daß er einen großen Teil seines späteren Lebens der Beschäftigung mit diesen Fragen widmete. Im nachhinein ist es begreiflich, daß er von bestimmten skrupellosen Leuten entsetzlich getäuscht wurde und daß viele Fälle paranormaler Phänomene, die ihm zu Gehör kamen, betrügerischen Ursprungs waren. Er nahm an zahlreichen Séancen teil, hatte angeblich Verbindung zu dem Geist seiner toten Mutter und hörte die Stimme seines Sohnes, der im Ersten Weltkrieg gefallen war. Er trat auch für die Arbeit einer Gruppe von Geisterfotografen, des Crewe-Kreises, ein, über den er ein Buch geschrieben hat. Weil er 1887 über die Freundschaft zu einem Mitglied des »Geisterclubs« in London in die Thematik des Übernatürlichen eingeführt wurde, war er immer an Spukgeschichten interessiert und besuchte auch Häuser, in denen es spukte. (Aufgrund einer seltsamen Wendung soll in Sir Arthurs früherem Haus, dem verschachtelten Windlesham Manor in Sussex, jetzt sein Geist spuken!)

Obwohl er häufig dem Spott ausgesetzt war, blieb Conan Doyle von einem Leben nach dem Tode und der Möglichkeit, Verbindung mit den Geistern herstellen zu können, überzeugt und nennt in seiner Autobiographie *Memories and Adventures* (1924) zwei Fälle, die auch mit der Zeit nicht widerlegt werden konnten. Im ersten Fall erhielt er über seine zweite Frau, die als Medium wirkte, Botschaften, die Einzelheiten enthielten, welche ihr unbekannt sein mußten. Im zweiten Fall erlebte er persönlich einen Geist, der in einem Haus spukte. Er schrieb: »Mitten in der Nacht brach ein fürchterlicher Tumult aus, der aber auf die Fäden, die wir zwischen den Fenstern und Türen gezogen hatten, keine Auswirkung hatte.« Als dieses Haus später niederbrannte und das Skelett eines Kindes entdeckt wurde, glaubte Sir Arthur, daß es sein Geist gewesen sei, der für die Störungen verantwortlich war.

Ein angebliches Geisterfoto von Sir Arthur Conan Doyle, das sich als Fälschung herausstellte.

Conan Doyle brachte seine Kenntnisse vom Übernatürlichen zu einem Großteil in seine Prosa ein – insbesondere in Kurzgeschichtensammlungen wie *Dreamland and Ghostland* (1886) und *The Last Gallery* (1911). Er schilderte auch eine Reihe seiner parapsychologischen Erfahrungen in seinem letzten Buch, *The Edge of the Unknown* (1930), das kurz vor seinem Tode erschien. Ein Teil dieser Geschichten sind im Deutschen erschienen: *Studie in Scharlachrot, Das Tal der Furcht.*

Drakes Trommel

Eine der merkwürdigsten Geistergeschichten, die auf See spielt, steht mit einer ziemlich gewöhnlich aussehenden Trommel in Zusammenhang, die im Stadtmuseum von Plymouth aufbewahrt wird. Es handelt sich um die Trommel, die Sir Francis Drake (ca. 1540–1596) auf seiner Weltreise bei sich hatte und die die Fähigkeit besitzen sollte, seinen Geist von den Toten zurückzurufen, falls man ihn benötige, sein geliebtes England vor einem Angriff zu retten. Dieser Legende zufolge sagte Sir Francis auf seinem Sterbebett, daß er zurückkehren und sein Vaterland zum Sieg führen würde, sobald irgend jemand im Falle einer Gefahr für England die Trommel rühren würde. Im Laufe der Zeit wurde diese Legende etwas abgewandelt, nun wird behauptet, daß die Trommel von alleine erschallen wird, wenn England vor einem Überfall steht! Einzelheiten dieser Vorgänge im Ersten und Zweiten Weltkrieg sowie die allgemeine Geschichte der Trommel werden in Raymond Lamont Browns Buch *Phantoms of the Sea* (1972) geschildert.

Drude

Drude ist ein alter englischer Ausdruck für einen hexenhaften Nachtgeist. Einigen Experten zufolge wurde eine junge Hexe zu einer Drude, wenn sie das Alter von vierzig Jahren erreichte, und besaß dann die Macht, ihre Opfer mit fürchterlichen Alpträumen zu quälen.

Dschinn

Der Dschinn, bekannt aus den Erzählungen von *Tausendundeiner Nacht,* ist ein arabischer Kobold, so etwas wie ein Geist, der in einem Messinggefäß oder einem Fingerring eingesperrt ist, aus denen man ihn herausrufen kann, damit er das tut, was sein Besitzer ihm gebietet. Laut Julian Franklyn in *A Survey of the Occult* (1935) stellen die Dschinn eine Gattung von Geistern dar, die man für Abkömmlinge des Feuers hält, obgleich sie auch durch einen menschlichen Schatten entstehen können! Dazu führt er aus: »Die Zeremonie muß entweder in der Nacht von Sonntag oder Mittwoch stattfinden. Wenn es dunkel und still geworden ist, zündet der Magier eine Kerze an, wendet sich gen Osten, wobei die Kerze hinter ihm steht. Das hat zur Folge, daß sein Schatten groß und bedrohlich auf die Wand vor ihm geworfen wird. Dann, in der Einsamkeit und Stille, in der vielleicht ein schwacher Luftzug den vergrößerten Schatten hin und her tanzen, strecken und grotesk anwachsen läßt, wendet er sich mit einer langen Beschwörung an ihn, bittet ihn, in das Haus von Soundso zu entweichen und ihn in dieser oder jener Weise zu peinigen. Diese Zauberformel wird so lange wiederholt, wie die Kerze niederbrennt. Das Wachs verläuft, die Flamme blakt, der Schatten zuckt hin und her, wird immer kräftiger, größer; und dann – das Licht geht aus, und der Schatten flieht von dannen!«

Duenda de Zaragoza

Die Erzählung von der *Duenda de Zaragoza* (dt.: Kobold von Saragossa) ist eine der bekanntesten spanischen Geistergeschichten, und sie erweckte im Jahre 1934 in ganz Europa großes Interesse. Im November jenes Jahres hörte man eine merkwürdige Stimme aus dem Ofenrohr eines Hauses in Saragossa, wo die Familie Palazon lebte. Als die Familie davon berichtete, besuchten zahlreiche lokale Amtsträger, Ärzte und Polizisten das Haus und unterhielten sich bald mit der Stimme, die nicht nur sprach, sondern auch eine Reihe von Fragen beantwortete. Sie nannte sich Duenda de Zaragoza und zeigte auffallende Intelligenz und Witz. Zuerst verdächtigte man das sechzehnjährige Dienstmädchen, Maria Pascuela, die Stimme zu sein. Ein sorgfältig von der Polizei und dem örtlichen Magistrat durchgeführtes Verhör ergab jedoch, daß keine direkte Verbindung zwischen den beiden existierte und daß die einzige, ihre Person betreffende Möglichkeit nur die sein konnte, daß sie durch »unbewußtes Bauchreden« diese Wirkung hervorgerufen hatte. Auf jeden Fall sprach die Geisterstimme im Dezember 1934 ihre letzten Sätze und wurde von da an nie wieder vernommen. Das Geheimnis von Saragossa blieb bis zum heutigen Tage ungelöst.

Duppy

Der Duppy ist ein westindischer Geist, der mit Hilfe eines geheimen Rituals beschworen werden kann und dem Anrufer stets zu Diensten ist. Ein Teil des Rituals besteht darin, Münzen und ein

Glas Rum auf ein Grab zu werfen; dies bringt den Geisterschatten zum Vorschein, der verständlicherweise so schlecht gelaunt ist, daß er jeden geforderten bösen Streich spielt! Der alten Tradition zufolge ist der Duppy die Personifizierung des Bösen im Menschen, und obwohl er sich nur des Nachts betätigen kann und vor Sonnenaufgang in sein Grab zurückkehren muß, belästigt er, wenn er aus irgendeinem Grund daran gehindert wird, niemals wieder eine lebende Person. Wenn der Duppy eine Person anhaucht oder berührt, so behaupten die Bewohner Westindiens, wird sie schwer erkranken. Einem alten Glauben nach hält man sie sich am besten vom Leibe, wenn man Tabaksaat – die sie hassen – um die Fenster und Türen des Hauses legt. Der Duppy wird ausführlich in *Voodoo Gods* (1939) von Zora Hurston behandelt.

E

Ektoplasma

Ektoplasma oder auch Teleplasma, wie es manchmal genannt wird, ist eine merkwürdige Substanz, die angeblich während des Trancezustands aus dem Mund, den Ohren, Nasenlöchern oder Genitalien einiger Medien ausgesondert wird und sich ganz oder teilweise in menschlicher Form materialisiert. Ektoplasma wurde vielfach mit weißem Chiffon, Papier, Seihtüchern, Eiweiß oder sogar tierischem Lungengewebe verglichen und leitet seinen Namen von den griechischen Worten »ektos« und »plasma« ab, was

Ein außergewöhnliches Foto von Ektoplasma, das gerade von dem amerikanischen Medium Mrs. Margery Crandon hergestellt wird.

soviel wie äußerliche Substanz heißt. S. G. Soal beschreibt das Ektoplasma in *A Survey of the Occult* (1935) folgendermaßen: »Einige Beobachter bezeichnen es als träge, während andere behaupten, es sei wabbelig und beweglich. Es soll plastisch sein, sich in Hände, Köpfe und sogar vollkommen menschliche oder tierische Wesen umformen. Es kann sich auch in starre Stöcke verwandeln, die für laute Klopfzeichen gebraucht werden, oder in frei schwebende Träger, die schwere Tische in der Luft halten. In der Tat ist die Vielfalt seiner Funktionen genauso erstaunlich, wie es die Veränderungen seiner Erscheinungen sind. Es handelt sich um eine äußerst chamäleonartige Substanz. Und seltsamerweise wurden alle Medien, die den Stoff produzierten, früher oder später des Betrugs angeklagt.«

Andererseits erklärte der deutsche Forscher Baron Albert von Schrenck-Notzing, der behauptete, eine Probe der Substanz in seinem Labor untersucht zu haben, es sei »eine Art flüchtiger Substanz, die auf für uns unbekannte Weise im Organismus entsteht und unbekannte biologische Funktionen und gestalterische Fähigkeiten besitzt«. Das vielleicht bekannteste Beispiel eines Mediums, das offensichtlich regelmäßig Ektoplasma herstellte, war Mrs. Margery Crandon (1887–1941), die, als Betrügerin bezeichnet, dennoch in einem streng überwachten Experiment 1924 das Phänomen materialisierte. Führende Parapsychologen und der ultraskeptische Forscher und Entfeßlungskünstler Harry Houdini nahmen daran teil, ohne eine schlüssige Erklärung liefern zu können.

»Elektrischer Horror« vom Berkeley Square Nr. 50

Die Nr. 50 an Londons vornehmem Berkeley Square galt einst als von einem furchterregenden Spuk heimgesuchtes Haus. Der Geist, der hier sein Unwesen, den »Elektrischen Horror«, trieb, soll Sir Edward Bulwer-Lytton (1803–1873) zu seiner klassischen Geschichte *The Haunted and the Haunters* inspiriert haben, die 1859 veröffentlicht wurde. In diesem Gebäude wohnte einst George Canning; die ersten Gerüchte über einen grimmigen und geräuschvollen Geist kamen in den frühen fünfziger Jahren des

Eine Skizze des »Elektrischen Horrors vom Berkeley Square« in London aus Elliott O'Donnells »Ghosts« (1959).

19. Jahrhunderts auf. Abgesehen von den merkwürdigen Geräuschen, warf der Geist auch mit Gegenständen um sich und zerschlug Fensterscheiben – und als wäre dies noch nicht genug, beschwerten sich darüber hinaus einige Bewohner des Grundstücks, daß »die Innenwände des Hauses, wenn man sie berührt, von einem elektrischen Horror durchdrungen seien«, was dem Geist seinen Namen gab. Trotz der vielen Berichte über dieses Phantom wurde auch behauptet, daß die seltsamen Geräusche in Wirklichkeit auf Menschenhand zurückzuführen seien – nämlich auf eine Gruppe von Fälschern, die heimlich die Räumlichkeiten nutzten und die merkwürdigen Geräusche erzeugten, um ihre Geldfälscherei zu vertuschen. Jedenfalls hielt sich die Legende um das Gebäude hartnäckig und war jahrelang eine Touristenattraktion für Londonbesucher, wie man in dem detailliert geschilderten Bericht *Poltergeist Over England* (1945) von Harry Price nachlesen kann.

Elektrisierer

Das amerikanische Medium John M. Spear verlieh 1854 einer Gruppe von gespenstischen Seelen den Namen »Elektrisierer«. Sie hatten ihm von ihrer Bereitschaft erzählt, das menschliche Lebensprinzip erklären zu wollen. S. G. Soal berichtet über dieses Unterfangen in seinem Buch *A Survey of the Occult* (1935): »Die Elektrisierer beabsichtigten, das Prinzip des Lebens auf eine Maschine von Kupfer und Zink zu übertragen, die von Geisterenergie angetrieben werden und das menschliche Leben auf unserem Planeten revolutionieren sollte. Um dieses wünschenswerte Ziel zu erreichen, bauten die Freunde des Mediums eine Art mechanisches Gerät aus Kupfer und Zink. Man fand ein Medium, das sich heftige Wehen einbildete – aber die Maschine weigerte sich, lebendig zu werden. Trotz aller Anstrengungen wollte sie sich nicht rühren und wurde schließlich von einer wütenden Menschenmenge zertrümmert, die in das Gebäude, in dem sie stand, eingedrungen war!«

Elementargeister

Elementargeister sind mit die ungewöhnlichsten aller Geister, weil sie vermutlich übernatürliche Wesen sind, die niemals menschlich wie die Geister einstmals lebender Personen gewesen sind. Seit undenklichen Zeiten wird von diesen Wesen erzählt, und viele unserer Märchen und Legenden sind aus diesen Geschichten über sie entstanden. Elementargeister nehmen meist die Form merkwürdig glühender Lichter an, manchmal erscheinen sie dort, wo sich eine Tragödie ereignet hat, auch in annähernd menschlicher Gestalt. In England tauchten sie auch in der Form eigenartiger Vögel und Säugetiere auf, und da sie meist in der Nähe von Treibsand und trügerischen Sumpflandschaften spuken, sollten sie unter allen Umständen gemieden werden.

Eine bekannte Geschichte, die oft mit Elementargeistern in Zusammenhang gebracht wird, stammt aus North Carolina (USA), wo eine Bahnstrecke, auf der ein Mann einst von einem Zug geköpft wurde, von einem runden, unheimlich weißen Licht heimgesucht wird. Der dort überlieferten Legende zufolge ist das Licht der Kopf des Toten, der vergeblich nach seinem Körper sucht.

Elmsfeuer

Elmsfeuer sind gespenstische Lichter, die auf hoher See auf Schiffen erscheinen. Seit Jahrhunderten berichten Seeleute von ihnen. Diese unheimlichen Lichter sitzen auf den Mastspitzen und verursachen ein knisterndes Geräusch. Fällt ein Licht an Deck und tanzt dann um einen bestimmten Seemann herum, soll das ein Zeichen dafür sein, daß dieser Mann in Kürze sterben wird.

Einer alten Legende nach war St. Elmo der Schutzpatron mittelmeerischer Seeleute. Er starb während eines Sturms auf See, versprach aber den Männern der Mannschaft vor seinem Tode, ihnen ein Zeichen zu senden, sollte ihnen nicht dasselbe Schicksal drohen. Als kurze Zeit später ein Licht, einer Kerzenflamme gleich, auf dem Mast erschien, glaubten die Seemänner an eine Botschaft von Elmo. Seitdem wird behauptet, daß das Auftreten von Elmsfeuern anzeigt, daß der Höhepunkt des Sturms überstanden ist. Tatsächlich wird das Licht durch elektrische Entladungen verursacht, wenn das Wetter aufklart.

Endor, Hexe von

Die Geschichte von König Saul und der Erscheinung, die die Hexe von Endor aus dem Erdinnern heraufbeschwor, ist vielleicht die berühmteste Geistergeschichte der Bibel: ein Buch, das eigentlich eine Reihe von Hinweisen auf Geister und Phantome enthält. Die Schilderung der Hexe von Endor findet man in Samuel 1,28, wo beschrieben wird, wie König Saul, besorgt über den möglichen Ausgang seiner Schlacht gegen die Philister, die alte Hexe bat, den Geist seines Vorgängers Samuel zu beschwören, damit er Rat von ihm einholen könne. Der Geist war offensichtlich keine große praktische Hilfe, und Theologen haben bewiesen, daß die ganze Sache ein Betrug war; die Frau habe die Gestalt des Geistes mit Hilfe von Rauch und seine Stimme durch Bauchreden erzeugt. Dennoch ist die Geschichte bis zum heutigen Tage in der Geisterkunde berühmt geblieben und in

Die Hexe von Endor beschwört vor König Saul einen Geist, Stich von Schnorr von Carolsfeld.

unzähligen Arbeiten sowohl auf dem Gebiet des Übernatürlichen als auch der Hexerei besprochen worden.

Engel von Mons

Die aus dem Ersten Weltkrieg stammende Gespenstergeschichte über die Engel von Mons ging als eine der seltsamsten in die Annalen des Übernatürlichen ein: seltsam deswegen, weil der Mann, der als erster über die Legende schrieb, betonte, es handele sich um eine erfundene Geschichte, später jedoch viele Berichte von Soldaten auftauchten, die behaupteten, die geisterhaften Bogenschützen tatsächlich gesehen zu haben!

Die Geschichte fing am 29. September 1914 – dem Michaelistag – an, als der walisische Schriftsteller und Journalist Arthur

Die berühmte Erscheinung der »Engel von Mons« im 1. Weltkrieg, dargestellt von A. Forestier.

Machen (1863–1947) eine Kurzgeschichte mit dem Titel *The Bowmen* (dt.: Die Bogenschützen) in einer Londoner Zeitung veröffentlichte. Die schreckliche Schlacht bei Mons, am 23. August 1914, hatte ihn zu dieser Geschichte angeregt. Britische Truppen, die im Verhältnis zehn zu eins zahlenmäßig unterlegen waren, hielten fünfzig deutsche Divisionen in Schach und unterstützten damit den französischen Rückzug enorm. Machen war von dieser Tapferkeit dermaßen beeindruckt, daß er eine Geschichte über einen britischen Soldaten verfaßte, der in Todesangst ein lateinisches Gebet stammelte und plötzlich sah, wie eine Gruppe von Phantomschützen ihre silbernen Pfeile auf die heranrückenden deutschen Truppen feuerte. Der erstaunte Soldat sah zusammen mit seinen Kameraden die feindlichen Soldaten zu Hunderten fallen. Als sie später die Leichen untersuchten, fanden sie keine einzige Wunde an ihnen. Bei der allgemein gedrückten Stimmung, in der sich England in jenem Herbst 1914 befand, wurde die aufmunternde Geschichte von den Bogenschützen von zahllosen Lesern begeistert aufgenommen.

Doch dann geschah ein seltsames Nachspiel. Langsam sickerten die Berichte aus Frankreich durch, daß die Truppen dort die geisterhaften Erretter tatsächlich am Himmel gesehen hatten: Es handelte sich jedoch nicht um Bogenschützen, sondern um Engel. Obwohl es einige Abweichungen in den Darstellungen gab, blieben die grundlegenden Tatsachen gleich. Dutzende von Soldaten gaben vor, die Erscheinung von Phantomgestalten am Himmel bezeugen zu können, die dem vorrückenden Feind den Tod brachten. Nachdem ihm diese Beschreibungen zu Ohren gekommen waren, legte Arthur Machen umgehend Protest ein und betonte, daß er die Geschichte erfunden habe, daß sie keinen Funken Wahrheit enthalte. Doch hörten nur wenige Menschen auf ihn. Die Beschreibung war dermaßen anregend, daß sie einfach glauben wollten, Gott sei auf seiten der Verbündeten. So entstand die bis heute berühmtgebliebene Legende von den Engeln von Mons.

Erscheinung

Eine Erscheinung ist eine Gestalt, die allem Anschein nach jemand ist, den der Betrachter in diesem Moment entweder sehr weit weg oder tot weiß. Die Überlieferung von Erscheinungen reicht weit zurück, und in historischen Aufzeichnungen finden sich viele Augenzeugenberichte über diese Gestalten, die nach-

AN ACCOUNT
OF THE
DREADFUL APPARITION

That appeared last night to Henry —— in this street, of Mary ——, the shopkeeper's daughter round the corner, in a shroud, all covered in white.

The castle clock struck one—the night was dark, drear, and tempestuous. —Henry set in an antique chamber of it, over a wood fire, which, in the stupor of contemplation, he had suffered to decrease into a few lifeless embers; on the table by him lay the portrait of **Mary**—the features of which were not very perfectly disclosed by a taper, that just glimmered in the socket. He took up the portrait, however, and gazing intensely upon it, till the taper, suddenly burning brighter, discovered to him a phenomenon he was not less terrified than surprised at.—The eyes of the portrait moved;—the features from an angelic smile, changed to a look of solemn sadness; a tear stole down each cheek, and the bosom palpitated as with sighing.

Again the clock struck *one*—it had struck the same hour but ten minutes before.—Henry heard the castle gate grate on its hinges—it slammed too—the clock struck one again—and a deadly groan echoed through the castle. Henry was not subject to superstituous fears—neither was he a coward;—yet a hero of romance might have been justified in a case like this, should he have betrayed fear.—Henry's heart sunk within him—his knees smote together, and upon the chamber door being opened, and his name uttered in a hollow voice, he dropped the portrait to the floor; and sat, as if rivitted to the chair, without daring to lift up his eyes. At length, however, as silence again prevailed, he ventured for a moment to raise his eyes, when—my blood freezes as I relate it—before him stood the figure of Mary in a shroud—her beamless eyes fixed upon him with a vacant stare; and her bared bosom exposing a most deadly gash. "Henry, Henry, Henry!" she repeated in a hollow tone—"Henry! I am come for thee! thou hast often said that death with me was preferable to life without me; come then, and enjoy with me all the ecstacies of love these ghastly features, added to the contemplation of a charnel-house, can inspire;" then, grasping his hand with her icy fingers, he swooned; and instantly found himself —— stretched on the hearth of his master's kitchen; a romance in his hand, and the house dog by his side, whose cold nose touching his hand, had awaked him.

Pitts, Printer and Toy Warehouse, Great St. Andrew Street, 7 Dials.

Ein Groschenblatt – typisch für viele, die im 18. Jahrhundert verkauft wurden; »Erscheinungen« waren ein beliebtes Thema dieser Hefte.

weislich weder auf Einbildung noch auf Sinnestäuschungen zurückzuführen waren. Diesen Geschichten zufolge werden Gespenster nicht immer gesehen, sondern können auch gefühlt oder gehört werden. Die drei Hauptarten von Erscheinungen sind: Krisenerscheinungen, bei denen es um Krankheit, Gefahr oder Tod geht; spukende Erscheinungen, wobei eine einzelne Gestalt wiederholt an derselben Stelle auftaucht, und experimentelle Erscheinungen, was bedeutet, daß sich eine noch lebende Person vor den Augen einer anderen in eine Erscheinung verwandelt.

Zu diesem Themenkomplex wurden in letzter Zeit im Institute of Psychophysical Research in Oxford beachtliche Forschungen betrieben, wobei sich die Ergebnisse auf mehr als 1800 Fallstudien stützten. Eine wichtige Entdeckung war dabei, daß keineswegs alle Erscheinungen von Toten herrührten, vielmehr waren sie bei ungefähr einem Drittel der vorliegenden Fälle auf noch Lebende zurückzuführen. Zu der Frage, ob die mit Erscheinungen in Berührung gekommenen Personen klar erkannten, daß sie ein Gespenst sahen, geht aus dem Bericht hervor, daß 46% sich dessen sofort bewußt waren, 18% nicht sogleich, 5% gegen Ende des Erlebnisses und 31% erst im nachhinein. Die Umfrage ergab auch, daß im großen und ganzen Erscheinungen in Verbindung mit Verdunkelung des Lichts (wenn sie zum Beispiel durch ein Fenster hereinschauen) selten, aber nicht gänzlich unbekannt sind. Unter denen, die Gespenster gesehen hatten, ergaben sich hinsichtlich ihrer Gefühle erhebliche Unterschiede: Einige hatten große Angst, manche überhaupt nicht, und einige bemerkten Angst und Verwirrung erst später. Es wurden auch Fälle gefunden, bei denen die Menschen durch das Geschehen geradezu stimuliert wurden. Diese fesselnde Untersuchung wird von zwei Forschern dieses Instituts ausführlich kommentiert, und zwar von Celia Green und Charles McCreery in ihrem Buch *Apparitions* (1975). Zwei ältere, aber ebenfalls wichtige Untersuchungen stammen von Sir Ernest Bennett (1939) und G. N. M. Tyrell (1953).

Esotera

»Esotera« ist Deutschlands bekannteste populärwissenschaftliche Monatszeitschrift für Esoterik und Grenzwissenschaften. Sie erscheint seit 1949, zunächst als »Die okkulte Stimme«, 1958 wurde sie in »Die andere Welt« umbenannt; im Rahmen einer grundlegenden konzeptionellen Umgestaltung erhielt die Zeitschrift dann 1970 den heutigen Titel. Das weitgefächerte Themenspektrum umfaßt »alle neuen Erkenntnisse und persönlichen Erfahrungen, die dazu beitragen können, die Einsicht in die wahre Natur der Welt und der dahinterliegenden Bewußtseinsebenen zu erweitern und zu vertiefen« (Eigendarstellung). Nach der Aussage der Redaktion orientiert sich das inhaltliche Konzept daran, Menschen anzusprechen, die hinter die Oberfläche schauen wollen; sie will aktuell und umfassend darüber orientieren, was der einzelne tun kann, um auf dem Weg der Sinnfindung und Selbstvervollkommnung voranzuschreiten. Dabei strebt die Redaktion nach einer »Synthese aus modernsten Forschungsergebnissen der Wissenschaft (›Grenzwissenschaften‹) und dem uralten Weisheitsgut der Menschheit, das über viele Jahrhunderte als ›Geheimwissen‹ nur an ›Eingeweihte‹ (daher ›Esoterik‹) weitergegeben worden ist«. Hauptgewichte der Berichterstattung liegen in den Bereichen Esoterik (das uralte Menschheitswissen), New Age (zukunftsweisende geistige Entwicklungen und Bewegungen unserer Zeit), Psi (die paranormalen Fähigkeiten der menschlichen Psyche) und Paramedizin – Sektoren, die von etablierten wissenschaftlichen Disziplinen nicht hinreichend erfaßt werden.

Everest-Geist

Auf dem Mount Everest, dem mit 8848 Metern höchsten Berg der Welt, soll der Geist eines Kletterers spuken, der auf einem der tückischen Hänge starb und nun dazu bestimmt ist, Bergsteiger bei ihrem Kampf zu ermutigen. Im September 1975 wurde bekannt, daß Dougal Haston und Doug Scott sich einer helfenden Hand an ihrer Seite bewußt waren, als sie eine sehr schwere Nacht an der Südwestseite des Everest, genau unter dem 8848

Meter hohen Gipfel, durchmachten. Dieser geisterhafte dritte Mann teilte ihr Lager in einem Schneeloch und ermutigte sie in den Stunden vor ihrem letzten erfolgreichen Anstieg zur Spitze.

Exorzismus

Das Wort Exorzismus ist ein abgedroschener und in den letzten Jahren häufig mißbrauchter Begriff geworden, in erster Linie durch William Peter Blattys Bestseller *The Exorcist* (1971), der später die Grundlage eines noch erfolgreicheren Films wurde. Der eigentliche Vorgang des Exorzismus ist eine religiöse Zeremonie, die der Beseitigung von Geistern dient, sowohl bei besessenen Personen als auch bei vom Spuk befallenen Häusern. Die christliche Kirche besitzt ein besonderes Ritual, jeden Dämonen »auszutreiben«, von dem man annimmt, daß er den Willen einer Person beherrscht. Die Handlung wird meist von einem besonders ausgebildeten Priester oder Geistlichen wahrgenommen; diese Männer können auch einen lästigen Geist, zum Beispiel einen Poltergeist, entfernen, der ein Haus plagt. Ihr Ritual besteht aus Gebeten, lauten Ermahnungen, aus dem Versprenkeln von Weihwasser und dem Abbrennen von Weihrauch oder Kerzen. Es handelt sich hierbei eigentlich um eine moderne Version des alten Gottesdienstes, der zur Exkommunikation führte: Der Sünder wurde vom Priester von den weiteren Segnungen ausgeschlossen, indem er eine kleine Glocke läutete und laut die Bibel schloß, nachdem er die Verwünschung ausgesprochen und dann die heiligen Kerzen gelöscht hatte. Dieser Gottesdienst wurde »Glocke, Buch und Kerze« genannt. Obwohl es zahlreiche wissenschaftliche Untersuchungen über den Exorzismus und seinen Einfluß gibt, gilt das Werk Pater Herbert Thurstons, *Ghosts and Poltergeists* (1953), als eines der interessantesten und nützlichsten. Es enthält auch ein besonderes Kapitel zu diesem Thema, einschließlich aller Anweisungen und der Litanei für eine Teufelsaustreibung.

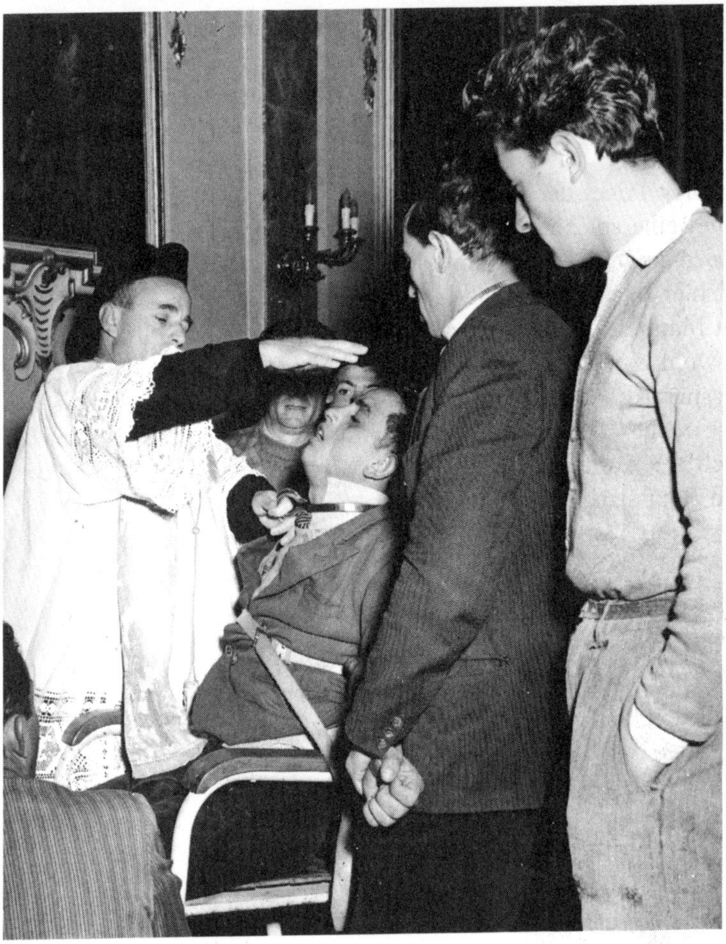

Ein Priester beim Exorzismus an einem Mann, der von bösen Geistern besessen sein soll.

Extra-Geister

»Extra« ist ein häufiges Wort für Gesichter, die auf mysteriöse Weise auf Fotografien von Menschen erscheinen, die entweder tot oder nicht anwesend waren, als das Foto entstand. Dieses Phänomen trat in den Kinderjahren der Fotografie oft auf, und viele Gesichter wurden absichtlich mit Hilfe der doppelten Belichtung auf die Fotos gebracht. Geistermedien stellten viele solcher Bilder her, fast immer in betrügerischer Absicht, aber es gab im Laufe der Zeit auch andere wunderliche Fotos, auf denen seltsame Gesichter erschienen und kein Schwindel entdeckt werden konnte.

Harry Price, der Geisterjäger und Parapsychologe, sammelte eine Reihe solcher Fotos, die immer noch in der Bibliothek zu finden sind, die er der Universität von London vermachte. Eines der hier abgebildeten und faszinierendsten Fotos ist das eines alten Mannes, der von einem anderen mit der Axt bedroht wird. Obwohl es sich zweifelsohne um eine Fälschung handelt – ein Glasnegativ wurde doppelt belichtet –, ist es doch eine merkwürdige Sache, daß der alte Mann wirklich knapp sieben Monate nach der Aufnahme an den Folgen eines gewaltigen Hiebes auf den Kopf starb.

Ein »Extra« auf einem Foto, das sich, obwohl es sich um eine Fälschung handelt, als Omen für den Tod des alten Mannes erwiesen hat.

Ein malerisches Bild aus dem 17. Jahrhundert, eine Frau steht ihrem Fetsch gegenüber.

F

Fetsch

Der Fetsch oder Doppelgänger ist eine geisterhafte Vision der eigenen Person, und man glaubt im allgemeinen, daß sein Auftauchen ein Todesomen ist. Der Folklorist John Aubrey beschreibt in *Miscellanies* (1696) die Erscheinung einiger Fetsche wie im folgenden Beispiel: »Die schöne Lady Diane Rich, Tochter des Earl of Holland, wandelte ungefähr um elf Uhr im Garten ihres Vaters in Kensington, um vor dem Mittagessen noch etwas frische Luft zu atmen, fühlte sich eben noch sehr wohl, sah dann ihre eigene Erscheinung, Kleidung und alles wie in einem Spiegel. Ungefähr einen Monat später starb sie an Pocken. Ihre Schwester, Lady Isabella Thynne, soll gleichfalls ihr Ebenbild gesehen haben, bevor sie starb. Diese Geschichte habe ich von einer respektablen Person.«

Aubrey erinnert sich auch daran, daß der Altertumsforscher Elias Ashmole ihm erzählt habe, daß ein gewisser Sir William Napier auf dieselbe entsetzliche Weise gewarnt worden sei, als er sich in einem Wirtshaus aufhielt. Als man ihm sein Zimmer zeigte, sei er beim Anblick einer Leiche auf seinem Bett fürchterlich erschrocken – beim näheren Hinsehen habe er erkannt, daß die Gestalt ihm völlig glich! Obwohl Sir William Arzt war und nicht zum Aberglauben neigte, sei er innerhalb weniger Tage nach Beendigung seiner Reise gestorben.

Feuerball

Das als Feuerball bekannte Phänomen zählt vielleicht zu den merkwürdigsten unter den Phantomlichtern. In Schottland, wo es vielfach auftauchte, wird es »gaelghan« genannt. Der Ball ähnelt einer Lichtkugel und bewegt sich gewöhnlich mit sehr ruhiger und gleichmäßiger Geschwindigkeit über Wasserflächen. Alasdair Alpin MacGregor hat einige Berichte über diese Feuerbälle in *The Ghost Book* (1955) gesammelt: »Menschen, die zum Beispiel am Loch Rannoch wohnen, haben mir von dem seltsamen Licht in Form eines Balles erzählt, das bisweilen eine bestimmte Strecke der Wasseroberfläche überfliegt. Breadalbains bekannteste Geisterlichter sind vielleicht jene beiden, die vor einigen Jahren gleichzeitig am Loch Tay zu sehen gewesen sein sollen. Und ein alter Mann, den ich ungefähr 1935 an diesem Ort traf, war einer von vielen, die behaupteten, am Vorabend der Beerdigung zweier Soldaten, die zur Beisetzung in ihre Heimat gebracht worden waren, zwei helle Feuerbälle gesehen zu haben, die über die Oberfläche des Loch Tay sausten, und zwar auf einer Bahn, der am nächsten Tag die Boote mit den Särgen folgten.«

Feuerspuk von Caledonia Mills
Beschrieben als das »unheimlichste, gruseligste und gespenstischste Rätsel, das man je in Kanada erlebte«, haben die geheimnisvollen Brände, die 1922 in einem Gutshaus in Caledonia Mills in Neuschottland ausbrachen, seitdem den Parapsychologen Kopfzerbrechen bereitet. Die Vorgänge im Hause von Alexander Macdonald begannen ein Jahr zuvor, 1921, als ihm unerklärliche Streiche gespielt wurden; kurz darauf folgten Feuerausbrüche, die sich offensichtlich während der Nachtstunden in kleinen Bereichen des Gebäudes selbst entzündeten und auch wieder von alleine ausgingen. Auch Möbelstücke fingen auf geheimnisvolle Weise Feuer, merkwürdige Lichter leuchteten im Haus auf und erloschen wieder. Macdonald und seine vierköpfige Familie flohen vor dem »Feuerspuk«, wie sie das Phänomen nannten, in völliger Panik. Forscher, die nach Caledonia Mills kamen, sahen auch die spontanen Feuerausbrüche und hörten seltsame, stampfende Geräusche im Innern des Hauses. Sie erklärten, daß »weder das Feuer noch die anderen seltsamen Geschehnisse das Werk menschlicher Hände seien«. Obwohl spätere Untersuchun-

Ein Geist, der einen alten Geizhals heimsucht, aus dem stimmungsvollen Film »The Conquering Power« aus dem Jahre 1922.

gen Macdonalds junge Tochter für die Erscheinungen verantwortlich machten, wurde das Geheimnis niemals wirklich zufriedenstellend aufgedeckt, wie R. S. Lambert in seiner Schilderung der Geschichte in *Exploring the Supernatural* (1955) bemerkt.

Filmgeister

Seit den ersten Anfängen des Stummfilms waren Geister eine beliebte Attraktion, denn die Möglichkeiten der Kamera, Bilder doppelt zu belichten und Darsteller ein- und auszublenden, eigneten sich ideal dafür, realistisch aussehende Gespenster und Phantome in Szene zu setzen. Der große Pionier des Films, Georges Méliès, setzte all sein erworbenes Wissen als Bühnenzauberer ein, um phantastische Effekte in seinen brillanten Stummfilmen wie *The Haunted Cave* (1898) oder *The Devil's Manor* (1900) zu erzielen.

Aber erst 1922 erreichte das erste unbestreitbare Meisterwerk mit einem Geisterthema das Kino – *The Conquering Power* des stilvollen amerikanischen Regisseurs Rex Ingram. Die Szenen, die den Geist zeigen, der am Schluß den Tod des Geizhalses verursacht, sind sowohl wirklichkeitsnah als auch spannend. 1936 gelang dem britischen Schauspieler Robert Donat ein Durchbruch mit der Rolle eines schon lange toten Schotten, der sein altes abgerissenes Heim auf dem Transport nach Amerika, wo es wieder aufgebaut werden soll, begleitet. Gerechterweise muß man sagen, daß dieser Film, *The Ghost Goes West,* bis zum heutigen Tage der berühmteste »Geisterfilm« geblieben ist.

Einige Kritiker schätzen *The Uninvited* (1944) als den besten all dieser Filme ein. Sicherlich sind der spannende Aufbau der Geschichte über ein Spukhaus in Cornwall und die Anstrengungen der Bewohner, den bösen Geist zu vertreiben, eindrucksvoll und denkwürdig. Ray Milland und Ruth Hussey sind großartig als die Geschwister, die im Mittelpunkt der Handlung stehen, ebenso die schöne Gail Russell, deren Fähigkeiten als Medium bei der Teufelsaustreibung helfen. Von allen inzwischen gedrehten Geisterfilmen ist *The Innocents* aus dem Jahre 1961 vielleicht der unvergeßlichste (Hauptrollen: Deborah Kerr, Martin Stephens, Pamela Franklin und Megs Jenkins.) Der Film basiert auf einem Roman von Henry James und ist elegant inszeniert, aber er neigt dazu, die übernatürlichen Elemente zu erklären, statt sie im dunkeln zu lassen, wie James es beabsichtigte.

Weitere Informationen über Geister in Filmen sind in *An Illustrated History of the Horror Film* von Carlos Clarens (1967) zu finden. Ein Wort vielleicht noch an die unübersehbare Anhängerschaft der »Horrorfilme«, der Fans von Dracula und Frankenstein, Jekyll/Hyde und King Kong, des Golem und des Phantoms in der Oper: Hier geht es nicht um Geister (wirkliche und unbewiesene), sondern um Schöpfungen wahnwitziger Wissenschaftler, um Mutanten, Monster oder unglücklich Entstellte. Ihr Platz ist in einem anderen Buch!

Fliegender Holländer

Die Legende vom Phantomschiff *Der Fliegende Holländer* zählt zu den berühmtesten Seegeschichten und hat sich auch in den Annalen des Übernatürlichen einen Namen gemacht. Seit Jahrhunderten segelt dieses Unglücksschiff auf den Meeren rund um das Kap der Guten Hoffnung und bringt Tod und Verderben über jedes Schiff, das das Pech hat, seinen Weg zu kreuzen. Der Legende nach kehrte Hendrik Vanderdecken, der Kapitän, im Jahre 1641 von Ostindien kommend, nach Amsterdam zurück. Ein fürchterlicher Sturm kam auf, aber Vanderdecken wollte nicht warten, bis er sich legte, und verfluchte Gott und die Welt mit den Worten, daß er lieber bis zum Jüngsten Tag unterwegs sein wolle, statt die Segel zu reffen. Für diese Blasphemie – so die Legende – wurde er damit bestraft, immer weitersegeln zu müssen, ohne jemals einen Hafen erreichen zu können, es sei denn, er fände einen anderen Kapitän, der bereit wäre, einen Brief von ihm anzunehmen, in dem er um Vergebung bittet.

Aber im Laufe der Jahre stellte es sich heraus, daß jeder Seemann, der mit dem Holländer in Berührung gerät, dem Untergang geweiht ist. Die Geschichte ist angefüllt mit Erzählungen von Seeleuten, die das schreckliche Schiff gesehen haben und bald darauf in den Fluten ein feuchtes Grab fanden. Die Legende wurde unsterblich durch die Oper *Der Fliegende Holländer* von Richard Wagner (1843) und Captain Frederick Marryats hervorragendes Seemannsgarn *The Phantom Ship* (1839).

Die berühmteste Begegnung mit dem Schiff ereignete sich im Juli 1881, bei der Prinz Georg (der spätere König Georg V. von Großbritannien) Augenzeuge wurde. Er befand sich an Bord der S. M. S. *Bacchante* auf einer Kreuzfahrt um die Welt. Der Prinz selbst machte die Eintragung in das Logbuch des Schiffes und beschrieb die Begegnung folgendermaßen: »11. Juli 1881. Während der Mitternachtswache kreuzte der sogenannte *Fliegende Holländer* unseren Bug. Sie erschien zuerst als merkwürdig rotes Licht, wie von einem vollständig glühenden Schiff, in dessen Mitte Masten, Spieren und Segel, scheinbar die einer normalen Brigg, leuchteten, ungefähr 180 Meter von uns entfernt, und trat deut-

Das berühmteste Phantomschiff »Der Fliegende Holländer«, von André Castaigne.

lich hervor, als sie herankam. Unser Ausguck auf dem Vorderdeck berichtete, sie sei ganz nahe an unserem Backbordbug, wo sie auch der Wachoffizier auf der Brücke ganz deutlich sehen konnte und ebenso unser Achterdeckleutnant zur See, der sofort nach vorn zum Vorderdeck geschickt wurde, um Bericht erstatten zu können. Aber als er dort anlangte, fanden sich weder ihre Spuren noch irgendwelche Anzeichen eines wirklichen Schiffes, weder in der Nähe noch entfernt am Horizont.«

Dem Bericht folgte noch ein tragisches Nachspiel, das noch einmal die verhängnisvolle Weissagung, die das Geisterschiff umgibt, bestätigte. Prinz Georg zeichnete die Tatsachen folgendermaßen auf: »Während der Vormittagswache fiel der Seemann, der heute morgen als erster von dem Phantomschiff berichtet hatte, von der Quersaling der Vormarsstenge und war sofort tot.« Und als sei dies noch nicht sonderbar genug, wurde der Kommandant der *Bacchante* nach der Ankunft im Hafen von einer lebensgefährlichen Krankheit dahingerafft.

Das bisher letzte Mal wurde der *Fliegende Holländer* im Oktober 1959 gesehen, als ein Kapitän namens P. Algra, Herr über den niederländischen Frachter *Straat Magelhaen*, berichtete, ihn gesehen zu haben. »Es gab ein komisch sausendes Geräusch«, sagte er, »dann sahen wir einen riesigen Windjammer genau auf uns zukommen. Seine Segel waren bauchig gefüllt, und wir konnten ganz deutlich einen Mann am Ruder erkennen. Er war so plötzlich und schnell erschienen, daß es keine Ausweichmöglichkeit mehr gab. Aber gerade in dem Moment, in dem er mit unserem Schiff hätte zusammenstoßen müssen, verschwand er in der Dunkelheit.«

Fließende Gewässer

Überall in der Welt findet sich der Aberglaube, daß kein Geist ein fließendes Gewässer überqueren kann, weil Flüsse als heilige Orte angesehen werden – insbesondere solche, die in südlicher Richtung fließen. Bei Teufelsaustreibungen wird heiliges Wasser natürlich dazu benutzt, einen heimgesuchten Ort von einem lästigen Geist zu befreien. Das gelingt um so besser, wenn das

Wasser aus einem klaren, schnellfließenden Bach geschöpft wurde.

Flugzeuggeister

In den letzten Jahren tauchten sogar in Flugzeugen Geister auf! So erschien im Oktober 1974 in einer Londoner Zeitung eine Geschichte, daß das Reinigungspersonal auf dem Heathrow Airport behauptet habe, in bestimmten Flugzeugen sei eine böse Macht am Werke. Ein Angestellter des Flughafens sagte aus: »Wir haben Gerüchte über irgendeine merkwürdige Erscheinung in den Jumbo-Jets gehört, im Augenblick gibt es keine Erklärung dafür. Einige Angehörige des Reinigungspersonals haben gesagt, daß sie von etwas Unsichtbarem umhergeschleudert worden seien, und andere, daß sie unfähig gewesen seien, sich zu bewegen, als hätte sie etwas festgehalten.«

Den bekanntesten Bericht eines Flugzeugspuks schilderte der amerikanische Forscher und Schriftsteller John G. Fuller in seinem Buch *The Ghost of Flight 401* (1978). Er handelt von den Phantomen, die in einigen Flugzeugen der Eastern Airlines in den USA gespukt haben. Die Geschichte begann im Jahre 1973, als eine L-1011 TriStar der Eastern Airlines – Flug 401 – in der Nähe von Florida abstürzte und fast hundert Menschen, darunter auch den Piloten Bob Loft und den Techniker Don Repo, in den Tod riß. Nicht lange danach konnten andere Besatzungsmitglieder, die TriStars der Eastern Airlines flogen, von geisterhaften Gestalten berichten, die Loft und Repo an Bord ihrer Maschine verblüffend ähnlich sahen. In allen Fällen machten die Gestalten einen freundlichen Eindruck und erschienen nur, um andere TriStars vor einer ähnlichen Tragödie zu bewahren, wie sie ihnen zugestoßen war. Daraufhin untersuchte John Fuller die Geschichte und veröffentlichte sein Buch. Obwohl der Spuk noch immer sehr im dunkeln liegt, bleibt die Geschichte die bekannteste über Geister, die in der Luft spuken. Fuller selbst bemerkt dazu: »Wenn man daran glaubt, daß Geister in alten Häusern spuken, warum dann nicht auch in Jumbo-Jets?«

Fossegrim

Der Fossegrim, in Skandinavien auch »Neck« oder »Nöck« genannt, ist ein Flußgeist, der als gespensterhafter Jugendlicher inmitten eines Flusses sitzt und Harfe spielt. Er soll harmlos sein, obwohl er, einer alten europäischen Überlieferung zufolge, gegenüber launischen jungen Mädchen grausam sein kann. In manchen Gegenden Europas glaubt man, es sei besser, ein Messer bei sich zu führen, wenn man mit einem Boot draußen auf dem Fluß ist, weil das den Nöck bannt. Zwischen dem Fossegrim und dem schottischen Kelpie besteht eine gewisse Verwandtschaft.

Fox-Schwestern

Die Fox-Schwestern Margaret (1838–1893) und Kate (1841–1892) sollen die Begründer des Spiritismus als organisierte Bewegung gewesen sein, deren Ziel es ist, ein Leben nach dem Tode nachzuweisen. Das war das Ergebnis ihrer Erfahrungen in Hydesville im Staate New York während des vergangenen Jahrhunderts. In ihrem Haus soll ein Geist gespukt haben, der seltsame Klopfgeräusche erzeugte. 1848 entdeckten die Mädchen offensichtlich eine Möglichkeit, mit diesem Geist, den sie »Mr. Splitfoot« nannten, zu kommunizieren, indem sie verschlüsselte Botschaften klopften – verschieden lange Klopfsignale bedeuteten bestimmte Fragen und Antworten. Als Folge einer vom Geist übermittelten Botschaft gruben sie im Keller des Fox-Hauses und fanden ein Skelett – offensichtlich bewahrheitete sich damit die traurige Geschichte vom Tod und der Beerdigung des Geistes, die er ihnen erzählt hatte. Die Geschichte stellte eine derartige Sensation dar, daß bald auch andere Menschen ähnliche Wege suchten, mit den Toten in Verbindung zu treten – der Spiritismus war geboren. Die Fox-Schwestern führten danach jedoch alles andere als ein glückliches Leben – einmal gestanden sie, daß alle Vorgänge in Hydesville Betrug waren, und widerriefen dann fast unmittelbar danach wieder dieses Geständnis. Trotzdem setzten sie eine mittlerweile weltweite Bewegung in Gang, über die inzwischen zahlreiche Bücher geschrieben wurden, so etwa

Die Fox-Schwestern, die Begründerinnen des amerikanischen Spiritismus: Margaret (links) und Kate.

die sechsbändige *Moderne Universalgeschichte der Geheimwissenschaften*, dt.: 1979, und *Spiritualism Today* von Maurice Barbanell (1969).

Fremantle Museum, die drei Geister des
Der stattliche gotische Bau, der das Fremantle Maritime Museum in Westaustralien beherbergt, kann sich nicht weniger als dreier Geister rühmen. Dies überrascht nicht, wenn der Besucher weiß, daß das Gebäude 1865 ursprünglich von Sträflingen gebaut wurde und bis 1909 als Irrenhaus genutzt wurde. Die Insassen waren vielen brutalen Behandlungsmethoden ausgesetzt, wie zum Beispiel dem Schwitzkasten und der Gummizelle, und man glaubt, daß nun die Gespenster dreier Insassen im Gebäude herumirren. Jeder Geist hat seine individuellen Eigenarten. Einer ist eine liebe Seele, der die Leute küßt und herzt, der zweite ist aggressiv, schnappt sich Gegenstände und rüttelt an Türen, während es sich bei dem dritten um eine alte Frau handelt, die nach etwas zu suchen scheint. Die Angestellten des Museums berichten von vielen Zwischenfällen mit diesen drei Geistern, obwohl sie hinzufügen: »Es geschieht niemals etwas, wenn das Museum voller Besucher ist. Wir haben diese Kontakte nur, wenn es hier ruhig ist.«

G

Galley Beggar

Der Galley Beggar ist ein außergewöhnlicher englischer Geist, der meist im Norden Englands in Erscheinung tritt und erstmalig in Reginald Scots Werk *The Discoverie of Witchcraft* (1584) erwähnt wurde. Es handelt sich um einen sehr dünnen Geist, der oft wie ein Skelett aussieht. Er scheint überwiegend die Absicht zu hegen, allen, denen er begegnet, Angst und Schrecken einzujagen. Tatsächlich stammt sein Name von »gally« ab, was soviel bedeutet wie »erschrecken« oder »Furcht einjagen«. Er hat offenbar auch die Fähigkeit, nach Belieben ohne Kopf herumzulaufen! Der berühmteste Galley Beggar spukt auf einem Hügel zwischen Over und Nether Stowey in Somerset und rast auf einem Rodelschlitten umher, den Kopf unter dem Arm und kreischend vor Lachen! Ein Verwandter dieses Geistes ist der »Bull Beggar«, der in Surrey auftritt und sich mit ungeheuren Sprüngen fortbewegt.

Galleytrot

Der Galleytrot ist ein Tiergeist und ähnelt einem riesigen Hund, der wie ein »böses Raunen« auf den Landstraßen von Ostengland herumstreifen soll. Nach Alasdair Alpin MacGregor (*The Ghost Book,* 1955) trifft man den Galleytrot meist in der Nähe alter Friedhöfe oder verborgener Schätze an. MacGregor sagt, daß einer der fürchterlichsten Galleytrots in der Wildnis von Suffolk auf der Lauer liegt und einem riesigen Hund mit einem Affenkopf ähnelt. Er fügt hinzu: »Das Phantom ist auch in Essex bekannt, besonders in den Gegenden, die an Suffolk grenzen. Ein schwarzes Exemplar soll die Grafschaftsgrenze überschreiten,

Wie sich ein Fotograf um die Jahrhundertwende den seltsamen skelettartigen Geist »Galley Beggar« vorstellte.

wenn es zwischen den Dörfern Middleton in Essex und Boxford in West Suffolk unterwegs ist.« Da der Autor dieses Lexikons selbst in Boxford lebt, hofft er, niemals auf den Galleytrot zu stoßen, da er nämlich ein Todesomen sein soll!

Der Galleytrot, ein Geist in der Gestalt eines riesigen Hundes, wie er in »Tales of Terror« (1825) dargestellt wird.

Geister

Geister sind, wie unzählige Untersuchungen ergeben haben, weltweit auftretende Phänomene; sie wurden im Laufe der Geschichte schon immer erwähnt, erscheinen in vielen verschiedenen Gestalten und Formen und aus einer Vielzahl von Gründen. Am häufigsten kommt natürlich der Geist des Menschen vor – der, als nebelhaftes Wesen, nur in angedeuteter menschlicher Gestalt erscheint und so mysteriös und plötzlich verschwindet, wie er aufgetaucht ist. Aus der Sicht des Autors stammt die beste Definition eines Geistes von dem Dichter und Schriftsteller Robert Graves (geb. 1895), der 1941 in einem Artikel schrieb:

»Die vernünftigste Betrachtungsweise ist, so meine ich, Geister ebenso zu akzeptieren, wie man Feuer akzeptiert – ein gewöhnlicheres, aber ebenso geheimnisvolles Phänomen. Was ist Feuer? Es ist kein richtiges Element, kein Grundbegriff der Bewegung, kein lebendes Wesen – und nicht einmal eine Krankheit,

THE GHOST.

No. 5.] WEDNESDAY, FEB. 27. [*Price One Penny.*

THE DANCE OF THE DEAD.

MANY a century back, an aged wandering bagpiper settled at Neisse, a small town in Silesia. He lived quietly and honestly, and at first played his tunes in secret for his own amusement; but it was not long, as his neighbours delighted in listening to him, and would often in the calm of a warm midsummer evening gather round his door, whilst he called forth the cheering sounds of harmony, before Master Willibald became acquainted both with old and young, was flattered and caressed, and lived in content and prosperity.

The gallant beaux of the place, who had near his door first beheld those lovely creatures, for whose sake they had written so much bad poetry, and lost so much more valuable time, were his constant customers for melting songs, while they drowned the softer passages with the depth of their sighs. The old citizens invited him at their solemn dinner parties; and no bride would have deemed her wedding-feast to be completely celebrated, had not Master Willibald played the bridal-dance of his own composition. For this very purpose he had invented a most tender melody, which united gaiety and gravity, playful ideas and melancholy feelings, forming a true emblem of matrimonial life. A feeble trace of this tune is still to be found in what is called the old German "Grandfather's dance," which, as far down as the time of our parents, was an important requisite of a wedding-feast, and is even heard now and then in our days. As often as Master Willibald played this tune, the prudest spinster would not refuse to dance, the stooping matron moved again her time-stiffened joints, and the grey-haired grandfather danced it merrily with the

Eine der ersten Zeitschriften mit Geistergeschichten, »The Ghost«, die um 1836 erschien.

obwohl es das Haus des Nachbarn anstecken kann. Es ist mehr ein Ereignis als eine Sache oder ein Lebewesen. Auf ähnliche Weise scheinen Geister eher Ereignisse als Dinge oder Lebewesen zu sein – und fast immer unangenehme Ereignisse.«

Wie G. N. M. Tyrell in seinem Buch *Apparitions* (1953) meint, gibt es vier Hauptkategorien von Geistern: 1. Experimentiergeister, bei denen die Geister lebender Menschen durch sie dazu veranlaßt werden, anderen an unterschiedlichen Orten zu erscheinen. 2. Krisengeister, die Verwandten erscheinen, wenn die, zu denen sie gehören, eine furchtbare Schicksalsprüfung durchlaufen müssen, bei der sie wahrscheinlich sterben werden. 3. »Post-mortem«-Geister, sie erscheinen erst so lange nach dem Tod einer Person, daß man sie nicht mit Krisengeistern verwechseln darf: Sie ähneln der wirklichen Person gewöhnlich so sehr, daß sie den Betrachter in einen tiefen Schockzustand versetzen. 4. »Echte« Geister, sie tauchen am häufigsten auf und werden von Menschen gesehen, die überhaupt keine Verbindung zu ihnen haben; die Zeit spielt für sie keine Rolle, weil sie Jahrhunderte nach dem Todesfall erscheinen können, sie sind aber im allgemeinen an eine bestimmte Umgebung gebunden.

Eines der schönsten Bücher zu diesem Thema, insbesondere aus volkskundlicher Sicht, ist der 1978 erschienene Band von Brian Froud und Alan Lee Faeries, dt.: *Das große Buch der Geister.*

Geisterclub

Nach Peter Underwood, dem jetzigen Präsidenten des in London ansässigen Geisterclubs, handelt es sich um die älteste Organisation, die sich mit Parapsychologie befaßt, da er schon um die Mitte des neunzehnten Jahrhunderts gegründet wurde. Im Laufe der Jahre hat der Club parapsychologische Phänomene aller Art untersucht und zählte einige hervorragende und sehr angesehene Männer und Frauen zu seinen Mitgliedern. Der Club trifft sich regelmäßig, um alle paranormalen Fragen zu diskutieren, und besitzt eine umfangreiche Materialsammlung zum Gebiet der Geisterfragen. Mr. Underwood ist Autor mehrerer und vorzüglicher Geisterbücher und stellt Einzelheiten über den Club zur Verfügung, wenn folgende Adresse angeschrieben wird: c/o The Savage Club, Fitzmaurice Place, Berkeley Square, London W1X6JD.

Geisterfotografien

Wie viele andere Erscheinungen, die mit dem Spiritismus zusammenhängen, entstanden auch die Geisterfotografien, die angeblich eine noch lebende Person zusammen mit Kopf und Schultern eines über ihr schwebenden verstorbenen Verwandten zeigen, etwa in der Mitte des vergangenen Jahrhunderts in Amerika. Ein Mann namens William Mumler aus Boston soll die ersten derartigen Bilder 1862 angefertigt haben. Aus diesen be-

Ein typisches Beispiel für ein Geisterfoto, das um die Jahrhundertwende aufgenommen wurde.

scheidenen (und betrügerischen) Anfängen entwickelte sich zu beiden Seiten des Atlantiks ein blühender Zweig der Fotografie. Nahezu ohne Ausnahme wurden die Geistergestalten mit Hilfe der Doppelbelichtung oder des verschwenderischen Gebrauchs von Watte, die dem Ganzen den erwünschten Nebeleffekt verlieh, auf die Fotoplatte gebannt. Auf jeden der Fotografen trifft zweifellos die Beobachtung von S. G. Soal aus dem Jahre 1935 zu: »Es gibt vielleicht nichts auf dem Felde der Mediengläubigkeit, an dem Spiritisten hartnäckiger hängen als an den angeblichen Erscheinungen von Gesichtern verstorbener Personen auf Fotoplatten, und, wie ich hinzufügen möchte, es ist für keine Gruppe von Phänomenen das Ergebnis der Beweisführung verachtenswürdiger.« Prophetische Geisterfotografen wurden allerdings seltener, als die Öffentlichkeit die Möglichkeiten und Tricks der Kamera zu durchschauen lernte. Der letzte der erfolgreichen Betrüger, ein Mann namens John Myers, konnte ab Mitte der dreißiger Jahre unseres Jahrhunderts daher seine Arbeit nicht mehr fortsetzen. Die möglicherweise interessanteste, aber unglücklicherweise auch befangenste Arbeit zu diesem Thema stellt das Buch *The Case for Spirit Photography* (1922) von Sir Arthur Conan Doyle dar, der selbst auf diese Weise mehrere Male fotografiert wurde.

Geistergeschichten

Geistergeschichten hat man sich schon vor langer Zeit erzählt; sie gehören zu den traditionellen Themen, die man an kalten Winterabenden am Kaminfeuer ausspinnt. Die Anzahl der Sammlungen von Geistergeschichten, die entweder von einem oder mehreren Autoren stammen, geht in die Tausende und füllt bereits alle Regale der Sammler. Angefangen bei den traditionellen volkstümlichen Geschichten bis hin zu den Arbeiten der modernen Meister wie M. R. James und Algernon Blackwood trachten die besten danach, die Geister so darzustellen, daß sie dem Leser, ungeachtet seiner skeptischen Haltung, glaubhaft erscheinen.

Es gibt bereits zahlreiche literaturwissenschaftliche Arbeiten

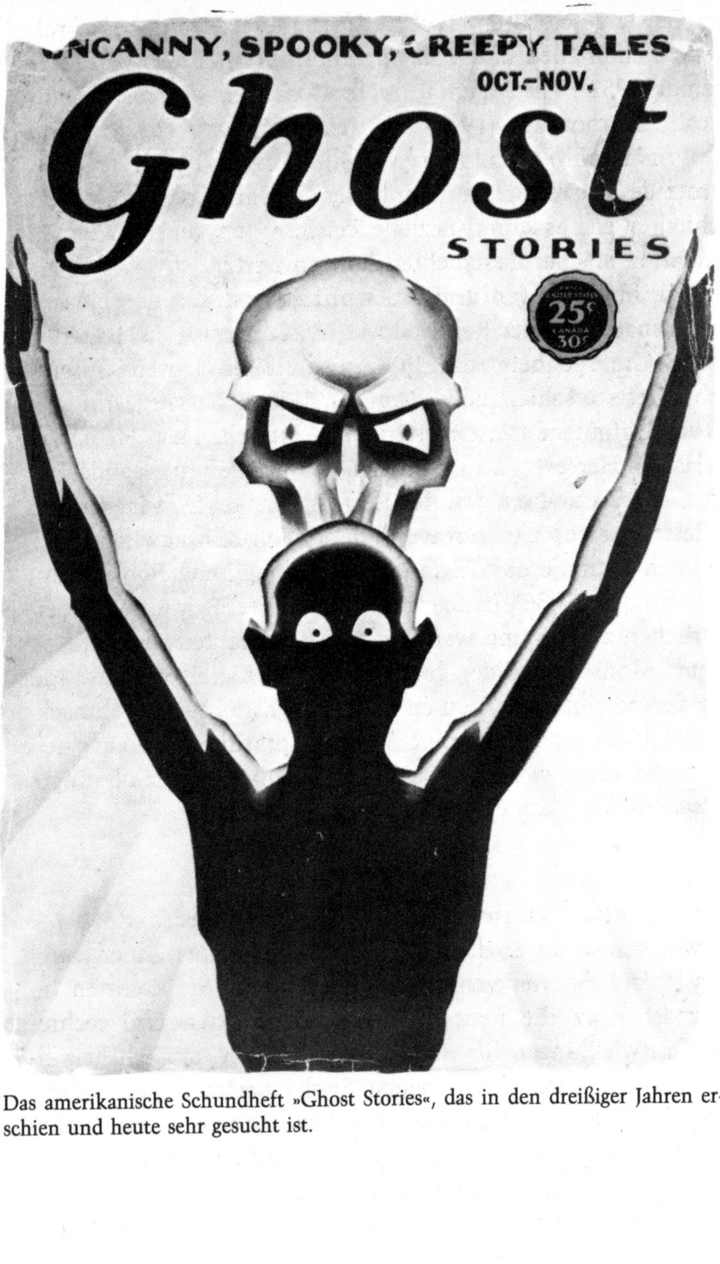

Das amerikanische Schundheft »Ghost Stories«, das in den dreißiger Jahren erschien und heute sehr gesucht ist.

über Geistergeschichten, wobei dem interessierten Leser folgende zu empfehlen sind: *The Supernatural in Fiction* von Peter Penzoldt (1952); *The Supernatural in Modern English Fiction* von Dorothy Scarborough (1917) und *Night Visitors: The Rise and Fall of the English Ghost Story* von Julia Briggs (1977).

Trotz des ungeheuren und anhaltenden Interesses an Geistergeschichten gab es kaum spezielle Zeitschriften, die sich auf die Publikation solcher Geschichten konzentrierten, obwohl sie regelmäßig in Zeitungen und Zeitschriften erscheinen. Eine seltene Ausnahme dieser Regel bildete *Ghost Stories*, ein amerikanisches Groschenheft, das in den dreißiger Jahren unseres Jahrhunderts erschien und sowohl »tatsächliche« Begegnungen als auch erfundene Geistergeschichten enthielt. Dem Herausgeber, Harold Hersey, war es gelungen, Sensationen und solide Tatsachen so zu mischen, daß das Heft in den wenigen Jahren seines Bestehens populär wurde und in der Folgezeit zu einem sehr gesuchten Sammlerobjekt. Eine frühere englische Publikation, *The Ghost* (um 1836), hatte eigentlich sehr wenig mit dem Übernatürlichen zu tun und war eher mit Geschichten über Mißgebildete, Monster, Wilde, grausige Sitten, Kannibalismus und viele andere ähnliche Themen vollgepackt und mit geschmacklosen Holzschnitten illustriert. Deutschsprachige Publikationen sind meist auf dem Niveau von Groschenheften, oft als Kopie angloamerikanischer Vorbilder, stehengeblieben.

Geisterjäger

Es gab in diesem Jahrhundert zahlreiche bedeutende Geisterjäger, von denen der Engländer Harry Price und der Amerikaner Hans Holzer die vielleicht bekanntesten sind. Sie konnten im Laufe der Jahre die neuesten wissenschaftlichen und technischen Entwicklungen für ihr Ziel heranziehen, die Echtheit eines über alle Zweifel erhabenen Spuks nachzuweisen. Harry Price hat alle Einzelheiten über seine Entwicklung zu einem Geisterjäger in dem Buch *Fifty Years of Psychical Research* (1939) beschrieben. Das Buch enthält auch das hier abgebildete Foto von der Ausrüstung eines Geisterjägers, obwohl heute sowohl vom

Die Ausrüstung des Geisterjägers: Der Forscher Harry Price hatte sie immer bei sich, wenn er einen Spuk untersuchte.

Institute of Psychophysical Research, Oxford, als auch von der Society for Psychical Research, London, modernere Techniken angewandt werden. Der ebenfalls in London ansässige Geisterclub hat die Arbeit der Geisterjäger an vielen verschiedenen Orten unterstützt.

Der bekannteste Geisterjäger im deutschsprachigen Raum ist wahrscheinlich Prof. Hans Bender, seit 1950 Leiter des Freiburger Instituts für Grenzgebiete der Psychologie und Psychohygiene, dessen Bücher *Parapsychologie* und *Unser 6. Sinn* mehrere Auflagen erlebten.

Geisterstühle

Alte Stühle, auf denen noch immer die Geister der früheren Eigner sitzen, sind keine seltene Erscheinung in der Geisterkunde. Die bekannteste solcher Geschichten stammt von der Autorin Maria Edgeworth (1767–1849), die den meisterhaften Schauerroman *Castle Rackrent* (1800) verfaßte. Sie schildert einen geisterhaften Umriß, der auf einem Stuhl ihres Hauses saß, während sie mit ihrem Vater auf die Ankunft eines Vetters wartete, der sie oft besuchte. Die Erscheinung nahm nach und nach die Gestalt dieses Verwandten an und verkündete schließlich sehr dramatisch, daß das Schiff, auf dem er zurückkehrte, gesunken und

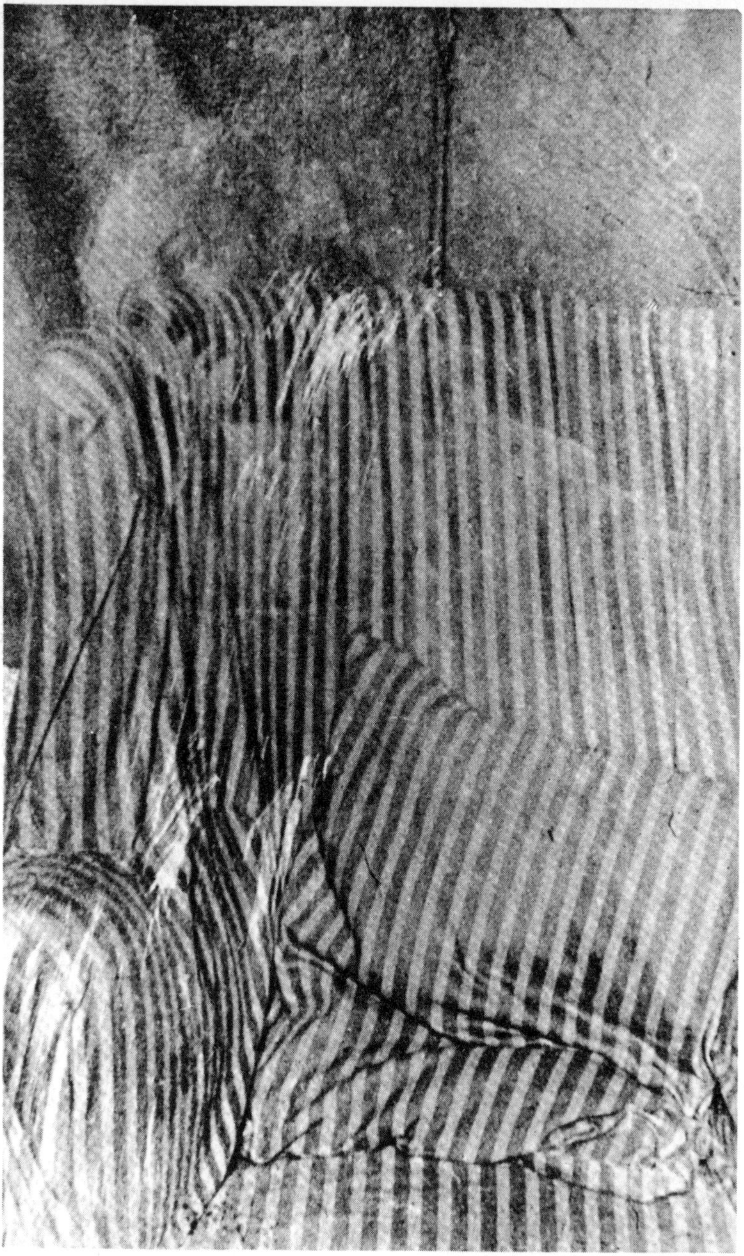

Der Geisterstuhl in Sunbury-on-Thames, der von dem Geisterjäger Alasdair Alpin MacGregor untersucht wurde.

er der einzige Überlebende sei. Nach diesen Worten verschwand die Gestalt, und obwohl Maria nach diesem Erlebnis noch immer zitterte, war sie doch froh, zu hören, daß ihr Cousin offensichtlich in Sicherheit war. Es sickerte jedoch später durch, daß das Schiff zwar wirklich untergegangen war, als sich der Geist im Stuhl materialisierte, der Cousin aber der einzige an Bord war, der umkam!

Der Geisterjäger Alasdair MacGregor hat den Geisterstühlen in seinem Buch *Phantom Footsteps* (1959) ein Kapitel gewidmet und bespricht den merkwürdigen Fall eines Fotos, das ungefähr 1910 von Mr. Sherard Cowper-Coles im Rossal House, Sunbury-on-Thames, aufgenommen wurde und einen Geist auf einem Stuhl zeigt. Das Haus selbst stand unter dem Verdacht, vom Geist einer alten Dame heimgesucht zu werden, und das hier abgebildete – und noch nicht als Fälschung entlarvte – Foto schien diese Vermutung zu untermauern.

Geistertanz

Der Geistertanz ist ein bekanntes Ritual vieler nordamerikanischer Indianerstämme, eine Zeremonie zur Ehrung der Toten und zur Beschwörung ihrer Seelen, damit sie die Lebenden nicht behelligen. Es handelt sich um einen geräuschvollen, farbigen und aufregenden Tanz, der die Geister erfreuen soll, während er ihnen gleichzeitig beweisen will, daß der Stamm viele tapfere Leute hat, die die Phantome angreifen werden, wenn sie es wagen sollten, sich in die Angelegenheiten der Indianer zu mischen. Die Indianer glauben auch, daß die Geister geräuschvolle Wesen sind, daher gibt es bei einigen Stämmen auch das Sprichwort: »Die Schattenseelen der Toten zirpen wie Grillen.«

Geisterzüge

Die »Geisterbahn«, eine beliebte Attraktion auf dem Rummelplatz, hat ein reales Gegenstück. Nach der *Morning Post* vom 14. November 1928 hielt man den 13.20-Uhr-Zug von Newton Abbot in Devon nach Paddington in London wegen der vielen mit ihm in Zusammenhang stehenden Todesfälle für einen Unglückszug. Mr. J. Hibber aus Newton Abbot, der den Zug nach London fuhr, wurde von Übelkeit erfaßt, als der Zug mit Hochgeschwindigkeit fuhr. Man brachte ihn auf dem Bahnhof von Exeter in ein Wartezimmer, wo er einige Minuten später starb. Ein paar Monate zuvor war der Heizer Powlessland gestorben, als der Zug schnaufend in Paddington einlief, und im November 1927 wurde der Heizer Walters getötet, als er die Maschine gerade für die Fahrt fertig machte. Aufgrund dieser drei Unglücksfälle in weniger als zwölf Monaten wurde der Zug »Geisterbahn« genannt.

In Amerika gibt es eine bekannte Legende um den Zug, der den Sarg von Präsident Abraham Lincoln 1865 zu seiner letzten Ruhestätte brachte. Seitdem, so die Geschichte, rollt fast jeden April derselbe Phantomzug auf dieser Bahnstrecke im Staate New York – samt einer spielenden Militärkapelle, die aber kein menschliches Ohr hören kann.

Gelber Mann

Einer sich hartnäckig haltenden Legende zufolge ist das Schicksal der französischen Nation auf eine gewisse Weise mit der Erscheinung eines Geistes verknüpft, der als »Gelber Mann« bekannt ist. Dieses seltsame Phantom mit gelbem Gesicht und einem roten Striemen um die Gurgel wurde das erste Mal 1870 gesehen, kurz vor Ausbruch des Deutsch-Französischen Krieges. In *Family Ghosts and Ghostly Phenomena* (1933) schreibt Elliott O'Donnell über den Geist: »Diejenigen, die den Krieg überlebten und sich daran erinnerten, den ›Gelben Mann‹, wie sie ihn nannten, gesehen zu haben, waren der Meinung, daß er auf unerklärliche Weise mit dem Schicksal Frankreichs verknüpft ist und daß sein Erscheinen den Kampf angekündigt hatte, der Frankreich bevorstand. Der Gelbe Mann wurde von einigen Personen in der Abgeordnetenkammer kurz vor dem Tode des republikanischen Politikers Gambetta im Jahre 1882 wiedergesehen und dann noch einmal im selben Gebäude im Jahre 1910. Es kursiert das Gerücht, daß er zuletzt wenige Tage vor Ausbruch des Ersten Weltkriegs erschien.«

Ghul

Der Ghul ist ein arabischer Geist, der in menschlicher Gestalt und mit abscheulichem Gesicht erscheint und Leichen zu stehlen pflegt. Er spukt gewöhnlich an allen Orten, die der Beerdigung der Toten dienen, und seine besondere Vorliebe ist es, Kinderleichen zu entführen. Jahrhundertelang tauchte er in der gesamten moslemischen Welt von Indien bis Afrika auf, und seine dämonischen Handlungen erweckten Angst und Schrekken. Er wird oft mit anderen vampirhaften Geschöpfen verglichen, hat aber, anders als diese, keine stoffliche Substanz, und alles, was mit ihm in Kontakt kommt, geht geradewegs durch ihn hindurch. Dennoch soll er sich von menschlichen Leichen ernähren, und es gibt viele Geschichten über Ghuls, die unglückselige Reisende, die während der Durchquerung der Wüste krank wurden, erbeuteten. Weitere Einzelheiten finden sich in *The Realm of Ghosts* von Eric Maple (1964).

Gilgamesch-Epos

Das Gilgamesch-Epos ist ein altes babylonisches Heldenepos, das man getrost als früheste Aufzeichnung einer Geistergeschichte bezeichnen kann, da es mehr als 4000 Jahre alt ist. Das Epos handelt von den Abenteuern des großen Königs Gilgamesch, der, nachdem er seinen engen Freund Enkidu verloren hatte, Negral, den Gott der Unterwelt, beschwor, ihn ins Leben zurückzuholen. Nach langem Flehen wird Gilgamesch plötzlich von einem gewaltigen Wirbelwind umschlossen, aus dem eine durchsichtige menschliche Gestalt mit dem Aussehen seines Freundes aufsteigt. Nachdem der Babylonier beruhigt ist, daß der tote Mann seinen Frieden hat, erlaubt er ihm, zum »Ort der Schatten« zurückzukehren.

Glamis Castle

Das aus dem 13. Jahrhundert stammende Glamis Castle ist wahrscheinlich Schottlands berühmtestes Spukgebäude, und es existiert sicherlich kein weiterer so archetypisch wirkender Geisterort wie dieses düstere Schloß mit seinen oft nebelumhüllten

Glamis Castle, Gesamtansicht.

Türmchen und dunklen Zinnen. Das Schloß ist berühmt durch seine Verknüpfung mit Shakespeares *Macbeth* (obwohl nichts darauf hindeutet, daß König Duncan hier lebte oder gar in dem Gebäude ermordet wurde); wegen seines Monsters, halb Tier und halb Mensch, das irgendwo in den ungezählten Zimmern herumschleichen soll (und vielleicht ein entstellter Sohn eines früheren Earls of Strathmore war, der hier lebte), und wegen des Phantoms, bekannt als »die graue Lady«, die in der kleinen Familienkapelle spukt und Lady Glamis sein soll, Frau des sechsten Lord Glamis, die 1540 wegen Hexerei verurteilt und bei lebendigem Leibe auf dem Scheiterhaufen verbrannt wurde.

In den letzten Jahren soll auch ein Poltergeist in Glamis Castle aufgetaucht sein, der jedermanns Schlaf stört, wenn er in einem bestimmten Zimmer nächtigt.

Eine der merkwürdigsten Geschichten rankt sich um ein Erkerfenster, das von außen deutlich sichtbar ist und sicherlich schon einige tausendmal von Touristen fotografiert wurde, nur – zu diesem Fenster gibt es im Innern des Schlosses keinen entsprechenden Raum! Die Legende sagt, daß nur einer aus der Familie der jeweiligen Schloßbesitzer das Geheimnis des »Verschwundenen Zimmers« kennt und erst kurz vor seinem Tode an ein anderes Clanmitglied weitergibt.

Glanvill, Joseph (1636–1680)

Joseph Glanvill wurde »der Vater der modernen Parapsychologie« genannt, und sein Buch *Sadducismus Triumphatus* (1666), das »die volle und schlichte Wahrheit über Hexen und Erscheinungen« erforschte, ist eine wichtige Pionierarbeit auf dem Gebiet des Übernatürlichen. Glanvill war ein hochgebildeter und intelligenter Mann und der erste Schriftsteller, der Skeptizismus und Objektivität gegenüber den Geschichten von Hexerei und Geistern mitbrachte. Sein Interesse wurde durch seine persönliche Betroffenheit im Falle des »Trommlers von Tedworth« entfacht sowie durch seine feste Überzeugung, daß die Wissenschaft das Übernatürliche erklären kann. Seine Forschertätigkeit war gewissenhaft, und neben der Teilnahme an Hexenprozessen und dem Zusammentreffen mit Menschen, die behaupteten, Geister gesehen zu haben, nahm er auch an einer Anzahl von Séancen teil und unterzog die betreffenden Medien einem Kreuzverhör. Obwohl Glanvill von einer Reihe von Leuten zum Narren gehalten wurde und einige Teile seines Buches zweifellos in ihren Schlußfolgerungen naiv sind, hat er doch viele Methoden der Parapsychologie, die heute noch überall praktiziert werden, in Gang gebracht, wie Harry Price in seinem Buch *Poltergeist Over England* (1945) betonte: »Er war es, der als erster jene Leute, die im glücklichen Besitz eines Geistes waren, dazu anregte, die Angelegenheit in geeigneter Weise zu untersuchen, den Fall systematisch zu belegen und das Phänomen von verantwortungsvollen Zeugen bestätigen zu lassen.«

Goethe, Johann Wolfgang (1749–1832)
Wer, neben Shakespeare vielleicht, konnte derart souverän die Welt der Schatten und der Geister auf die Bühne bringen wie Johann Wolfgang Goethe, Deutschlands bedeutendster und zugleich bekanntester Dichter? In seinen Werken *Faust I* und *II* wird der ganze Kosmos der Geisterwelt vom Himmel bis zur Hölle abgeschritten!

Die Beschäftigung mit diesen Phänomenen war nicht zufällig; Goethe hatte sich zeit seines Lebens eine Ahnung von dieser anderen Welt bewahrt und begegnete ihr stets mit ehrfürchtigem Schauern. Er selbst hat einmal eine Situation erlebt, wo ihm im Vorgriff auf zukünftige Ereignisse sein eigener Geist begegnet ist. Der Anlaß war sein Abschied von Friederike Brion. Goethe schildert ihn mit diesen Worten: »Als ich Friederike die Hand reichte, standen ihr die Tränen in den Augen, und mir war sehr übel zumute. Nun eilte ich auf dem Fußpfade gegen Drusenheim, und da überfiel mich eine der sonderbarsten Ahnungen. Ich sah nämlich, nicht mit den Augen des Leibes, sondern des Geistes, mich mir selbst denselben Weg zu Pferd wieder entgegenkommen, und zwar in einem Kleide, wie ich es nie getragen: Es war hechtgrau und etwas gold. Sobald ich mich aus diesem Traume aufschüttelte, war die Gestalt ganz hinweg. Sonderbar ist es jedoch, daß ich nach acht Jahren in demselben Kleide, das mir geträumt hatte und das ich nicht aus Wahl, sondern aus Zufall gerade trug, mich auf demselben Weg fand, um Friederike noch einmal zu besuchen.«

Diese besondere Empfänglichkeit Goethes für derartige Er-

Erdgeist, Bleistiftzeichnung Goethes.

scheinungen scheint er neben seiner besonderen medialen Aufnahmebereitschaft zum Teil auch geerbt zu haben. Von seinem Großvater mütterlicherseits werden mehrere Wahrträume berichtet, und über seine Großmutter schreibt Bettina Brentano ein äußerst merkwürdiges Ereignis an den Dichterfürsten:

Johann Wolfgang Goethe

»Deine Großmutter kam einst nach Mitternacht in die Schlafstube der Töchter und blieb da bis am Morgen, weil ihr etwas begegnet war, was sie vor Angst sich nicht zu sagen getraute. Am anderen Morgen erzählte sie, daß etwas im Zimmer geraschelt habe wie Papier; in der Meinung, das Fenster sei offen und der Wind jage die Papiere von des Vaters Schreibpult im anstoßenden Studierzimmer umher, sei sie aufgestanden, aber die Fenster seien geschlossen gewesen. Da sie wieder im Bett lag, rauschte es immer näher und näher heran mit ängstlichem Zusammenknistern von Papier, endlich seufzte es tief auf, und noch einmal dicht an ihrem Angesicht, daß es sie kalt anwehte; darauf ist sie vor Angst zu den Kindern gelaufen; kurz hiernach ließ sich ein Fremder melden. Da dieser nun auf die Hausfrau zuging und ein ganz zerknittertes Papier ihr darreichte, wandelte sie eine Ohnmacht an. Ein Freund von ihr, der in jener Nacht seinen herannahenden Tod gespürt, hatte nach Papier verlangt, um der Freundin in einer wichtigen Angelegenheit zu schreiben, aber noch ehe er fertig war, hatte er, vom Todeskampf ergriffen, das Papier gepackt, zerknittert und damit auf der Bettdecke hin und her gefahren, endlich zweimal tief aufgeseufzt, und dann war er verschieden . . .«

Grabschläfer

Die Kelten hatten ein seltsames Ritual zur Kontaktaufnahme mit den Geistern ihrer Vorfahren, bekannt als Grabschlafen. Während des Rituals pflegten für besonders empfänglich gehaltene Männer auf den Gräbern ihrer Vorfahren zu schlafen. Wenn die Geister Botschaften zu übermitteln hatten, fuhren sie in die Körper der Schlafenden, die sich in Anfällen schüttelten. Die besessenen Männer pflegten zu zittern und die Botschaften »von der anderen Seite« herauszuschreien.

Grauer Mann

Der Graue Mann oder »Bodach Glas«, auf den sich Sir Walter Scott in seinem Roman *Waverley* (1814) bezieht, war ein echtes Phantom, das die Familie Eglinton heimsuchte. Es erschien dem Earl of Eglinton, der 1861 starb, nicht weniger als dreimal – das letzte Mal auf dem Golfplatz von St. Andrews. Der Legende nach verharrte der Earl plötzlich mitten im Schlag und sagte zu seinem Begleiter: »Ich kann nicht weiterspielen, da ist ›Bodach Glas‹. Ich habe ihn zum dritten Mal gesehen, mir wird etwas Schreckliches zustoßen.« In derselben Nacht starb er.

Gremlin

Der Gremlin (ein Kobold, der Maschinendefekte verursachen soll) ist die modernste Geisterart, von der berichtet wird – denn obgleich der Begriff heute in vieler Munde ist, entstand er erst im Zweiten Weltkrieg. Der Gremlin ist vor allem ein Geist, den man beschuldigt, Flieger zu belästigen. Die ersten Berichte über ihn stammen von Piloten, die bei der Durchführung gefährlicher Feindeinsätze plötzlich merkten, daß in ihren Flugzeugen koboldartige Gestalten lauerten. Die Piloten gaben ihnen den Spitznamen »Gremlin«. Es wurde allgemein angenommen, daß ihre Absichten eher freundlicher denn feindlicher Natur waren, weil sie den Besatzungsmitgliedern nicht mehr als ihre gelegentlichen Streiche zu spielen pflegten. Der Geisterjäger Alasdair Alpin MacGregor erwähnt sie in seinem Werk *The Ghost Book* (1955): »Angehörige der Royal Air Force, die an der Schlacht um England teilnahmen, haben mir von ihnen erzählt; und obwohl das ›Oxford English Dictionary‹ das Wort nicht kennt, erzählt ein Professor in Oxford seinem Freund, dem berühmten A. L. Rowse, daß die Gremlins ›mein ganzes Leben lang bei mir gewesen sind‹.«

Vor kurzem gab es Berichte über Gremlins, die in großen Fabriken auf sich aufmerksam machten, worauf die Vermutung entstand, daß sie Wesen seien, die irgendwie durch das Wirken der Maschinen geformt werden.

Gräßlicher Geist des Guy

Die Geschichte vom Gräßlichen Geist des Guy zählt zu den ältesten und aufs beste dokumentierten in Europa und handelt von einer Geisterstimme, die 1323 im Hause eines Franzosen, der kurz zuvor gestorben war, gehört wurde. Schauplatz war die Stadt Alais in der Provence, und die Stimme soll einem gewissen Guy de Torno gehört haben. Die von den unbegreiflichen Geräuschen ausgelöste Unruhe war so groß, daß man einige Mönche des örtlichen Klosters bat, Nachforschungen anzustellen. Überlieferten Berichten zufolge unterhielten sie sich tatsächlich mit dem Geist. Die Mönche gingen bei ihrer Untersuchung sehr wissenschaftlich vor und scheinen alle Möglichkeiten eines Betruges ausgeschlossen zu haben, denn nach acht Tagen zeigten sie sich davon überzeugt, daß das Haus von Guy de Torno tatsächlich vom Geist seines ehemaligen Bewohners heimgesucht wurde. Der Geist hatte den Mönchen offenbar erzählt, daß die einzige Möglichkeit, ihn von dem Spuken im Haus zu erlösen, darin bestünde, für seine Seele hundert Messen zu lesen. Nachdem dies geschehen war, hörte man tatsächlich nichts mehr vom Gräßlichen Geist des Guy.

In späteren Untersuchungen wurde darauf hingewiesen, daß der Spuk vielleicht das Werk von Guys Witwe gewesen sein könnte, der man nachsagte, eine etwas hysterische Person gewesen zu sein, die diese Stimme durchaus mit Hilfe des Bauchredens habe erzeugen können. Dennoch bleibt der Fall berühmt und wird von einigen alten Manuskripten und einem langen mittelenglischen Gedicht belegt.

Großer Grauer Mann vom Ben Macdhui

Ben Macdhui, einer der sechs höchsten Bergspitzen des Cairngormgebirges, rühmt sich eines schottischen Geistes namens »Großer Grauer Mann vom Ben Macdhui«, der seit Generationen sowohl gesehen als auch gehört werden kann. Die Erscheinung soll ungefähr 3 Meter groß sein und lange schlackernde Arme haben. Es wurde darauf hingewiesen, daß die Gestalt halb menschlich ist und schreckliche Laute von sich gibt, die ganz entfernt an die gälische Sprache erinnern. Einige der jüngsten Auftritte des Großen Grauen Mannes werden in einem interessanten Bericht über das Phantom in Peter Underwoods *Gazetteer of Scottish and Irish Ghosts* (1973) vorgestellt.

Grüne Damen

Grüne Damen sind nach Aussage von Francis Watt und Reverend Andrew Carter in ihrem Buch *Picturesque Scotland* (1929) zweifellos in Schottland zahlreicher als irgendwo anders. Sie führen die drei bekanntesten Beispiele auf: die »Green Lady of the Carnegies«, ein graugrünes Phantom, das die Familie eines früheren Gutsherrn in Newton heimsuchte, und die grüne Dame, die immer erschien, um einen Tod in der Burnett-Familie in Crathes zu verkünden. Eine weitere grüne Dame, auch als die »Siannag« oder »Elle maid« bekannt, soll die Familie Campbell heimgesucht haben, als sie im altertümlichen Dunstaffnage Castle am Loch Etive lebte.

Grundstein

Es gibt eine Geisterlehre, die in der alten Tradition wurzelt, in einem besonderen Zeremoniell den ersten Stein eines neuen Gebäudes zu legen. Die alten Heiden, wie zum Beispiel die Wikinger und die Sachsen, glaubten, daß jedes Haus seinen eigenen Geist braucht, um es vor den Absichten anderer mißgünstiger Geister zu schützen. Sie pflegten daher einen Menschen zu opfern, indem sie ihn bei lebendigem Leibe in die Wände des Gebäudes einmauerten. Der daraus entstehende Geist sollte dann als Wächter des Ortes dienen. Es ist eine grausame Tatsache, daß vielfach ein Kind als Opfer auserwählt wurde, weil aus den Kindern besonders scheußliche und grausame Geister entstehen sollten. Die traditionelle Redewendung im Zusammenhang mit alten Häusern, daß »in jedem Keller eine Leiche liegt«, hat ihren Ursprung in diesem Brauch.

Gus der Nazi

»Gus der Nazi« ist der Name, der einem außergewöhnlichen Poltergeist verliehen wurde, über den erstmalig 1949 in Bayern berichtet wurde. Nach Erzählungen nahm der unsichtbare Geist Anstoß an deutschen Frauen, die mit den alliierten Besatzungssoldaten fraternisierten. Er terrorisierte einige von ihnen, indem er sie mit Gegenständen bewarf oder sie aus dem Bett kippte. In einem herausragenden Fall soll er einem Mädchen vor den Augen seiner Eltern die Haare gestutzt haben! Douglas Hill erzählt die Geschichte von Gus dem Nazi in *Man, Myth and Magic* (Nr. 39, 1970).

H

Hahnenschrei

Ein Hahnenschrei bei Tagesanbruch soll nach einem alten, auf der ganzen Welt verbreiteten Aberglauben das Zeichen für alle Geister sein, zur »Unterwelt« zurückkehren zu müssen, um dort die Stunden des Tages zu verbringen.

Hallowe'en

Die Hallowe'en-Nacht am 31. Oktober (Abend vor Allerheiligen) soll der Überlieferung nach die beste Zeit des Jahres sein, wirkliche Geister zu sehen. In dieser Nacht können sie angeblich erscheinen und sich unter die anderen Geschöpfe der Dunkelheit, wie Hexen und Zaubermeister, mischen. In England ist es an Hallowe'en üblich, sich schick anzuziehen und Kürbisköpfe, in die Kerzen gestellt werden, anzufertigen, während die Kinder in Amerika als Gespenster verkleidet hinausgehen, an die Türen der Leute klopfen und fragen: »Streich oder Süßes?« Nur wenn sie mit einer Süßigkeit belohnt werden, hält man sie davon ab, einen Streich zu spielen.

Eigentlich ist die Bedeutung der Nacht viel unheimlicher, weil Hallowe'en ursprünglich ein Fest der Mächte der Dunkelheit war, als quer durchs ganze Land große Feuer angezündet wurden, um die Geister der Toten zu beschwören und zu besänftigen, indem man sie wärmte und ihnen damit über den kommenden kalten Winter half. Dieser Brauch entwickelte sich lange vor der Entstehung des Christentums und kennzeichnete auch den Übergang von Sommer zum Winter. Dennoch lebt der Glaube, daß sich an Hallowe'en gespenstische Sachen ereignen, immer noch fort.

»Streiche an Hallowe'en«, ein entzückendes Laterna-magica-Bild.

Der amerikanische Regisseur John Carpenter drehte vor einigen Jahren einen äußerst erfolgreichen Spielfilm, dessen Horrorgeschichte um Ereignisse in der Hallowe'en-Nacht Millionen Menschen ins Kino lockte.

Hammersmith-Geist

In London ist die Geschichte vom Hammersmith-Geist, der im Winter 1804 so etwas wie eine Sensation war, noch immer in guter Erinnerung. Die Menschen der Stadt wurden von Geschichten über eine große und weiße Gestalt in Alarm versetzt, die einem örtlichen Friedhof entstieg und versuchte, Passanten anzu-

Ein zeitgenössischer Stich vom Hammersmith-Geist, der 1804 eine riesige Sensation war.

sprechen. Eine Frau, der der Geist erschien, starb an den Folgen des erlebten Schockes, und sowohl Männer als auch Frauen mieden es, nachts aus dem Haus zu gehen. Einige Leute äußerten die Vermutung, daß der Geist einem jungen Mann gehörte, der sich die Kehle durchgeschnitten hatte und dessen Geist nun keine Ruhe fand.

Andere hatten das Gefühl, die Gestalt könnte eher aus Fleisch und Blut sein; mehrere nervenstarke Bürger riefen einen Sicherheitsausschuß ins Leben, der versuchen sollte, das Phantom zu ergreifen. Drei Nächte lagen die Männer auf der Lauer, und nichts passierte. Und dann, in der vierten Nacht, trat plötzlich eine weiße Gestalt aus der Dunkelheit. Ein Schuß fiel, und die Gestalt stürzte zu Boden. Als die Sicherheitskräfte vorstürmten, stellten sie fest, daß der »Geist« in Wirklichkeit ein Mann war – ein unglückseliger Maurer namens Thomas Milwood, der spät von der Arbeit nach Hause ging und immer noch seinen mit Zement verschmutzten Arbeitsanzug trug! Trotz des prosaischen Endes beflügelte die Geschichte die Phantasie von Pamphletisten und Balladensängern und wurde außerordentlich bekannt. Aber es gab auch immer noch welche, die glaubten, ein wirklicher Geist schleiche in Hammersmith herum.

Hampton-Court-Palast

Das prächtige Schloß Hampton Court an der Themse steht seit vielen Jahren in der besonderen Gunst von Besuchern sowie Touristen und besitzt eine zusätzliche Anziehungskraft aufgrund einer sehr gut belegten Geistergeschichte. Das Phantom soll das von Mistress Sibell Penn sein, die nach dem plötzlichen Tode seiner Mutter, Jane Seymour, im Jahre 1537 die Pflegemutter von Edward VI. wurde. Die alte Dame lebte in den Räumen im Südwestflügel des Schlosses und widmete sich völlig dem jungen König, bis sie 1562 an den Pocken starb. Zur Anerkennung wurde sie in der Hauskapelle unter einem ansehnlichen Monument mit lebensgroßem Abbild beigesetzt – und ruhte dort in Frieden, bis die Kirche 1829 abgerissen wurde. Bei diesen Arbeiten wurde das Grab von Mistress Penn offensichtlich zerstört;

kurz darauf begann jedenfalls ihre Geistergestalt im Palast zu spuken. Sie war in ihrem langen, geraden Kleid und der eng anliegenden Kappe, genau dem Abbild auf ihrem Monument entsprechend, sofort zu erkennen. In den 150 Jahren, die seitdem vergangen sind, wurde der ruhelose Schatten des alten Kindermädchens immer wieder im Schloß gesehen oder gehört. Das macht einen Besuch des Südwestflügels des Hampton Courts zu einem absoluten Muß für jeden Geisterjäger.

Es gibt Behauptungen, daß zwei andere Geister im Palast spuken – Königin Catherine Howard, deren Schreckensschreie in der Galerie zu hören waren, und Jane Seymour selbst, die im Zimmer der Königin, völlig in Weiß gekleidet und mit einer brennenden Kerze in der Hand, erscheinen soll.

Harpyie

Die Harpyie ist ein weibliches geisterhaftes Wesen mit den Flügeln eines Vogels und dem Gesicht einer Frau und galt bei den alten Griechen als Windgeist, der in das menschliche Leben eingreifen konnte, wenn er nicht regelmäßig versöhnlich gestimmt wurde. Dieser »böse Wind« blies insbesondere gegen Schiffe auf See und während der Erntezeit und begehrte gelegentlich auch die Seelen von Männern und Frauen. Um die Harpyie zu erfreuen, opferten die Griechen ihr in regelmäßigen Abständen im Jahr Schafe.

Hawthorne, Nathaniel (1804–1864)

Geboren in der »Hexenstadt« Salem in Neuengland (in der 1692 der umfangreichste Hexenprozeß auf nordamerikanischem Boden stattfand; einem breiteren Publikum durch Arthur Millers Bühnenstück *Hexenjagd* bekannt), bezog sich Nathaniel Hawthorne in seinen Werken überwiegend auf Bereiche des Übernatürlichen. Abgesehen von bekannten Romanen wie *House of the Seven Gables* (1851), müssen einige seiner Kurzgeschichten zu den am häufigsten in Sammelwerken auftauchenden Geschichten des gesamten makabren Genres gezählt werden – *The White Old Maid* und *Young Goodman Brown* sind nur zwei bemerkenswerte Beispiele, die auch in deutscher Übersetzung *(Erzählungen)* vorliegen.

Hawthorne sah tatsächlich 1840 selbst einen Geist, als er in Boston lebte, und schilderte das seltsame Erlebnis in *The Ghost of Doctor Harris.* Die Geschichte erschien erst einige Jahre nach seinem Tode in der Zeitschrift *Nineteenth Century* vom Januar 1900. Sie handelt von einem betagten Geistlichen, den Hawthorne einige Male an seiner gewohnten Stelle im Athenaeum Club die Zeitung lesen sah – Wochen nach seinem Tode!

Bei einem Mann wie Hawthorne, der dem Übernatürlichen so zugetan war, überrascht die Nachricht vielleicht nicht, daß er selbst als Geist zurückkehrte und sich seinem Sohn Julian (1846–1934) zeigte. Julian Hawthorne selbst schrieb einige Geschichten über das Übernatürliche, wie zum Beispiel *The Spectre of the Camera* (1915).

Heine, Heinrich

Nur wenige Dichter haben die Klaviatur der Effekte so brillant eingesetzt wie der in Düsseldorf geborene Heinrich Heine. Der Aufbau einer romantischen Stimmung und die darauffolgende Zerstörung in beißender Ironie – das war eines seiner beliebten Stilmittel, das vom Publikum nur allzuoft mißverstanden wurde.

Geister treten reichlich in dem Werk des Emigranten auf, meist sind es die Gespenster der reaktionären Obrigkeit. Doch daneben gibt es auch die real bedrohenden Erscheinungen wie im Gedicht *Belsatzar* oder die traurig-romantischen wie *Don Ramiro,* beide aus dem *Buch der Lieder.*

Doch die wohl ungewöhnlichste Satire über den Glauben an eine real existierende Geisterwelt liefert der Autor in der *Harzreise,* wo er ein Gespenst schildert, das dem Opfer seines Spuks das Nichtvorhandensein von Geistern zu beweisen versucht:

»Als beide eiserne Zungen schwiegen, und tiefe Todesstille im ganzen Hause herrschte, war es mir plötzlich, als hörte ich auf dem Korridor, vor meinem Zimmer, etwas schlottern und schlappen, wie der unsichere Gang eines alten Mannes. Endlich öffnete sich meine Tür, und langsam trat herein der verstorbene

Heinrich Heine

Doktor Saul Ascher. Ein kaltes Fieber rieselte mir durch Mark und Bein, ich zitterte wie Espenlaub, und kaum wagte ich das Gespenst anzusehen. Er sah aus wie sonst, derselbe transzendentalgraue Leibrock, dieselben abstrakten Beine, und dasselbe mathematische Gesicht; nur war dieses etwas gelblicher als sonst, auch der Mund, der sonst zwei Winkel von 22½ Grad bildete, war zusammengekniffen, und die Augenkreise hatten einen größeren Radius. Schwankend, und wie sonst sich auf sein spanisches Röhrchen stützend, näherte er sich mir, und in seinem gewöhnlichen mundfaulen Dialekte sprach er freundlich: ›Fürchten Sie sich nicht, und glauben Sie nicht, daß ich ein Gespenst sei. Es ist Täuschung Ihrer Phantasie, wenn Sie mich als Gespenst zu sehen glauben. Was ist ein Gespenst? Geben Sie mir eine Definition? Deduzieren Sie mir die Bedingungen der Möglichkeit eines Gespenstes? In welchem vernünftigen Zusammenhange stände eine solche Erscheinung mit der Vernunft? Die Vernunft, ich sage: die Vernunft –.‹ Und nun schritt das Gespenst zu einer Analyse der Vernunft, zitierte Kants ›Kritik der reinen Vernunft‹ 2ter Teil, 1ster Abschnitt 2tes Buch, 3tes

Hauptstück, die Unterscheidung von Phänomena und Noumena, konstruierte alsdann den problematischen Gespensterglauben, setzte einen Syllogismus auf den anderen, und schloß mit dem logischen Beweise: daß es durchaus keine Gespenster gibt. Mir unterdessen lief der kalte Schweiß über den Rücken, meine Zähne klapperten wie Kastagnetten, aus Seelenangst nickte ich unbedingte Zustimmung bei jedem Satz, womit der spukende Doktor die Absurdität aller Gespensterfurcht bewies, und derselbe demonstrierte so eifrig, daß er einmal in der Zerstreuung, statt seiner goldenen Uhr, eine Hand voll Würmer aus der Uhrtasche zog, und seinen Irrtum bemerkend, mit possierlich ängstlicher Hastigkeit wieder einsteckte. ›Die Vernunft ist das Höchste‹ – da schlug die Glocke Eins und das Gespenst verschwand.«

Helpidius (6. Jhdt.)
Nach einer mittelalterlichen Quelle war ein gewisser Diakon Helpidius nachweislich der erste Mensch, der die Übergriffe eines Poltergeistes erleiden mußte. Der geistliche und medizinische Berater des Ostgotenkönigs Theoderich wurde um das Jahr 530 offensichtlich von »diabolischen Belästigungen« verfolgt. Er klagte darüber, daß er häufig in seinem eigenen Haus von einem geisterhaften Wesen mit Steinen beworfen werde. Daraufhin ließ man einen heiligen Mann ins Haus kommen, der es mit Weihwasser segnete. Der Geistliche wurde nicht mehr belästigt.

Herne der Jäger
Herne der Jäger zählt zu den bekanntesten Geistern Englands und soll auf dem Rücken eines Pferdes durch den Windsor-Park galoppieren. Einer Überlieferung zufolge war er im 14. oder 15. Jahrhundert ein Förster, der sich aus Angst, wegen einer von ihm verübten Bluttat in Ungnade zu fallen, an einer Eiche aufhängte. In der Nacht seines Selbstmordes brach ein entsetzlicher Sturm los, ein Blitz schlug in den Baum ein, und der Geist von Herne wurde befreit, um auf ewig im Forst umherzureiten.

Herne wurde in Shakespeares *Die lustigen Weiber von Windsor* (1599) und in W. Harrison Ainsworths Roman *Windsor*

Herne der Jäger auf einem seiner Mitternachtsritte. Stich von George Criukshank (1834).

Castle (1843) verewigt als »ein wildes, gespenstisches Wesen, das eine gewisse Ähnlichkeit mit einem Menschen aufweist, in die Haut eines Hirsches gekleidet ist und auf seinem Kopf eine Art Helm aus dem Schädel eines Hirsches trägt, aus dem ein großes Geweih herausragt. Er ist von einem blauen Phosphorlicht umgeben.« Jahrelang hieß ein Baum im Windsor-Park »Hernes Eiche«, aber sie ist schon lange verschwunden.

Höllenhunde
Geisterhafte Hundemeuten, die Teil der Jagdmeute des Teufels sein sollen, kann man in vielen traditionellen Legenden überall in Europa finden. Diese gespenstischen Kreaturen sind Todesomen, schon ihr schreckliches Geheul reicht aus, daß sich die Prophezeiung bewahrheitet. Die berühmteste derartiger Meuten sind wahrscheinlich die »Kopflosen Hunde von Dartmoor«, und eine Legende besagt, daß der Geist von Sir Francis Drake gesehen wurde, wie er an der Spitze dieser fürchterlich aussehenden Bestien einen Leichenwagen nach Plymouth hineinfuhr. Die gefährlichste aller Meuten aber sollen die »Devil's Dandy Dogs« (dt.: des Teufels liebste Hunde) sein, die in Cornwall umherstreifen und von Robert Hunt in dem Buch *Popular Romances of the West of England* (1865) beschrieben werden.

Home, Daniel Dunglas (1833–1886)
D. D. Home, genannt »der König der Medien«, wurde einerseits von Kritikern wie Charles Dickens verspottet, andererseits von seinen Anhängern fast angebetet. Unumstritten bleibt, daß er das berühmteste Medium seiner Zeit war und, im Gegensatz zu sehr vielen spiritistischen Kollegen, nie als Betrüger entlarvt wurde. Als er noch ein junger Mann war, ereigneten sich in der Umgebung Homes seltsame paranormale Phänomene, und er entwickelte so außergewöhnliche Fähigkeiten, daß er damit sogar den französischen Kaiser und den russischen Zaren beeindruckte. Der wahrscheinlich erstaunlichste Vorfall ereignete sich 1868, als er vor einer Gruppe verblüffter Zuschauer langsam in die Höhe schwebte, wie von Geisterhand getragen. Die von ihm

geleiteten Séancen bewirkten auch einige wunderbare Materialisationen, unheimliche Lichter und unerklärliche Klopfgeräusche. Home und seine Kräfte sind bis heute ein ungelöstes Geheimnis geblieben, Thema zahlloser Untersuchungen und Bücher, in deren Mittelpunkt sein eigenes faszinierendes Werk, *Some Incidents in My Life* (1871), steht.

Houdini, Harry (1874–1926)
Houdini, dessen richtiger Name Eric Weiss lautet, wurde durch seine bemerkenswerten Entfesselungstricks international berühmt. Lange Zeit seines Lebens war er auch von übernatürlichen Dingen fasziniert. Er war besonders am Spiritismus interessiert, glaubte aber, daß die auf Séancen vorkommenden Manifestationen von den Medien inszeniert würden, und kopierte tatsächlich viele der Phänomene mit rein mechanischen Mitteln.

Eine Trickaufnahme, die den Entfesselungskünstler Harry Houdini bei einer Unterhaltung mit dem Geist von Abraham Lincoln zeigt.

Nach dreißig Jahren intensivster Forschungen, in denen er an unzähligen Séancen teilgenommen und verschiedene Medien umfangreichen Prüfungen unterzogen hatte, veröffentlichte er sein Buch *A Magician Among The Spirits* (1924) mit der Aussage, daß es ihm nicht gelungen sei, eine einzige Materialisation zu finden, die er für vollkommen echt hielt.

Hunde

Phantomhunde gibt es überall auf den Britischen Inseln, wie zum Beispiel den berühmten Mauthe Dog, der auf der Isle of Man im Peel Castle spukt, den furchterregenden »gwyllgi« in Wales, den »trash« oder »striker« in Lancashire sowie den »barguest« im Norden des Landes. Elliott O'Donnell schreibt über diese Erscheinungen in seinem Buch *Animal Ghosts* (1913): »Man kann unmöglich sagen, zu welcher Geistersorte der Gespensterhund gehört. Man kann höchstens Vermutungen anstellen, und ich schätze die Möglichkeiten, daß es sich um ein tatsächliches Gespenst irgendeines toten Hundes oder aber um einen Elementargeist handelt, ungefähr gleich groß ein.«

Der Autor glaubt, daß lebende Hunde die Fähigkeit besitzen, Geister zu sehen, und dies dann mit einem elenden Gejaule zu erkennen geben: »Meiner Ansicht nach bestehen kaum Zweifel daran, daß Hunde tatsächlich irgendeine Art Geist sehen, der, wenn er weiß, daß sich ein Sterbefall ereignen wird, das Haus des Todgeweihten aufsucht und neben seinem Lager steht. Mir ist diese Erscheinung von Menschen, die behaupteten, sie gesehen zu haben, als sehr große vermummte Gestalt beschrieben worden, die in dunkle, lose flatternde Gewänder gehüllt ist – stets mit unkenntlichem Gesicht.« Deswegen sei der Hund ein unverzichtbarer Begleiter des Geisterjägers. »Wenn ich ein Haus untersuche, in dem es spukt, nehme ich im allgemeinen einen Hund mit, weil ich die Erfahrung gemacht habe, daß ein Hund auf die eine oder andere Weise immer zu erkennen gibt, ob ein Geist in der Nähe ist – sei es durch Winseln oder Knurren, oder daß er einem zitternd vor die Füße kriecht oder auf den Schoß springt und versucht, seinen Kopf im Mantel zu vergraben.«

Die betörende Succubus, auf einem Stich von 1801.

I

Incubus

Der mittelalterlichen europäischen Folklore zufolge ist der Incubus ein böser Geist, der nachts kommt, um junge Frauen zu verführen, und sie zwingt, ihre Seelen dem Teufel zu verschreiben. Das geisterhafte Wesen erscheint in Form eines gutaussehenden jungen Mannes, der versucht, irgendeine ahnungslose junge Frau zu betören. Und wenn ihm das gelungen ist, hat er sie ganz in seiner Gewalt! Diese »Teufelsliebhaber«, wie sie manchmal auch genannt wurden, konnten auch als Frauen erscheinen, um junge Männer mit demselben Ziel zu verführen. In dieser Verkleidung hießen sie dann Succubus.

Eine beträchtliche Zahl mythologischer Wesen, wie Elfen und Trolle, hielt man für Abkömmlinge des Succubus. Die einzige Möglichkeit, sie zu verscheuchen, wenn man von ihnen verfolgt wurde, bestand darin, bestimmte Kräuter wie Johanniskraut und Eisenkraut um das Bett zu hängen. Das Thema wird recht ausführlich in der *Encyclopedia of Witchcraft and Demonology* (1964) von R. H. Robbins besprochen.

Ingoldsby-Legenden

Eine der bekanntesten Sammlungen von Geistergeschichten und phantastischen Geschichten, *The Ingoldsby Legends,* erschien zuerst 1837 in der populären Zeitschrift *Bentley's Miscellany* in Fortsetzungen und unter dem Pseudonym »Thomas Ingoldsby«. Tatsächlich verbarg sich hinter dem Namen ein Mann namens Richard Harris Barham (1788–1845), der Hilfskanoniker an der St. Paul's Cathedral in London war. Der Erfolg der Geschichten und Gedichte, die deftigen Humor und eine sehr reale Kenntnis

Zeitgenössische Illustration zu »The Ingoldsby Legends« von Richard Harris Barham.

des Übernatürlichen verbanden, war derartig groß, daß Barham sich bald des ihm zustehenden Beifalls erfreuen durfte. 1840 wurde das Material zusammengefaßt und in einem Band veröffentlicht. Er wurde immer wieder nachgedruckt und erfreut sich bis zum heutigen Tage einer großen Leserschaft. Die beliebtesten Geschichten unter den »Legends« waren *The Hand of Glory, The Spectre of Tappington* und *A Singular Passage in the Life of the*

Late Henry Harris, die alle immer wieder in Anthologien aufgenommen wurden. Ein weiterer Faktor, der zweifellos zum Erfolg des Buches beitrug, waren die Illustrationen von George Cruikshank, die in der Zwischenzeit ebenfalls häufig nachgedruckt wurden.

Irrlichter

Die Irrlichter sind ein Phänomen, das auf der ganzen Welt bekannt ist. Vielfältig wie seine Erscheinungsformen sind auch seine Namen: »Totenkerze«, »ignis fatuus« (das »Narrenlicht«,

Das australische Phänomen, Quinnslicht genannt, eine von mehreren Erscheinungsformen des Irrlichts.

denn nur ein Narr folgt seinem trügerischen Flackern), »Jack-O'-Lantern« oder »Will-O'-Wisp« im englischen Sprachraum, »Quinnslichter« in Australien. (Die Australier besitzen auch die »Min-Min-Lichter«, die auf Friedhöfen spuken und über die Gräber zu sausen scheinen.)

Die Geister, die hinter dieser Erscheinung stecken, nehmen die Gestalt von kleinen, flackernden Lichtern an, die wie Kerzenlichter aussehen. Sie tanzen an Plätzen, wo jemand sterben wird. Der Überlieferung nach werden sie für wandernde Seelen gehalten, die weder im Himmel noch in der Hölle Ruhe finden. Sie führen jeden, der ihnen folgt, in den Tod. In einigen Teilen Europas hielt man sie auch für die Seelen der Krieger, die den Schatz bewachen, der mit ihnen beerdigt wurde.

Eine kürzlich aufgestellte wissenschaftliche Begründung dieser Geister besagt, daß sie ausnahmslos überall dort auftreten, wo es feuchten und sumpfigen Boden gibt, und daß sie in Wirklichkeit durch die Selbstentzündung von Sumpfgasen entstehen.

Die verschiedenen Überlieferungen des »ignis fatuus« werden ausführlich in Catherine Briggs' *A Dictionary of Fairies* (1976) behandelt.

Irving, Washington (**1783–1859**)
Washington Irving, der in New York geborene Schriftsteller, der viele Jahre auf Reisen in Europa verbrachte und Legenden und Volksmärchen sammelte, schrieb eine Reihe unheimlicher Geschichten, von denen *The Spectre Bridegroom* und *The Legend of Sleepy Hollow* mit ihrer großartigen Darstellung eines kopflosen Reiters heute vielleicht die bekanntesten sind. Beide waren ursprünglich unter einem Pseudonym im *Sketch Book of Geoffrey Crayon, Gent* (1820) erschienen, ein Werk, das Irving nur auf Zureden seines Freundes, Sir Walter Scott, veröffentlichte. Die beiden Männer erörterten oft Fragen des Übernatürlichen, und beide haben wichtige und bleibende Werke der Geisterliteratur hinterlassen.

Isländische Geister, Rechtsschutz gegen

In Island gab es lange Jahre ein Gesetz, das es Menschen, die von einem Geist verfolgt wurden, ermöglichte, ihn vor Gericht zu stellen und durch ein Urteil zu verpflichten, den Frieden zu wahren. Leider ist nicht bekannt, wie oft die Heimgesuchten tatsächlich die Justiz bemühten und ob die Gespenster andererseits sich von der Strafandrohung beeindruckt genug zeigten, um auf ihr Unwesen zu verzichten.

J

Jack-in-Irons
Jack-in-Irons (Hans in Ketten) lautet der seltsame Name, der einem bekannten Geist verliehen wurde, von dem man berichtet, daß er die Landstraßen der englischen Grafschaft Yorkshire heimsucht. Er hat eine riesige, dämonisch aussehende und von Ketten umschlungene Gestalt und besitzt die Gewohnheit, jeden Reisenden zu überfallen und in Angst und Schrecken zu versetzen, der dumm genug ist, nachts alleine draußen zu sein. Er zählt offensichtlich zu den wenigen Geistern, die in Ketten gesehen wurden. Obwohl gefesselte Phantome von Karikaturisten und Illustratoren bevorzugt dargestellt werden, sind sie doch in Wirklichkeit sehr selten. Der Grund hierfür ist, daß sie die Seelen von Menschen waren, die als Gefangene in Burgverliesen in Ketten starben. Da es diese barbarische Sitte schon seit langem nicht mehr gibt, verschwanden mit ihr auch die gefesselten Phantome. Es gibt eine gewisse Ähnlichkeit zwischen ihm und der weitverbreiteten Legende vom »Spring-Heeled Jack«, einer rätselhaften Figur, die einige Zeit als Geist galt und die die ländlichen Gegenden Großbritanniens im 19. Jahrhundert terrorisierte.

Jacobs, William Wymark (1863–1943)
W. W. Jacobs ist der Autor einer der besten und am häufigsten in Anthologien aufgeführten Erzählungen aus dem Bereich des Übernatürlichen, *The Monkey's Paw* (1902), dt.: *Die Affenpfote,* einer Geschichte von gespenstischen Geräuschen und der Pfote einer Kreatur, die drei Wünsche gewährt. Dieses kleine Meisterwerk hat den Rest von Jacobs' Werk so überschattet, daß selbst

Stich, der »Spring-Heeled Jack« darstellt, jene Geistergestalt, die England terrorisierte und einige Ähnlichkeiten zu »Jack-in-Irons« aufweist.

begeisterte Leser unheimlicher Romane seine anderen Phantomgeschichten wie *The Unknown, The Interruption* und *Jerry Bundler* übersehen.

James, Henry (1843–1916)

The Turn of the Screw von Henry James, 1898 erschienen, wird zu Recht als klassische Geistergeschichte bezeichnet. Stim-

Taschenbuchausgabe eines der großartigsten aller Geisterromane, »The Turn of the Screw«, von Henry James.

mungsvoll und mit bewundernswerter Kunstfertigkeit wird erzählt, wie zwei kleine Kinder von den bösen Geistern zweier verstorbener Dienstboten besessen sind. Nach dieser Vorlage wurde 1961 in England einer der schockierendsten Horrorfilme gedreht: *The Innocents;* das Drehbuch verfaßte der amerikanische Erfolgsautor Truman Capote (geb. 1924).

James wurde in Amerika geboren, verbrachte nahezu sein gesamtes Leben in Europa und wurde kurz vor seinem Tode Bürger Großbritanniens. Neben seinen zahlreichen und höchst erfolgreichen Romanen über das Verhältnis der englischen und amerikanischen Kultur zueinander schrieb er zudem mehrere phantastische Kurzgeschichten, die alle in einem 1948 erschienenen Band mit dem Titel *The Ghostly Tales of Henry James* (1948), dt.: *Gespenstergeschichten,* enthalten sind.

James, Montague Rhodes (1862–1936)

Zweifellos einer der besten Geistergeschichtenverfasser des 20. Jahrhunderts war M. R. James, ein zurückgezogen und bescheiden lebender Mann, der die meiste Zeit seines Lebens höhere Ämter an der Universität von Cambridge und am Eton College bekleidete, vergraben in seine akademischen Forschungen. Jedoch zeigte er sich mit etwa dreißig Geistergeschichten als über-

Montague Rhodes James

»Es sprang sofort auf ihn los« – ein spannender Moment in M. R. James' klassischer Geschichte »Oh, Whistle and I'll Come to You, My Lad.«

legener Meister seines Fachs, obwohl er seine eigenen Fähigkeiten geringer einschätzte als die seines Vorbilds, des Iren Joseph Sheridan Le Fanu, dessen schönste Geschichten James 1923 zusammengestellt hatte. M. R. James schrieb seine Geschichten zunächst nur für Weihnachtsfeiern, wo sie vor den Mitarbeitern der Universität vorgetragen wurden. 1904 aber überzeugte man ihn davon, eine Auswahl jener Geschichten unter dem Titel *Ghost Stories of an Antiquary* herauszugeben, welche eine seiner bekanntesten Erzählungen, *Oh, Whistle and I'll Come to You, My Lad,* enthielt. Dieser Titel wurde zu einer Redewendung im Zusammenhang mit Geistern in der ostenglischen Region. Eine weitere Sammlung, *More Ghost Stories of an Antiquary,* erschien 1911 und im Laufe der Zeit noch *A Thin Ghost* (1919) und *A Warning of the Curious* (1925). Alle vier Anthologien sind begehrte Sammlerstücke geworden, das Wesentliche seines Werkes ist aber in der vielfach nachgedruckten Ausgabe von *Collected Ghost Stories,* die zuerst 1931 erschien, immer noch leicht zugänglich. Bis zum heutigen Tage sind M. R. James' Erzählungen dramatisch und aufregend geblieben, mit der ihnen ganz eigenen Atmosphäre, und sie werden von anderen Schriftstellern dieses Genres sehr bewundert und gerne imitiert. Deutsche Leser kennen ihn aus zahlreichen Anthologien sowie durch das Buch *Der Schatz des Abtes Thomas,* das zehn seiner besten Erzählungen enthält.

Japan

Japanische Geister sind möglicherweise die abscheulichsten, die auf der Welt zu finden sind (darin den japanischen Horrorfilmen ähnelnd!), die meisten sind deformiert und haben keine oder nur unvollständige Gliedmaßen. Die schrecklichsten von ihnen sollen entweder nur ein oder aber drei Augen, lange schlangenhafte Hälse und lange Zungen besitzen. Sie haben die Gewohnheit, in alten Häusern und auf Friedhöfen zu spuken. Die japanische Überlieferung besagt, daß einige Geister als Samurai-Krieger erscheinen, mit all ihren Kriegsverletzungen.

Unter diesen ganzen Schreckensgestalten gibt es noch den »koki-teno« oder Fuchsgeist. Das sind Geister, die in der Gestalt von Füchsen erscheinen, aber die Macht besitzen, sich in schöne weibliche Erscheinungen in weißen, fließenden Gewändern zu verwandeln. Es ist nicht überraschend, wenn von den koki-teno behauptet wird, daß sie jeden lebenden Mann verhexen, der an ihnen Gefallen findet. Weiteres hierzu findet sich bei Lafcadio Hearn in dem Buch *In Ghostly Japan* (1899).

Jeanne-d'Arc-Geister

Jeanne d'Arc, die Nationalheilige Frankreichs, die behauptete, alle ihre Taten seien von geisterhaften Stimmen und Visionen inspiriert worden, und die sich Unsterblichkeit bei der Belagerung von Orléans im Jahre 1429 erwarb, steht heute im Mittelpunkt einer seltsamen Geschichte um eine Geisterfotografie. Im Oktober 1925 besuchte eine Lady Palmer, begleitet von einer Miss Townsend, die Basilika von Domrémy, die der heiligen Johanna geweiht ist. Während sie die in der Kirche aufgehängte britische Flagge bewunderte, wurde Lady Palmer von ihrer Be-

Geist von Sakura, einer der vielen abscheulichen Geister Japans.

gleiterin fotografiert. Obwohl die beiden Damen zu diesem Zeitpunkt die einzigen Menschen in der Kirche waren, entdeckte man auf dem entwickelten Foto auch noch die Geister zweier Priester in Chorhemden, auf denen sich das Lilienwappen befand, das Kennzeichen der Jungfrau von Orléans. Die Fotografie wurde anschließend von verschiedenen Experten untersucht, die allerdings keinen Beweis für einen Betrug entdecken konnten.

Das merkwürdige, 1925 aufgenommene Foto zweier Geister in der Kleidung aus der Zeit Jeanne d'Arcs.

Jimmy Squarefoot

Jimmy Squarefoot (dt.: Jimmy Quadratfuß) ist ein seltsamer Geist, halb Mensch, halb Tier, der auf der Isle of Man herumstreifen soll. Ursprünglich war Jimmy ein großes, gespensterhaftes Schwein, das wie ein Pferd von einem grausamen Riesen geritten wurde. In neuerer Zeit erschien er, laut Walter Gill in *A Manx Scrapbook* (1929), den Menschen als ein Mann mit einem Schweinekopf und zwei enormen Hauern, Stoßzähnen gleich. Trotz seines grauenhaften Aussehens fügt er niemandem Schaden zu und würde gerne nähere Kontakte zu den Menschen herstellen, wenn sie es ihm nur gestatten würden!

Johannesburger U-Bahn-Geist

Der Untergrundtunnel von Johannesburg, der vom Hauptbahnhof zum Hauptpostamt führt, ist, wie man sagt, einer der Orte Südafrikas, an denen es am meisten spukt. Während der Bauarbeiten am Tunnel wurde ein Arbeiter von herabstürzenden Sandmassen begraben, und seitdem wandert sein Schatten regelmäßig während der Nachtstunden durch den Tunnel. Mehrere Postangestellte haben die erschreckenden Begegnungen mit dieser unglücklichen Seele in allen Einzelheiten erzählt.

Johnson, Dr. Samuel (1709–1784)

Dr. Johnson, der Lexikograph, Kritiker und Dichter, von dem jedes Wort und jede Geste von seinen Bewunderern bis heute überliefert wurden, interessierte sich, wie könnte es anders sein, auch für Geister und das Übernatürliche. Aus den vielen wissenschaftlichen Arbeiten über sein Leben und Werk geht dies deutlich hervor. Zwei Beispiele, die von seinem Freund und Chronisten James Boswell (1740–1795) zitiert wurden, mögen vielleicht genügen, um diese Tatsache zu unterstreichen. In *Life of Samuel Johnson* (1891), dt.: *Dr. Samuel Johnson, Leben und Meinungen,* erzählt er, daß Dr. Johnson eines Tages, als sie über Geister sprachen, sagte, daß er einen Freund besaß, »der ein ehrlicher Mann war« und ihm erzählt habe, daß er einen Geist gesehen hätte. Das war der betagte Mr. Edward Cave, der Maler der St.-Joan-

Dr. Samuel Johnson

Gasse. Dr. Johnson sagte, daß Mr. Cave nicht darüber sprechen wollte und sich sehr zu fürchten schien, wann immer er darauf angesprochen wurde. Boswell fragte damals: »Ich bitte Sie, Sir, was, sagte er, sei die Erscheinung?« Und Johnson antwortete: »Nun, Sir, so etwas wie ein schattenhaftes Wesen.« Boswell zitiert ebenfalls Dr. Johnsons wohlüberlegte Meinung über die Wahrscheinlichkeit von Geistern: »Es ist wunderbar, daß seit der Schöpfung der Welt sechstausend Jahre vergangen sind und es immer noch offen ist, ob es jemals ein Beispiel dafür gegeben hat, daß der Geist irgendeiner Person nach dem Tode erschienen ist. Alle Vernunft spricht dagegen, aber aller Glaube dafür.«

Jonesboro-Festival
Das Jonesboro-Geistergeschichten-Festival, das jeden Oktober in Jonesboro, Tennessee (USA), stattfindet, ist eine einzigartige Zusammenkunft von Amateuren und berufsmäßigen Geschichtenerzählern, die wahre und erfundene Geschichten über alle Aspekte des Übernatürlichen vortragen. Volksmärchen sind bei den Zuhörern, die allen Altersgruppen angehören, besonders beliebt. Höhepunkt des Wochenendtreffens sind auf dem örtlichen Friedhof vorgetragene Geistergeschichten und ein »Wettbewerb der unglaublichsten Geschichten«, bei dem die Teilnehmer versuchen, sich gegenseitig mit den schockierendsten und abenteuerlichsten Geschichten zu übertreffen.

K

Kalgoorlie-Geist

Das berühmte australische Goldgrubengebiet in Kalgoorlie bildet den Hintergrund einer der seltsamsten Geistergeschichten des Landes. Alte Überlieferungen sprechen von mehreren Geistern, die die dichtbewaldete Straße von Perth nach York heimsuchten, früher war dies der Weg für die Kutschen, die zu den Goldgruben fuhren. Es handelt sich offensichtlich um die Geister jener Männer, die ihr Leben während der gefährlichen Fahrt verloren.

Nicht weit von Kalgoorlie gab es eine Wirtschaft, bekannt als »Lloyd's Inn«. Hier wurde eines der Schankmädchen von ihrem Liebhaber ermordet, als er entdeckte, daß sie ihre Gunst auch noch einigen anderen Kutschern gewährte. In der Geschichte heißt es, daß das Blut des Mädchens auf eine Wand der Bar spritzte. Sosehr man sich auch bemühte, die Flecken zu entfernen, sie erschienen einige Tage später wieder. Ihr düsterer Geist machte ebenfalls das Leben für die Besitzer schwer, und der Spuk hörte erst auf, als das Haus schließlich abgerissen wurde.

Kant, Immanuel (1724–1804)

Immanuel Kant, der deutsche Philosoph aus Königsberg, ist auch auf dem Gebiet des Übernatürlichen aufgrund seines vielbewunderten Werks *Träume eines Geistersehers,* das 1766 erschien, sehr wichtig. In diesem faszinierenden Band machte er eine der meistzitierten Bemerkungen über Geister und Phantome des Todes: ». . . daß ich mich nicht unterstehe, so gänzlich alle Wahrheit an den mancherlei Geistererzählungen abzuleugnen, doch mit dem gewöhnlichen, obgleich wunderlichen Vorbehalt, eine

Immanuel Kant

jede einzelne derselben in Zweifel zu ziehen, allen zusammengenommen aber einigen Glauben beizumessen.«

Kapstädter Schloßgeist

Das 1665 erbaute Schloß in Kapstadt ist das älteste Bauwerk Südafrikas und beherbergt auch den ältesten Geist des Landes. Seit nahezu 300 Jahren wandert eine große leuchtende Gestalt auf der Brustwehr und verschwindet bei der Annäherung eines Menschen hinter den Zinnen. Noch im Jahr 1947 sahen zwei Soldaten die Erscheinung, aber bei dem Versuch, sich ihr zu nähern, »sahen wir zu unserer Verblüffung, daß sie über einen der Schutzwälle floh und im Nichts verschwand«. Die beiden Männer schauten ungefähr 15 Meter in den früheren Graben hinunter, aber nichts rührte sich mehr.

Das Gespenst vom Kapstädter Schloß, das seit fast dreihundert Jahren in Südafrika erscheint. ▶

Geisterbeschwörung auf einem Stich in Immanuel Kants Werk »Träume eines Geistersehers« (1766).

Katzen

In einem Aufsatz von Elliott O'Donnell, der im Dezember 1962 im *Occult Review* erschien, werden Katzen als die verbreitetste Art von Tiergeistern beschrieben, die in Häusern spuken. Die Überlieferung von geisterhaften Katzen reicht, wie O'Donnell schreibt, bis in die Zeit der alten Ägypter zurück, als die Katzen wie Götter verehrt wurden; aus der Überlieferung geht auch hervor, daß der Teufel selbst das Aussehen einer Katze annehmen kann. Er fährt fort: »Es gibt derzeit viele Häuser in England, die von Geistererscheinungen in der Gestalt schwarzer Katzen von so drohender und feindseliger Erscheinung heimgesucht werden, daß man nur vermuten kann, daß sie, falls sie nicht gerade die wirklichen Geister von Katzen sind, die durch grausame und bösartige Neigungen erdverbunden sind, böse Elementargeister sein müssen, zum Beispiel Geister, die niemals in einem leiblichen Körper gewohnt haben und die entweder durch teuflische Gedanken entstanden sind oder von irgendwoher zu einer Stelle gelockt wurden, an der einst ein teuflisches Verbrechen oder eine ruchlose Tat verübt wurde. Elementargeist ist lediglich der moderne Ausdruck für Teufel oder Dämon.«

Kelpie

Der Kelpie ist Schottlands bekanntester Geist – ein Wassergeist, der an Flüssen spukt; gewöhnlich lockt er Unvorsichtige in den Tod. Obwohl gesagt wird, daß der Kelpie als wild aussehender Mann erscheint, nimmt er gewöhnlich die Gestalt eines Pferdes an, das die Menschen dazu verleitet, seinen Rücken zu besteigen, und dann stürzt er sich mit ihnen in das nächstgelegene Wasser. Während eines Sturms streift er umher und gibt seltsame, wehklagende Laute von sich. Wenn er in den Fluß springt, so soll sein Schweif das Wasser mit Donnergetöse peitschen. Die Schotten besitzen eine Legende, daß jedermann, der es schafft, diesem mysteriösen Geist einen Hochzeitsschleier überzuwerfen, ihn als seinen Diener halten kann, solange er will. Aber wehe dem Mann, sollte der Schleier jemals entwendet werden oder verlorengehen! Wenn der Kelpie dann flieht, spricht er einen Fluch über seinen ehemaligen Herrn und seine gesamte Familie aus. Der Kelpie wird näher in *Popular Superstitions of the Highlanders of Scotland* (1823) von Stewart W. Grant erläutert.

Ein enger Verwandter des Kelpie ist der Nuggle, der auf den Shetlandinseln sein Unwesen treibt und dort meist die Gestalt eines Ponys annimmt.

Khu

Khu war das alte ägyptische Wort für einen Geist, von dem man annahm, daß er den menschlichen Körper im Moment des Todes verließ. Gemäß der Überlieferung suchten diese ruhelosen Geister die Familie des Verstorbenen heim und besaßen die Macht, Krankheiten zu verursachen oder sich der Körper von Tieren zu bemächtigen. Jeder, der wegen eines Verbrechens hingerichtet wurde, Selbstmord begangen hatte oder auf See ertrunken war, setzte einen besonders mißgünstigen Khu frei, den man sehr fürchtete. Um diese bösen Geister zu beschwichtigen, brachten ihnen die Ägypter rituelle Opfergaben in Form von Tierfleisch oder anderen hochwertigen Nahrungsmitteln dar. Sir Ernest Budge (1857–1934), Experte für ägyptische Altertumskunde, hat sehr ausführlich in vielen seiner Bücher über die Geisterwelt des alten Ägypten berichtet.

Khu, ein Geist des alten Ägypten.

Kikimora

Den Namen Kikimora gaben die Sklaven des Altertums jenen Geistern, die sich aus freien Stücken irgendeinem Haushalt anschlossen. Wenn man sie mit Respekt behandelte, sollten diese Geister die Familie vor Unglück bewahren und sogar hin und wieder bei der Hausarbeit helfen, indem sie abwuschen und saubermachten – somit antike Vorgänger der mitteleuropäischen Heinzelmänner.

Kipling, Rudyard (1865–1936)

Rudyard Kiplings berühmte Geschichte vom *Puck of Pook's Hill* (1906) wurde teilweise von einem Geist »mit viel Sinn für altertümliche Grausamkeit und Verderbtheit« inspiriert, der im Glad Wish Wood, ganz in der Nähe seines Hauses Bate-man's in Burwash, Sussex, spukte. Kipling war von den, wie er sie nannte, »Spuklandschaften« fasziniert. Pook's Hill hinter Bate-man's war sogar noch direkter für sein berühmtes Buch ausschlaggebend. Er ist mit prähistorischen Behausungen und Erdwällen übersät, die scheinbar noch von den Seelen der Vergangenheit belebt werden. Auf Kiplings Eingebung hin wurde im Glad Wish Wood eine Geisterjagd veranstaltet. Einer der Teilnehmer berichtete, daß er eine Gestalt gesehen habe, die »beim Gehen hustete, würgte und stöhnte . . . und seine Finger griffen auch nach seiner Kehle«. Spätere Nachforschungen ergaben, daß ein Mann namens David Leany 1728 wegen Mordes in dem Wald gehängt worden war, aber seine Unschuld beteuerte und schwor, zurückzukehren und diejenigen als Geist zu quälen, die ihn getötet hatten. Kipling schrieb in mehreren seiner Kurzgeschichten über Geister, besonders in *The Phantom Rickshaw* (1895), *My Own True Ghost Story* (1895) und *The House Surgeon* (1909) sowie in anderen vorzüglichen Geschichten, die in seinen, auch in deutsch lieferbaren *Gesammelten Werken* nachzulesen sind.

Kirk-Grim

Der Kirk-Grim ist ein Tierphantom, das laut T. Thistleton Dyer in *Ghost World* (1893) alte Kirchen heimsuchen soll. »Manchmal ist es ein Schwein«, schreibt er, »manchmal ein Pferd, eine Spukerscheinung, die der Geist eines Tieres ist, das lebendig im Kirchhof begraben wurde, um Frevler fernzuhalten.« Mr. Dyer schreibt, daß es einst Brauch war, ein Lamm unter dem Altar zu begraben. Wenn jemand außerhalb des Gottesdienstes die Kirche betritt und ein kleines Lamm über die Chorstühle springen und plötzlich verschwinden sieht, dann ist dies ein Omen dafür, daß ein Kind der Pfarrgemeinde in Kürze sterben wird. Er fügt hinzu, daß man in Dänemark annahm, daß der Kirk-Grim sich im Kirchturm versteckt, um das Gebäude zu schützen.

Kisten und Truhen

Unter den klassischen Untersuchungen zur Geisterlehre gibt es zahlreiche Berichte über Kisten, wobei die vielleicht berühmteste Geschichte in Joseph Glanvills *Sadducismus Triumphatus* (1683) erschienen ist. Es handelt sich um den Fall der Eisenkiste von Durley, bei dem der Tod eines Mr. John Bourne aus Durley in Somerset durch das Öffnen und Schließen einer Eisenkiste,

Ein Stich aus dem 18. Jahrhundert, der eine Spukkiste darstellt.

die in seinem Schlafzimmer stand, vorausgesagt wurde. Die Ereignisse trugen sich im Jahre 1654 zu, als Mr. Bourne krank im Bett lag. Sowohl er als auch sein Arzt und seine Schwägerin, die sich zu der Zeit dort aufhielt, sahen, wie die drei Schlösser der Kiste aufschnappten und sich der Deckel dann langsam hob. Als eine verschwommene Gestalt erschien, rief Mr. Bourne: »Ich werde demnächst bei dir sein.« Er fiel zurück und erlangte nie wieder das Bewußtsein.

In seinem interessanten Buch *Gazetteer of British Ghosts* (1971) erzählt Peter Underwood die Geschichte der Poltergeistkiste, die im Stanbury Manor, Morwenstow in Cornwall, stand und angeblich mit der spanischen Armada nach England gelangte. Die Kiste war mit scheußlichen, geschnitzten Figuren bedeckt und erregte Aufsehen aufgrund der merkwürdigen Vorgänge, die um sie herum geschahen. Underwood äußert eine interessante Vermutung, nämlich die, daß die Störungen auf einen Mann zurückgeführt werden könnten, der einer Geschichte zufolge mit durchschnittener Kehle in der Kiste gefunden wurde!

Kleiderschrank

Die folgende Anzeige erschien am 19. August 1937 in der *Morning Post*: »Spukkleiderschrank – der Inserent würde sich freuen, selbigen an Interessenten zu liefern, samt Geist, der sich auch, zweifellos, mehr zu Hause fühlen würde, wenn er willkommen ist.« Die Eigentümerin war eine Dame aus Carterton, Oxfordshire, die sagte, daß sich die Türen und Schubladen des Schrankes häufig von alleine öffneten und schlossen und die Phantomgestalt eines Mannes im selben Zimmer des Hauses zu sehen war, in dem auch das Möbelstück stand. Als der Kleiderschrank jedoch den Besitzer gewechselt hatte, hörte der Spuk aus unerklärlichen Gründen sofort auf.

Klopfer

Klopfer sind Geister aus Cornwall, die sich laut Überlieferung in den Zinnminen aufhalten und durch Klopfen auf die Schachtwände – daher ihr Name – anzeigen, wo man Erz finden kann. Der Sage nach sind sie die Geister von Juden, die an der Kreuzigung beteiligt waren und zur Strafe nach Cornwall zur Arbeit in die Minen geschickt wurden. Tatsächlich haben im 11. und 12. Jahrhundert Juden in den Minen gearbeitet, das verleiht der Überlieferung ein wenig Glaubwürdigkeit. Robert Hunt schreibt in seinem Buch *Popular Romances of the West of England* (1865), daß sie eigentlich freundlich gesinnt seien, aber sich vor dem Kreuzzeichen fürchten. Daher würden die Bergleute von Cornwall nirgendwo dieses Zeichen anbringen, aus Angst, sie sonst zu verärgern.

Kluski, Franek (1860–1949)

Franek Kluski, ein ruhig auftretender und recht scheuer Mann aus Polen, wurde der »König der Medien« genannt. Trotz intensiver Untersuchungen noch zu seinen Lebzeiten stellte sich keine seiner Materialisationen oder Geisterfotografien als nachweisbare Fälschung heraus. In Warschau geboren, führte er ein ereignisloses Leben als armseliger Kaufmann, bis sich sein Interesse zu Beginn dieses Jahrhunderts in dramatischer Weise auf die Geistermaterialisation richtete. Er nahm an einer großen Anzahl von Séancen teil und stand vielen skeptisch gegenüber. Um sich selbst davon zu überzeugen, ob eine Materialisation möglich ist oder nicht, hielt er seine eigenen Sitzungen ab – mit den erstaunlichsten Ergebnissen. Unparteiische und höchst angesehene Personen, die an diesen teilnahmen, verließen sie in der völligen Überzeugung von Kluskis außergewöhnlichen Kräften – und mit Geschichten darüber, wie er nicht nur Geister menschlicher Wesen, sondern auch die von Tieren materialisiert hatte.

In seinem Streben nach Wahrheit entwickelte Kluski ein Verfahren, Wachsabdrücke von den Händen der Phantome, die materialisiert wurden, abzunehmen. Obwohl es berechtigte Zweifel daran gab, ist die Tatsache nicht zu leugnen, daß es jedem normalen Menschen unmöglich war, diese Wachsabdrücke herzustellen und dann die Hände aus den engen Öffnungen für die Handgelenke zurückzuziehen, ohne diese zu zerstören.

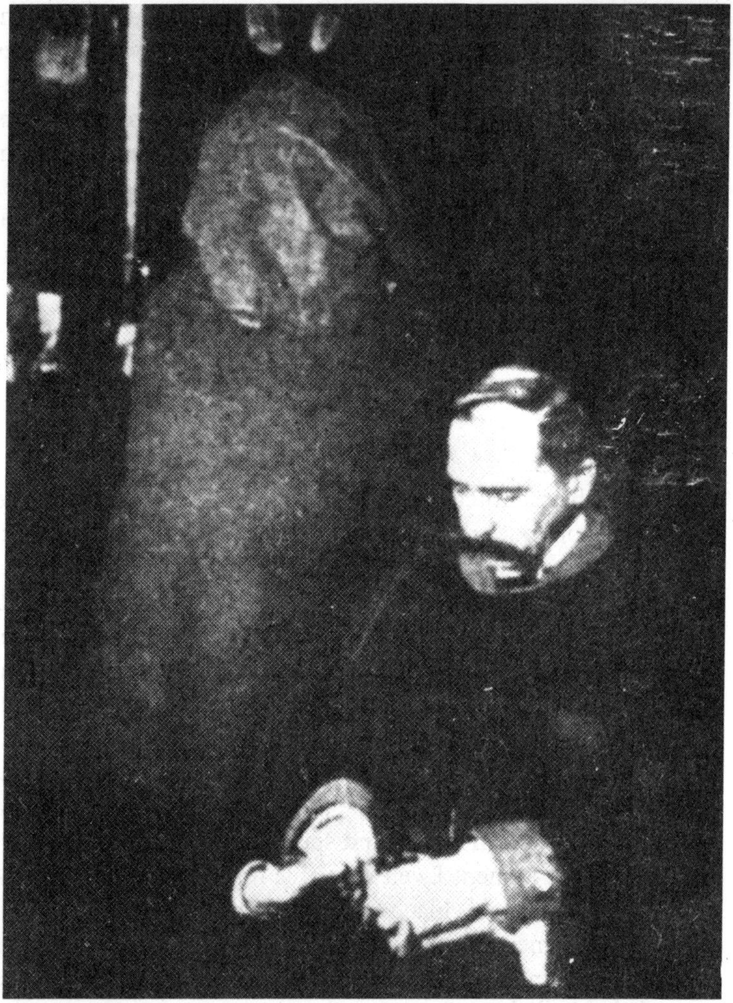

Foto des polnischen Mediums Franek Kluski, der das Phantom eines riesigen zottigen Affens materialisiert.

Die vielleicht seltsamsten und rätselhaftesten Ereignisse in Kluskis Leben waren die Materialisationen einer riesigen, zottigen Kreatur auf mehreren Séancen in den Jahren zwischen 1919 und 1922. Er nannte diese Kreatur »pithecanthropus«. Es gibt ein bemerkenswertes Foto von Kluski und diesem unheimlichen Phantom. Ein Augenzeuge, der damals zugegen war, schrieb dazu: »Dieser Affe besaß solche Riesenkräfte, daß er ohne weiteres ein schweres, mit Büchern gefülltes Regal durch den Raum bewegen, ein Sofa über die Köpfe der Sitzenden hinweg heben oder die schwersten Personen mitsamt ihren Stühlen in die Luft, auf die Höhe eines hochgewachsenen Menschen, stemmen konnte. Obwohl das Verhalten des Affen manchmal Angst auslöste, war er niemals bösartig. Im Gegenteil, er zeigte häufig Gutwilligkeit, Sanftheit und die Bereitschaft zum Gehorsam.« Bis heute ist das Rätsel um den »pithecanthropus« und wie Franek Kluski ihn materialisierte, ungelöst geblieben.

Kopflose Geister

Es gibt eine beträchtliche Anzahl von Legenden über Geister, die man ohne Kopf oder mit dem Kopf unter dem Arm gesehen hat. Solche Phantome stammen fast immer von Menschen, die geköpft wurden, wie etwa der Stuttgarter »Postmichel«, der schon oft in der Nähe seines Grabes gesehen worden ist. Das bekannteste Mitglied dieser Gruppe ist zweifellos aber Anne Boleyn, eine der vielen Frauen Heinrichs VIII. Sie wurde im Tower von London hingerichtet, und jahrhundertelang soll ihre prächtig gekleidete Gestalt, den Kopf unter den rechten Arm geklemmt, in kalten, dunklen Nächten innerhalb der Ringmauern des Gefängnisses gewandelt sein. In Schottland spukt der kopflose Geist eines Clanhäuptlings namens Ewen Maclaine im Familiensitz in Mull, obwohl er auf dem Schlachtfeld an einem Schwertstoß starb, während in Amerika der Geist von Nellie Macquillie kopflos durch eine kleine Stadt in North Carolina wandert, obwohl sie eigentlich friedlich im Bett gestorben ist!

Zwei der bekanntesten Geschichten über kopflose Geister sind sicherlich die von Lord Lovat und St. Denis. Simon Lovat (ca. 1667–1747) war ein schottischer Clanchef, dessen wildes und gesetzloses Leben und die häufigen Verschwörungen gegen die Monarchie im Jahre 1747 in London zu seiner Verurteilung und Hinrichtung durch Enthauptung führten. Danach war sein

Der kopflose Geist von St. Denis, der die Leute von Paris im Jahre 272 erschreckte.

Geist oft des Nachts zu sehen, wie er auf dem Hausgiebel spazierte und dabei den Kopf unter dem Arm trug. William Hogarth hat ihn während des Prozesses skizziert und danach ein Bild von ihm gemalt, das er *Lovats Geist auf Pilgerschaft* nannte und von dem Georg III. sagte, es habe ihn »vor Schrecken schaudern« lassen.

St. Denis, der Apostel von Frankreich und erster Bischof von Paris, war sicherlich ein erlauchterer Geist, und nach seiner Enthauptung durch die Römer im Jahre 272 – so ein altes Manuskript – »stand sein Geist auf, nahm den blutenden Kopf in die Hände und ging den ganzen Weg von Paris bis zu dem Ort, der jetzt St. Denis heißt, während die Landbevölkerung sich sehr verwunderte, wie der Geist des Heiligen so vorüberschritt«.

Kopflose Reiter

Die Überlieferung vom kopflosen Reiter ist sehr alt, und man kann Beispiele dieser Phantome schon in der frühesten deutschen und skandinavischen Folklore finden. Sowohl Pferd wie Reiter sollen von pechschwarzer Farbe sein, und sie können im Himmel genauso leicht galoppieren wie auf Erden. Bei den Reitern soll es sich manchmal um Ausgestoßene des Wilden Jägers handeln oder aber um bedeutende Anführer, die das Pech hatten, ihren Kopf in der Schlacht zu verlieren oder enthauptet zu werden.

Ein bekanntes Beispiel aus England ist der Kopflose Reiter vom Castle Sheela in Irland, dessen Geschichte in *Ghosts in Irish Houses* (1947) von James Reynolds erzählt wird. Das vielleicht berühmteste Buch über dieses Thema ist *The Headless Horseman* des amerikanischen Schriftstellers Captain Mayne Reid (1818–1883), das 1869 veröffentlicht wurde und auf einem angeblich wahren Fall aus Texas basiert, den der Autor selbst untersucht hat.

Kunst

Geister standen jahrhundertelang im Mittelpunkt der Werke von Künstlern und Malern, und einige der besten Beispiele ihres Könnens sind heute an den Wänden großer Museen zu bestaunen, Bilder wie etwa Arnold Böcklins *Toteninsel, Lovats Geist auf Pilgerschaft* von William Hogarth, *Sprich-zu-mir!* von Sir John Millais und Frederick Remingtons Bild *Geist des Indianermädchens.*

Ein anonymer Beitrag im *Strand Magazine* vom Dezember 1904, der sich mit diesem Thema befaßt, führt dazu aus: »Die Geister der Toten – besonders von schönen Mädchen –, die ihre alten Lieblingsplätze wieder besuchen, sind aus den zahllosen europäischen Legenden hinlänglich bekannt, und einige dieser Legenden wurden von Malern aufgegriffen. Aber«, so der Arti-

Das erschreckende Schauspiel des kopflosen Reiters, wie er in Captain Mayne Reids berühmtem Roman »The Headless Horseman« (1869) dargestellt wird.

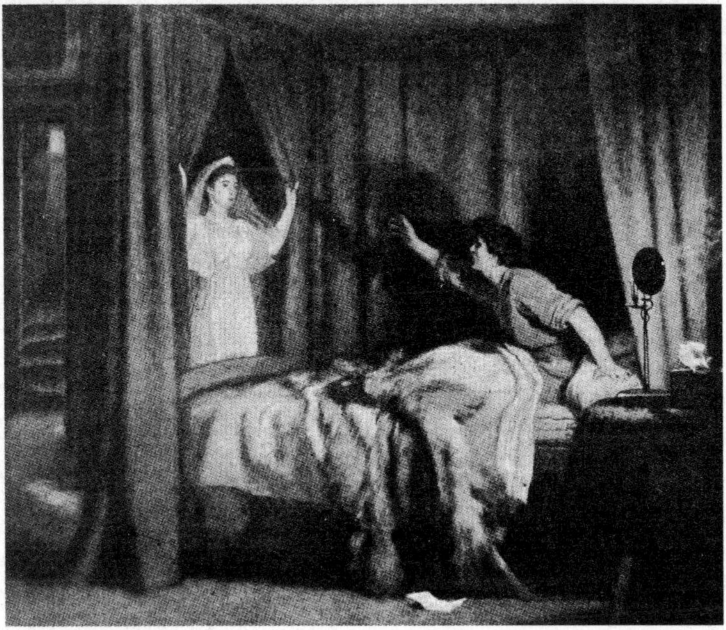

Sir John Millais' berühmtes Bild eines Schlafenden, dem ein Geist erscheint.

kel, »was immer diese Geister auch sein mögen, die ›das Blut gefrieren lassen‹ und die ›Haare zu Berge stehen lassen wie die Borsten des mürrischen Stachelschweins‹, ist es zweifelhaft, ob je ein Künstler diese Wirkung erfolgreich wiedergeben konnte.«

Der einzige Künstler, der diese Aussage vielleicht widerlegt, ist George Cruikshank (1792–1878), der Karikaturist und Illustrator, der mit seinen aufrüttelnden Bildern vielen der schönsten Romane von Charles Dickens zur Unsterblichkeit verholfen hat. Cruikshank war vom Übernatürlichen fasziniert und schrieb im Oktober 1841 einen vorzüglichen Artikel über Geister und Phantome für Dickens' Zeitschrift *All the Year Round.*

Kurzlebige Geister

Die Folkloristin Christina Hole widmet in ihrem Buch *Haunted England* (1940) dem Typ des kurzlebigen Geistes, der zu einem

»Angst«, eine von George Cruikshanks brillanten Geisterdarstellungen.

bestimmten Zweck spukt, ein ganzes Kapitel. Sie schreibt: »Einige Geister kehren nur für eine kurze Zeitspanne zurück, um eine Botschaft zu vermitteln oder ein Versprechen einzulösen, um dann, wenn ihre Mission erfüllt ist, für immer aus dieser Welt zu verschwinden. Eine gewisse Beschäftigung mit irdischen Dingen hält sie für eine Weile zurück, sobald sie aber erledigt sind, gehen sie zum nächsten Stadium der Reise über, für die der Tod nur der Anfang ist. Die Ermordeten kehren zurück, um ihre Mörder der Gerechtigkeit zuzuführen, die Reichen, um die gerechte Verteilung ihres Besitzes zu sichern oder das Versteck eines Schatzes abzudecken. Vielleicht bindet aber auch eine böse

Tat, bis sie gesühnt ist, den Geist. Ungeachtet des ursprünglichen Anlasses hört der Spuk auf, sobald das notwendige Wissen an eine lebende Person weitergeleitet oder die erforderliche Aufgabe erledigt worden ist.«

Christina Hole erwähnt in ihrem spannenden Überblick zahlreiche Beispiele für diesen Geistertypus, so auch die Geschichte des weiblichen Geistes, dessen Geschichte nahezu vollständig auf dem Titelblatt einer Broschüre aus dem Jahre 1820 enthüllt wurde und das hier abgebildet ist.

THE HISTORY OF THE

Mysterious House

And alarming Appearances

AT THE CORNER OF STAMFORD ST., BLACKFRIARS ROAD,

Well known to have been unoccupied for many Years, and called

The Skeleton's Corner!

ALSO THE PARTICULARS OF THE

FEMALE SPECTRE

Which appeared at the Window;

And an account of who are the

VICTIMS OF SEDUCTION AND MURDER.

The wonder and excitement caused by the appearance of the house, and also by the curious and

Extraordinary Disappearance of the Inmates.

Alarming noises and strange shadows; the curiosity exited on passing the house, and an account of what has been reported to have been seen of the

Skeleton and Apparitions.

THE REPORT OF THE BUTCHER, BAKER, AND THE PIEMAN,

And other interesting particulars. Spectre visit of that strange Female in Black, and

FATE OF THE YOUNG LADY

Supposed to be a tenant many years ago; also an account of an old haunted Mansion in the country, and the courage displayed by a young Officer.

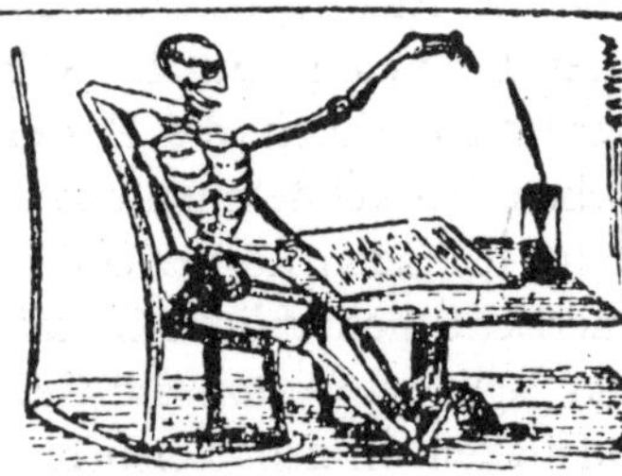

LONDON: PUBLISHED BY W. JENKINSON, 91, LEATHER LANE, HOLBORN,

And Sold by all Booksellers.

Eine berühmte Geschichte eines kurzlebigen Geistes, die 1820 als Broschüre veröffentlicht wurde.

L

Lady Lovibond

Alle fünfzig Jahre wird von einem Geisterschiff und seiner Mannschaft, die am ursprünglichen Unglück teilnahm, ein schrecklicher Schiffbruch wiederholt, der sich auf den Goodwin-Sandbänken abspielte. Das Schiff ist die *Lady Lovibond,* die mit Mann und Maus am Freitag, dem 13. Februar 1748, unterging. Laut Christina Hole, die diese Geschichte in *Haunted England* (1940) wiedergibt, ereignete sich die Tragödie, während der Kapitän, Simon Peel, unter Deck seine Hochzeit feierte. Am Ruder stand ein Mann namens Rivers, der offensichtlich Peels Braut heiraten wollte und aus Rache das Schiff vorsätzlich auf die Sandbänke setzte. Miss Hole fügt hinzu: »Alle ertranken, und die tragische Szene wiederholt sich seitdem an jedem fünfzigsten Jahrestag.«

La Pierre, Joseph (15. Jhdt.)

Joseph La Pierre war ein französischer Okkultist, der glaubte, daß es möglich sei, einen Geist aus dem Blut Verstorbener zu »erzeugen«. Er vertrat die Theorie, daß die Salze, die ein gestorbener und beerdigter Leichnam enthält, während des Erwärmungsprozesses, verursacht durch die Zersetzung, freigesetzt werden. Die salinischen Partikel nehmen dann dieselben jeweiligen Positionen wie im lebenden Körper ein, und eine vollständige, wenn auch ätherische menschliche Gestalt entsteht. Das ist der Grund dafür, so sagte er, warum die Geister mit Vorliebe häufig Friedhöfe aufsuchen. In dem Versuch, diese Theorie unter Beweis zu stellen, begann er damit, Blutproben unterschiedlichen Temperaturen auszusetzen, und behauptete dabei, daß genau aus dieser Substanz die salinischen Partikel stammen.

Joseph La Pierre, der den Geist einer Frau erschafft, indem er ihrer Leiche Blut entnahm.

Nach einem 1482 erfolgten Experiment berichtet uns ein Protokoll folgendes: »Um Mitternacht ... vernahm er einen schrecklichen Laut, dem Brüllen eines Löwen gleich. Nachdem das Geräusch verklungen war und es wieder ruhig war – es war

Vollmond –, sah er plötzlich zwischen sich und dem Fenster eine dichte, kleine Wolke ovaler Form, die dann nach und nach die vollständige Gestalt einer Frau anzunehmen schien und dann mit einem weiteren und wütenden Gebrüll plötzlich entschwand.«

Lateinamerikanische Literatur

Indianische Erzähltraditionen und romanische Fabulierkunst sind im lateinamerikanischen Sprachraum eine Symbiose eingegangen, die zur heute unbestrittenen Weltgeltung dieser Literatur geführt hat. Kein Wunder, daß gerade auch die Beschäftigung mit der Geisterwelt zu den bevorzugten Themen iberoamerikanischer Autoren gehört, wie auch eine von Veronika Schmidt herausgegebene Anthologie, *Gespenstergeschichten aus Lateinamerika,* beweist. Miguel Angel Asturias, Jorge Luis Borges, José Donoso, Carlos Drummond de Andrade, Carlos Fuentes, Ventura Calderón García, Gabriel García Marquez und Carlos Peralta sind nur die bekanntesten Namen aus dieser schaurig-schönen Sammlung.

Doch die vielleicht subtilste Geschichte dieser Literaturgattung, *Das besetzte Haus,* steht in dem gleichnamigen Sammelband von Julio Cortázar. Nur die Ahnung von Geistern genügt in diesem Fall, um die Personen der Erzählung – und uns mit ihnen! – in Horrorstimmung zu versetzen: Ein älteres Geschwisterpaar lebt in einem großen, ererbten Haus, nichts Besonderes passiert, beide sind in der Routine ihrer Alltäglichkeiten versponnen. Dann, überraschend, sind in einem Teil des Hauses Geräusche zu hören. Panik befällt die beiden, und ohne nachzuprüfen, woher die Störung kommt, verriegeln sie den Teil des Hauses, der für sie »besetzt« ist. Der Rest der Wohnung genügt ihnen, sie schränken sich ein, aber die Angst wächst. Und das letztendlich Erwartete tritt ein. Das »Unbekannte« breitet sich aus, nimmt immer mehr Platz in Anspruch und vertreibt die Bewohner schließlich endgültig. Nur eines bleibt ihnen noch zu tun: »Ich schloß die Eingangstür fest ab und warf den Schlüssel in die Regenrinne, damit es ja keinem armen Teufel einfiele, zu stehlen und zu dieser Stunde in das besetzte Haus einzudringen.«

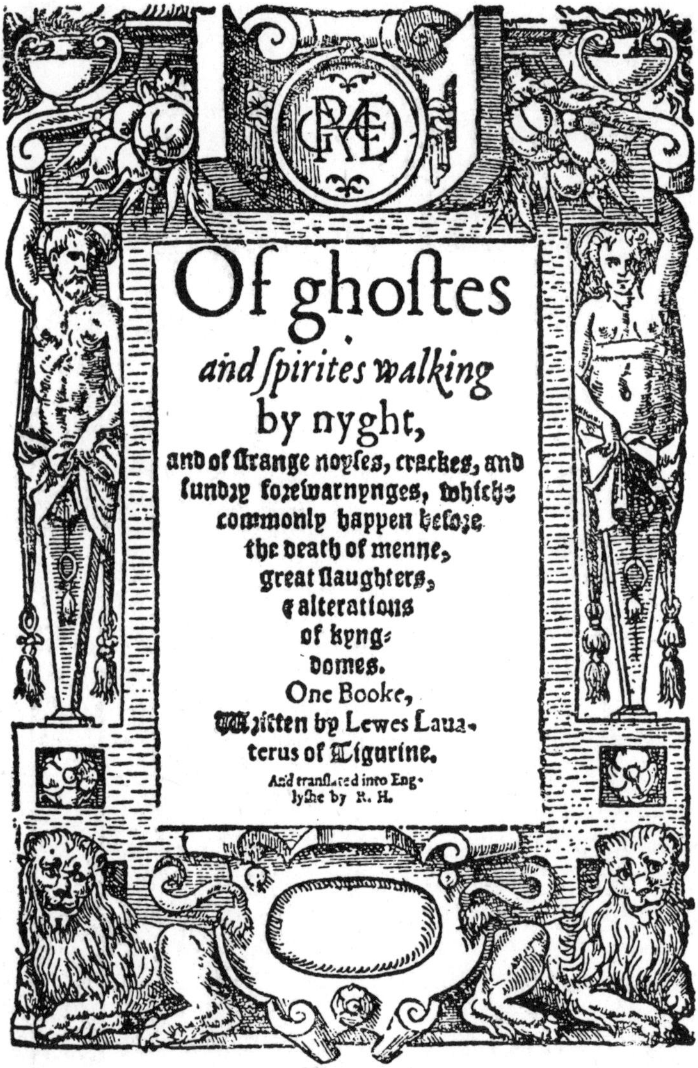
Of ghoſtes
and ſpirites walking
by nyght,
and of ſtrange noyſes, crackes, and
ſundry forewarnynges, which
commonly happen before
the death of menne,
great ſlaughters,
& alterations
of kyng-
domes.
One Booke,
Written by Lewes Laua-
terus of Tigurine.
And tranſlated into Eng-
lyſhe by R. H.

Titelseite eines der frühesten Bücher über Geister, verfaßt von Ludwig Lavater und 1570 in Genf veröffentlicht.

Lavater, Ludwig (1527–1586)

Ludwig Lavater war der Autor eines der ersten Bücher über Geister und ganz sicherlich der erste, der sich mit Poltergeistern in seinem Werk *De Spectris* befaßte, das 1570 in Genf erschien. Zwei Jahre später kam das Buch in einer Übersetzung in London, unter dem noch schöneren Titel *Von Gespenstern und Geistern, die bei Nacht herumspazieren, und von seltsamen Lauten, Knacken und allerlei Vorwarnungen,* heraus. Es wurde schnell zum grundlegenden Nachschlagewerk der Zeitgenossen zu diesem Thema. Man vermutet, daß William Shakespeare es als Quelle für mehrere seiner Theaterstücke, besonders *Hamlet,* benutzte. Das Werk umfaßt eine Vielzahl von Geisterphänomenen und enthält darüber hinaus ein Glossar über die verschiedenen Typen von Geistern und Gespenstern. Seine objektive und häufig skeptische Herangehensweise an die Welt der Geister bewahrte ihm bis zum heutigen Tage einen wichtigen Platz in der Literatur zu diesem Thema.

Le Fanu, Joseph Sheridan (1814–1873)

Joseph Le Fanu, der mit *Carmilla, der weibliche Vampir* die unsterblichste Frauengestalt der Horrorliteratur schuf, wurde als der größte aller Geistergeschichtenerzähler bezeichnet; sicherlich hat sein Werk den Graben zwischen den altmodischen Schauerromanen und der modernen Geistergeschichte, wie sie von Schriftstellern wie M. R. James verfaßt wurden, überbrückt. Geboren in Dublin, entwickelte Le Fanu ein beständiges Interesse an den Sagen und Legenden seines Landes. Als Folge seiner Forschungen auf diesen Gebieten und seiner Sammlung traditioneller Volksmärchen begann er jene Kurzgeschichten zu schreiben, die seinen Ruhm begründeten. Erzählungen wie *Schalken the Painter* (1880), *Green Tea* (1872) und *Mr. Justice Harbottle* (1872), dt.: *Der ehrenwerte Richter Harbottle,* offenbaren eine derartige Frische des Stils und wunderbare Schilderung der Atmosphäre, daß sie noch heute so lesbar sind wie vor hundert Jahren, als sie verfaßt wurden. Von seinen Büchern sollten genannt werden: *The House by the Churchyard* (1863), dt.: *Das*

Joseph Sheridan Le Fanu

Haus beim Kirchhof, Uncle Silas (1864), dt.: *Onkel Silas oder Das verhängnisvolle Erbe, Chronicles of Golden Friars* (1871), *In a Glass Darkly* (1872) und *The Purcell Papers* (1880). Le Fanus Werk wird noch interessanter, wenn man bedenkt, daß er nach dem Tode seiner Frau im Jahre 1858 als Einsiedler und in einem Gemütszustand nahezu gleichbleibender Melancholie lebte. In der Neuzeit gab es zahlreiche Sammelbände seines Werks, einschließlich einer vorzüglichen Anthologie, die sein größter Bewunderer, M. R. James, zusammengestellt hat, jener Mann, den man als Erben der Tradition betrachtet, die Le Fanu begründete.

Der Band heißt *Madame Crowl's Ghost* (1923); einige der darin enthaltenen Geschichten finden sich auch in den deutschen Sammelbänden *Die Rache holt ihn doch noch ein* und *Der besessene Baronet.*

Lemuren

Lemuren oder »larvae« war der Name, den die Römer ihren bösen Geistern gaben, Geistern und Toten, die zurückkehrten, um ihre Verwandten und Nachkömmlinge zu plagen. Von diesen Geistern sagte man, daß sie insbesondere im Monat Mai aktiv wurden, und man hielt regelmäßig Festspiele ab, um sie günstig zu stimmen. Um den Geist einer Person, von der man annahm, sie könne eine Lemure werden, von der Rückkehr abzuhalten, pflegten die Römer rings um das Grab, wo der Tote zur letzten Ruhe gebettet wurde, schwarze Bohnen abzubrennen – man glaubte nämlich, daß kein Geist ihren grauenvollen Gestank aushalten würde! Der einzige Weg, eine Lemure zu vertreiben, die bereits begonnen hatte, ihre Nachbarschaft heimzusuchen, bestand darin, ein kolossales Trommelgetöse zu veranstalten, denn sie waren offensichtlich äußerst empfindlich gegenüber lauten Geräuschen.

Levi, Eliphas (1810–1875)

Eliphas Levi, bekannt als »der letzte der Weisen aus dem Morgenland«, war ein herausragender französischer Okkultist des 19. Jahrhunderts, dem man viele übernatürliche Kräfte zuschrieb, einschließlich der Fähigkeit, nach Belieben einen Geist zu beschwören. Als Alphonse Louis Constant geboren, war er eine Zeitlang Priester, bis ihm das Amt entzogen wurde. Danach führte er ein turbulentes, fragwürdiges Leben und ließ all sein hart erworbenes Wissen vom Übernatürlichen in das Buch *History of Magic* (1913) einfließen, ein grundlegendes Nachschlagewerk für jeden Studenten des Okkultismus.

Eliphas Levi

Lham-Dearg

Der Lham-Dearg oder »Geist der Blutigen Hand« ist ein bekanntes englisches Phantom, das in Glenmore spukt. Diese unerfreuliche Erscheinung wurde bereits von Sir Walter Scott in *Demonology and Witchcraft* (1830) erwähnt. Er schreibt: »Es gibt viel Gerede um einen Geist namens ›Lyerg‹, der häufig in Glenmore spukt. Er erscheint mit einer roten Hand, in der Kleidung eines Soldaten und fordert die Männer auf, mit ihm zu kämpfen. Noch im Jahre 1669 focht er nacheinander mit zwei Brüdern, die sofort starben.«

Lichtgeister

Zahlreiche Medien haben laut *A Survey of the Occult* (1935) von S. G. Soal, der aus eigener Erfahrung berichtete, entweder durch Tricks oder übernatürliche Fähigkeiten leuchtende Phänomene

Das Lichtphänomen, bekannt als Lichtgeist. Dieses Foto ist von einem südamerikanischen Medium namens Madame Olivia angefertigt worden.

erzeugt. »Der Autor selbst hat phosphorisierende Lichter während der Séancen des amerikanischen Mediums Amy Burton gesehen, die dieses Land unter dem Decknamen Ada Bessinet im Jahre 1921 besuchte«, schreibt er. »Die Lichter erschienen in rascher Folge plötzlich in der Dunkelheit, stiegen auf und verschwanden.« Professor Soal konnte bei dieser Gelegenheit keinen Betrug entdecken, sagt aber, daß es möglich sei, solche Lichter in abgedunkelten Räumen mit Hilfe phosphorhaltiger Glaskugeln oder durch Reiben von Eisen-Cerium zwischen den Fingern zu erzeugen. Die Lichtgeister, die von dem südamerikanischen Medium Madame Olivia hervorgebracht wurden, zählen zu den spektakulärsten bekanntgewordenen bläulich-weißen Blitzen, die um die Teilnehmer ihrer Séancen zuckten.

Liekkio

Das Liekkio ist ein finnischer Geist, dem Irrlicht ziemlich ähnlich, eine kleine Flamme, die an einem Ort flackert, wo man den Tod erwartet. Das Wort bedeutet »das Flammende«, und man sagt, daß es die Seele eines Kindes sei, das heimlich im Wald begraben wurde.

Lord Lyttletons Geist

Der Bericht über das den Tod prophezeiende Phantom, das Lord Lyttleton im November 1779 in seinem Haus in der Hill Street, London, erschien, und die daraus folgenden Ereignisse bilden eine der berühmtesten englischen Gespenstergeschichten. Lord Lyttleton, der ein ziemlicher Wüstling und Frauenheld war, wachte in der Nacht zum 14. November auf und sah den Geist einer Frau am Fußende seines Bettes stehen. Man nimmt an, daß er trotz seiner Angst die Gestalt als Mrs. Amphlett identifizierte, deren Töchter er verführt hatte und die an gebrochenem Herzen gestorben waren. Entnervt fragte er den Geist nach seinem Begehren, und ihm wurde geantwortet, daß er nur noch drei Tage zu leben hätte. Am folgenden Samstag, dem angegebenen Zeitpunkt, ging er mit Freunden zu einem Fest in sein anderes Haus, Pitt Place in Epsom, und erzählte ihnen von seinem Erlebnis, beschrieb es aber nur als einen Traum. Er prahlte damit, daß er sich bester Gesundheit erfreue und er bestimmt »den Geist austricksen« würde. Genau um elf Uhr abends, als ihm sein Diener William Stukey beim Entkleiden half, keuchte er plötzlich und brach tot in den Armen des Mannes zusammen.

Ein noch seltsameres Nachspiel der Geschichte ist, daß Lyttle-

Ein Laterna-magica-Bild zeigt, wie Lord Lyttleton von einem weiblichen Geist heimgesucht wird.

ton sich offensichtlich doch mehr über die Prophezeiung aufgeregt hatte, als er gegenüber seinen meisten Bekannten zugegeben hatte, denn er hatte sehr ernsthaft über diese Begegnung mit einem engen Freund namens Peter Andrews gesprochen und ursprünglich geplant, das verhängnisvolle Wochenende mit diesem in Dartford zu verbringen. Er änderte jedoch seine Meinung und ging nach Epsom. Und in dem Moment, als Lyttleton starb, sah Andrews sich in seinem eigenen Schlafgemach einer Figur gegenüber, die er erkannte. Es war sein Freund, der schrie: »Es ist vorbei mit mir, Andrews!« An einen Streich denkend, erhob sich

Andrews von seinem Bett und erwartete, seinen Freund irgendwo im Haus zu entdecken. Aber es gab kein Anzeichen von dieser Gestalt, und keiner der Diener hatte jemanden das Haus betreten sehen. Erst am nächsten Tag erfuhr Andrews vom Tode Lord Lyttletons, der genau in dem Moment eingetreten war, als er die Erscheinung gesehen hatte.

Lorelei

Die Lorelei ist Deutschlands berühmtester Geist und zugleich der schönste, den man im übernatürlichen Sagengut finden kann. Aus den Legenden geht hervor, daß die Lorelei eine entzückende und verführerische Gestalt ist, die auf einem großen Felsen am rechten Rheinufer sitzt und eine so liebliche Melodie singt, daß die Schiffer dazu gebracht werden, jeglichen Richtungssinn zu verlieren, und ihr Schiff auf den heimtückischen Felsen unter ihrem Thron kentert.

Die Geschichte wurde durch das Gedicht *Die Loreley* von Heinrich Heine (1797–1856) unsterblich, und der Lorelei-Felsen – wie der Sitz der Nymphe genannt wird – ist heute eine bevorzugte Touristenattraktion. Aufgrund der besonderen Felsformationen in diesem Gebiet ist es leicht, ein Echo zu erzeugen, was oft mit den Klängen der Geistermusik verwechselt worden ist. Die Geschichte der Lorelei wird in *Die schönsten Sagen des Rheins* (1928) von Wilhelm Ruland erzählt.

Lucian (ca. 117–180 n. Chr.)

Lucian, dem griechischen Satiriker, wird zugeschrieben, die ersten Geschichten über einen Gespensterclub verfaßt zu haben. Die Idee, Menschen um sich zu scharen, damit sie über ihre übernatürlichen Erlebnisse berichten, ist heute etwas sehr Alltägliches. Aber Lucian beschrieb schon vor 2000 Jahren eine solche Gruppe in seinem humorvollen Dialog *Philpseudes.* Neben seiner Beschreibung, die man als rudimentäre Parapsychologie bezeichnen kann, verfaßte Lucian auch Enthüllungen über betrügerische Medien, irreführenden Aberglauben und gefälschte Wunder übersinnlicher Art.

Die Lorelei.

Lucretius' Hülle

Lucretius (ca. 99–55 v. Chr.), dieser pittoreske Poet, von dem es heißt, er sei an den Folgen eines Liebestrankes gestorben, den ihm seine Frau verabreicht habe, war ein an Geister vorbehaltlos glaubender Mensch. Und er besaß eine besondere Theorie über ihren Ursprung. Er behauptete, daß sie aus einer Art Hülle bestünden, die sich von dem sterbenden Körper befreie und danach in der Atmosphäre weiterbestehe und sich nach Belieben dort bewegen könne. Diese Theorie ist um so interessanter, wenn man sie im Lichte der spiritistischen Behauptung vom »Astralleib« betrachtet, der die menschliche Gestalt unter bestimmten Umständen verlassen kann – wie zum Beispiel in Trance oder im Schlaf.

M

Märchenhunde
Das schottische Hochland und die Inseln sollen das Gebiet der Märchenhunde (Faery Dogs) sein, die eine grüne Farbe und die ungefähre Größe von zweijährigen Kälbern besitzen. Sie haben kurze Schwänze und große Füße, die bedrohlich aussehende Abdrücke hinterlassen. Gewöhnlich laufen sie still und in einer Reihe hintereinander her, wobei sie so lange kein Geräusch machen, bis sie die Stelle erreicht haben, an der sie immer ihr drohendes Gebell anstimmen. Alasdair Alpin MacGregor beschreibt in *The Ghost Book* (1955) den Klang folgendermaßen: »Das Bellen dieses erschreckenden Vierbeiners ist laut und heftig. Auf den Inseln sagt man, daß er nur dreimal bellt. Da es zwischen jedem Bellen einen günstigen zeitlichen Abstand gibt, bietet sich dem Menschen, der bei diesem Geräusch zu Tode erschrickt, die Gelegenheit, sich zu retten, bevor das letzte und todbringende Bellen ertönt.« Die beeindruckendsten Geschichten von Märchenhunden findet man auf der Insel Tiree, wo es sogar eine Höhle gibt, die seit jeher »Lager des Märchenhundes« genannt wird, weil man dort offensichtlich häufiger das Bellen eines riesigen Hundes hört.

Manen
Manen war der Oberbegriff der Römer für ihre Geister. Man nahm an, daß sie über die Erde wandelten und sich in die Angelegenheiten der Menschen auf diese oder jene Art einmischten. Es gab zwei unterschiedliche Typen: Laren, Geister von Menschen, die ein tugendhaftes Leben geführt hatten, und Lemuren, die von lasterhaften oder kriminellen Menschen stammten. Die

Römer waren sehr bemüht, diese Geister so gut wie möglich zu besänftigen, und pflegten ihnen Opfer darzubringen. Die »lares domestici« (dt.: Hausgeister) waren den Poltergeistern ähnlich, warfen mit Gegenständen um sich und rempelten die Menschen an. Wenn man sie erblickte, »waren sie so häßlich, daß die Ammen mit der Erwähnung ihres Namens die Kinder in Schrecken versetzten«, wie Andrew Lang in seinem Essay *The Poltergeists Historically Considered* (1901) schrieb. Erwähnung finden diese Geister in den Werken klassischer Schriftsteller wie Homer, Horaz, Iamblichos, Livius, Lucian, Plinius, Plutarch, Sueton und vieler anderer.

Marktgeist von Smithfield

Der Geist, der auf dem Fleischmarkt von Smithfield um die Mitte des 17. Jahrhunderts spukte, gehört zu den seltsamsten, aktenkundig gewordenen Gespenstern überhaupt! Eine Broschüre aus dem Jahre 1654 mit dem Titel *A True Relation of the Smithfield Ghost* beschreibt das Phantom als einen in eine Robe gekleideten Anwalt mit Hörnern auf dem Kopf, einem Fleischmesser in der Hand und langen spitzen Schuhen an den Füßen. Der Geist tauchte anscheinend in jeder Samstagnacht zwischen 21.00 Uhr und Mitternacht auf und ärgerte die Schlachter, indem er Fleischkeulen aus ihren Verkaufsständen riß. Obwohl einige tapfere Männer versuchten, die Gestalt mit ihren eigenen Fleisch- und Hackmessern zu vertreiben, »konnten sie nichts anderes als einen Lufthauch verspüren«, wie die Broschüre ausführt.

Die Beschreibung des Geistes im Gewand eines Anwalts stellt ein unfreiwilliges Eingeständnis dar, denn offensichtlich war ein ortsansässiger Anwalt namens Mallet kurz zuvor an einer Fleischvergiftung gestorben! Mallet soll sich jedoch nicht sicher gewesen sein, wer ihm das Fleisch verkauft hatte, weil er, nachdem er Smithfield terrorisiert hatte, »nach Whitechappell und Eastcheape weiterzog und dort den Schlachtern sogar noch mehr antat«. Der Geist verschwand schließlich so plötzlich, wie er aufgetaucht war, und das Rätsel darum, ob er ein echtes Phantom oder nur ein raffinierter Possenreißer war, blieb bestehen.

Der sehr gefährliche Marktgeist von Smithfield. Zeitgenössischer Stich aus dem 17. Jahrhundert.

Marriott, William (1854–1938)
Der Engländer William Marriott war ein Berufszauberer und Illusionist, der sich wie Houdini in Amerika der Erforschung gespenstischer Phänomene und der Entlarvung betrügerischer Medien widmete. Er war sowohl von Geisterfotografien als auch von der vermeintlichen Materialisierung von Geistern auf Séancen fasziniert. Auf der Suche nach der Wahrheit wurde er zum Schrecken aller skrupellosen Medien. Unablässig demonstrierte er, wie es möglich ist, Materialisationen vorzutäuschen oder selbst die überzeugendsten Geisterfotografien herzustellen. Als Mann von großer Zielstrebigkeit und mit einem kräftigen Sinn für Humor trug er eine umfangreiche Sammlung von Gegenständen zusammen, die von Medien benutzt wurden, um ihre Kunden zum Narren zu halten, und posierte für ein amüsantes Foto mit einer Ansammlung von Geisterhänden, die eine populäre Attraktion so vieler Séancen waren. Selbst ein so überzeugter Anhänger des Spiritismus wie Sir Arthur Conan Doyle mußte schließlich anerkennen, daß William Marriott alle Tricks der Geisterfotografen kannte. Marriotts Arbeiten spielten zweifellos eine wichtige Rolle bei der Beendigung des Handels mit Geisterfotografien, die so viele Leute des späten viktorianischen Zeitalters irregeführt und getäuscht hatten.

Mary Celeste
Das Rätsel um die amerikanische Brigantine *Mary Celeste,* die, völlig verlassen zwischen Lissabon und den Azoren segelnd, im Dezember 1872 aufgefunden wurde, hat seither jede Generation beschäftigt. Mit gesetzten Segeln und unbeirrt durch die ruhige See fahrend, wurde das Schiff am Morgen des 5. Dezember von dem britischen Schiff *Dei Gratia* entdeckt. Der ziellose Kurs der Brigantine hatte Aufmerksamkeit auf der *Dei Gratia* erregt. Als man an Bord gelangt war, gab es alle Anzeichen dafür, daß die Mannschaft die *Mary Celeste* plötzlich und unter dramatischen Umständen verlassen haben mußte – und aus unverständlichen Gründen. Essensreste, halb gerauchte Pfeifen und Tabak sowie nicht zu Ende geführte Arbeiten lagen herum. Eine Durchsicht

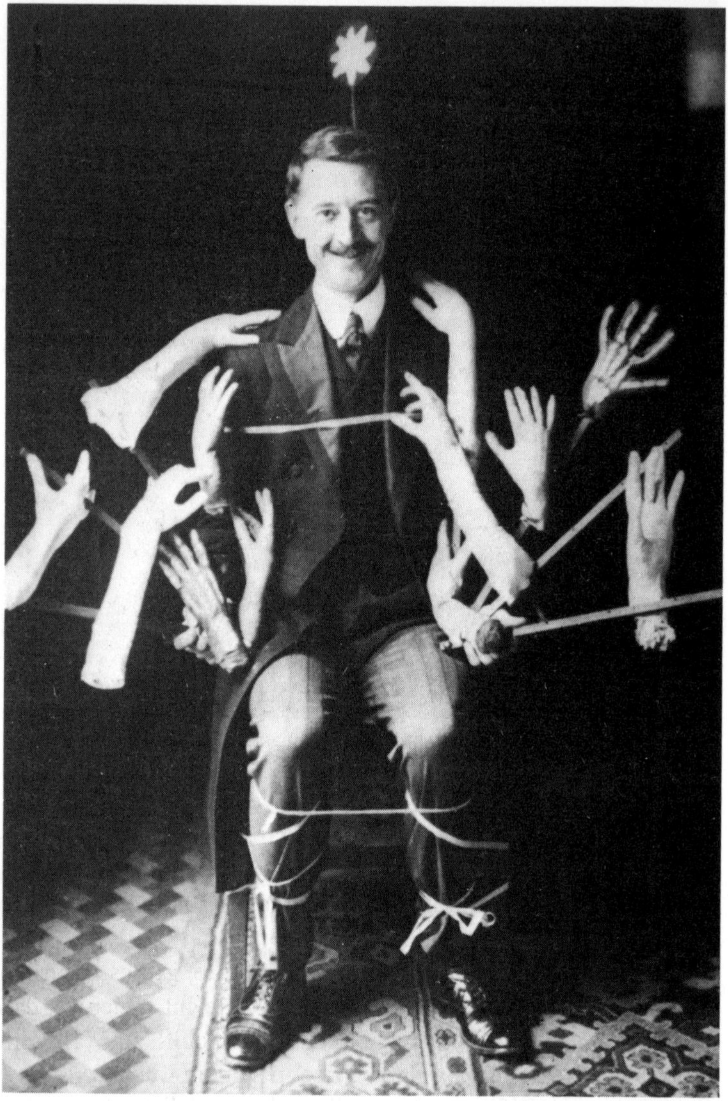

William Marriott, der englische Zauberer, mit einigen seiner Requisiten, die er benutzte, um zu zeigen, wie Geister auf Séancen vorgetäuscht werden.

Die Besatzung der »Dei Gratia« entdeckt die verlassene »Mary Celeste«.

des Logbuchs ergab, daß bis zum 25. November alles normal verlaufen war – und dann: nichts! Was sich in den zehn Tagen abspielte, bis die *Dei Gratia* vorbeikam, ist unbekannt; weder vom Kapitän noch von der Mannschaft wurde bis zum heutigen Tage auch nur eine Spur gefunden.

Darüber, was sich zugetragen haben könnte, gab es natürlich viele Theorien, aber bemerkenswert ist vielleicht diejenige, daß ein Poltergeist die Männer veranlaßte, das Schiff zu verlassen. Diese Vermutung spricht Harry Price in seinem Buch *Poltergeist Over England* (1945) aus und verdient damit vielleicht mehr Beachtung, als man zunächst vermuten möchte. »Ich kann mich nicht erinnern«, schreibt er, »jemals die Behauptung gehört zu haben, daß ein Poltergeist eventuell die Ursache für die hastige und ungeplante Flucht gewesen sein könnte. Aber das ist eine Möglichkeit. Wenn Poltergeister Menschen dazu bringen können, ihre Häuser aufzugeben, dann können sie das Leben an Bord eines Schiffes ähnlich unerträglich machen.« Er führt einige andere Schiffe an, die verlassen aufgefunden wurden, wie das französische Schiff *Rosalie,* das 1840 entdeckt wurde, oder die amerikanische *Carol Deering,* auf der sich 1922 keine einzige Menschenseele an Bord befand, und er fügt hinzu: »Irren wir uns, wenn wir unterstellen, daß Poltergeister keine Schiffe heimsuchen?«

Maske des Roten Todes

Edgar Allan Poes berühmte Erzählung *Die Maske des Roten Todes* (1842) soll auf eine Spukfigur zurückgehen, die unter den Zechern eines Festgelages erschien, das der schottische König Alexander III. im Oktober 1285 auf Jedburgh Castle gab. Dieser Zwischenfall ist gut belegt, und die Figur wird als groß und schauerlich beschrieben, in ein Totengewand gehüllt, das einem Totenkopf ähnliche Gesicht hinter einer Maske verborgen. Als man sich ihr näherte, verschwand die Gestalt in einer Nebelwolke und ließ nur das Gewand zurück.

Materialisation

Die erste Erscheinung einer greifbaren Geistergestalt, die Kleider trug – bekannt als Materialisation –, wurde 1860 aus Amerika berichtet, und zwar von einer Séance, die die Schwestern Fox abgehalten hatten. Der Geist war eine »verschleierte und lichtvolle weibliche Gestalt«, von der später behauptet wurde, der Geist einer gewissen Mrs. Livermore gewesen zu sein, der verstorbenen Ehefrau eines New Yorker Bankiers. Diese Materialisation soll sich – wie alle anderen, die seitdem folgten – aus einer Substanz zusammengesetzt haben, die man als Ektoplasma bezeichnet.

Die erste derartige Geistererscheinung in England ereignete sich 1872, als eine Mrs. Samuel Guppy (1850–1917) einen kleinen und weißen Kopf dazu brachte, in einem abgedunkelten Schrank, in dem sie während ihrer Séance saß, zu erscheinen

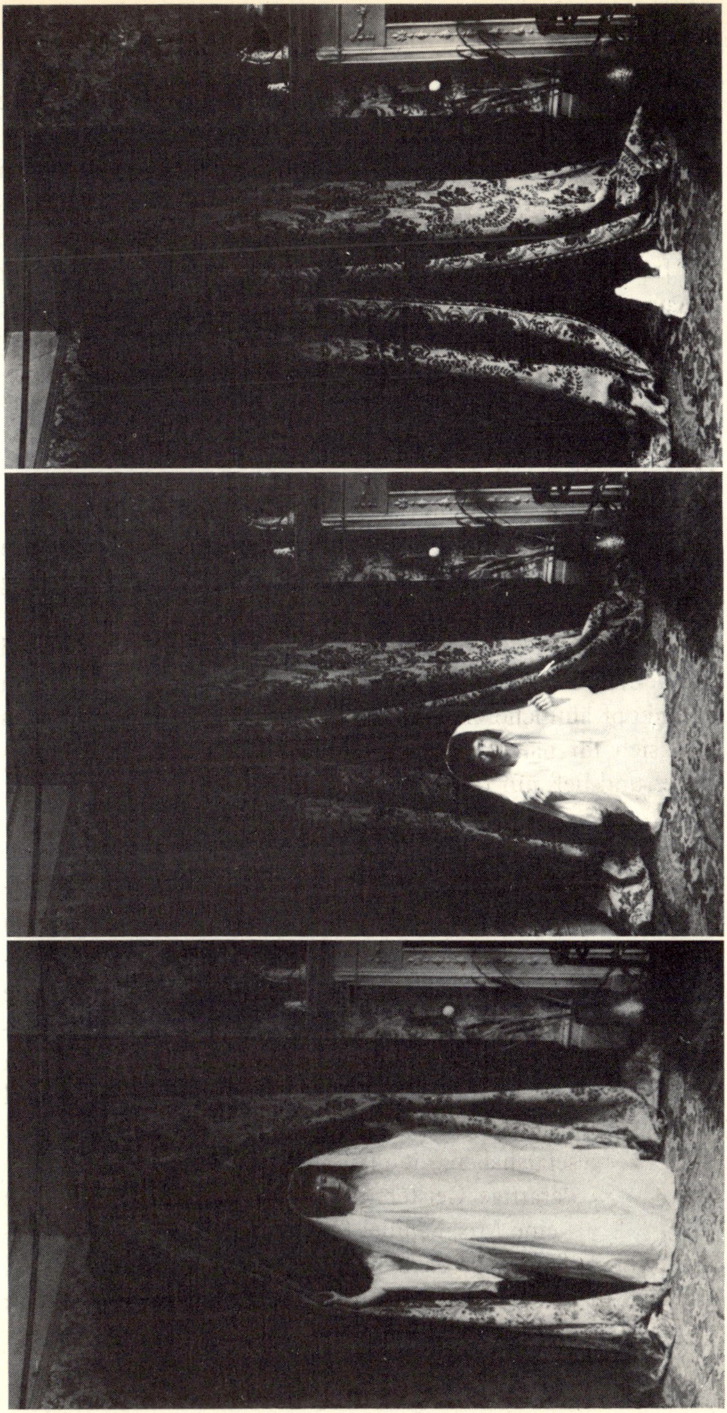

Drei Fotografien, die zeigen, wie ein versteckter Assistent einen »Geist« dazu bringt, daß er sich im Raum materialisiert und dann im Nichts verschwindet.

und wieder zu verschwinden. Diese Vorstellung erwies sich als Vorbild für viele nachfolgende Materialisationen, doch war der »Geist« niemand anderes als das Medium (oder sein Assistent) selbst, das einen Vorhang und eine simple Verkleidung einsetzte, um diesen Effekt zu bewirken.

Als mehrere Medien bei diesem Trick auf frischer Tat ertappt worden waren, beteuerten sie, daß sie und die Geistergestalt wirklich durch eine Art Gummiband verbunden seien, und wenn der Geist ergriffen sei, ziehe sich dieses Band sofort zusammen und der Geist verschmelze augenblicklich mit dem Körper des Mediums!

Der möglicherweise berühmteste Fall von Materialisation ist der von »Katie King«, jener Geisterfigur, die von Florence Cook in den siebziger Jahren des 19. Jahrhunderts angeblich während zahlreicher Séancen materialisiert worden ist. Eine großartige Behandlung dieses Themas findet sich in *Materialisations-Phaenomene* (1920) des deutschen Pioniers der Parapsychologie, Baron Albert von Schrenck-Notzing (1862–1929).

Mazarin, Die Herzogin von

Eine der reizvollsten englischen Gespenstergeschichten betrifft einen bemerkenswerten Pakt, den zwei königliche Mätressen schlossen. Die Damen waren die Herzogin von Mazarin, Geliebte Karls II., und Madame de Beauclair, Geliebte Jakobs II. Als beide von neuen Favoritinnen verdrängt worden waren, wurden sie so gute Freundinnen, daß sie sich schworen, daß diejenige, die zuerst stürbe, als Geist zur anderen zurückkehren würde. In der Tat verstarb die Herzogin von Mazarin zuerst; einige Jahre später, es war im Jahre 1671, sah sich Madame de Beauclair plötzlich dem Geist ihrer Freundin gegenüber, als sie in ihrem Schlafgemach weilte. Laut Überlieferung richtete der Geist nur einen Satz an die sprachlose Madame de Beauclair: »Zwischen zwölf Uhr und ein Uhr diese Nacht wirst du bei mir sein.« Und die beiden Mätressen wurden tatsächlich wieder vereinigt, so wie es prophezeit worden war.

Der Geist der Herzogin von Mazarin, der ihrer Freundin, Madame de Beauclair, erschien.

Mesmerismus

Der Begriff Mesmerismus, später Hypnotismus – das heißt jene Kunst, Menschen zu beherrschen und sie für Suggestionskräfte empfänglich zu machen –, ist auf die Tätigkeiten eines österreichischen Arztes namens Franz Mesmer (1734–1815) zurückzuführen. Nachdem sein Interesse an der Astrologie geweckt worden war, entwickelte er bestimmte Ansichten über das Übersinnliche und ging dazu über, Séancen abzuhalten. Aus seiner Beziehung zu den Geistern ergab sich eine Methode, Kranke zu heilen, die man als »animalischen Magnetismus« bezeichnet, den er in seinem Werk *De Planetarum Influxu* (1766) erklärte. Seine Anlage besaß die Form einer großen Tonne, gefüllt mit Eisenfeilspänen und magnetisiertem Wasser, aus dem Eisenstäbe herausragten. Diese wurden von seinen Patienten angefaßt und sollen die wunderbarsten Heilungen bewirkt haben. Während viele Patienten Mesmers System als äußerst erfolgreich lobten, verurteilte die Ärzteschaft die gesamte Idee als Schwindel, und er wurde angeklagt, im Bunde mit dem Teufel zu stehen.

Eine satirische Karikatur zu den Tätigkeiten Franz Mesmers, dem Begründer des Mesmerismus.

Mitternachtsstunde

Einem alten Glauben zufolge, der in mehreren Ländern Europas noch immer besteht, soll jedes Kind, das zur »Mitternachtsstunde« geboren wird – zwischen 24.00 und 1.00 Uhr –, die Fähigkeit besitzen, Geister sehen zu können.

Mumiai

Der Mumiai ist eine besondere indische Geisterart, die dem Poltergeist ziemlich ähnelt. Er zeigt sich niemals und hat die Angewohnheit, mit Gegenständen um sich zu werfen oder Menschen anzugreifen. Dieser Geist kann offensichtlich bei Tag und Nacht wirken, und er soll mit Vorliebe Mitglieder der niederen indischen Kasten verfolgen, die entweder faul sind oder verbrecherische Neigungen hegen.

Mura-Muras

Die Mura-Muras sind die Ahnengeister Australiens, die über das Wetter wachen und die, wenn sie nicht mit dem nötigen Respekt behandelt werden, keinen Regen fallen lassen. Eine Dürreperiode kann jedoch beendet werden, wenn man kleine blutbefleckte Steine so hoch wie möglich auf großen Bäumen deponiert. Man glaubt, daß diese Steine die Wolken symbolisieren, während das Blut den Regen darstellen soll, den die Leute so dringend benötigen. Laut Sir James Frazer in *The Golden Bough* (1890) antworten die Mura-Muras, sobald sie diese Darreichungen erblicken, mit einem Sturzregen.

Musik, Das Gespenst in der

Die Welt der Musik war seit jeher ein beliebtes Medium, in der sich Geister bewegten, wie schon den alten Griechen bekannt war. So ist es umgekehrt auch nicht verwunderlich, daß Gespenster in Kompositionen bedeutender Künstler eine wesentliche Rolle spielen. Wer denkt nicht sofort an den »Steinernen Gast« in Mozarts *Don Giovanni,* der von dem Sockel seines Denkmals steigt, um den üblen Titelhelden der Oper seiner verdienten Strafe im Höllenfeuer zuzuführen? Wer hat sich nicht schon

Szene aus Mozarts »Don Giovanni«. Foto einer Berliner Inszenierung aus dem Jahre 1948.

von der schaurigen Stimmung des *Fliegenden Holländer* von Richard Wagner oder bei der Beschwörung des Samuel durch den König Saul in den Oratorien Händels und Purcells einfangen lassen? Aber es gibt auch die romantischen, nicht übelwollenden

Wesen, wie im Reigen seliger Geister aus Christoph Willibald Glucks Oper *Orfeo ed Euridice.*

Doch nicht nur in der Welt der Oper, sondern auch im Konzertsaal haben Geister ihren Einzug gehalten. Das meistgespielte Stück dieser Art ist wohl die Ouvertüre zu Shakespeares *Sommernachtstraum,* die der siebzehnjährige Felix Mendelssohn Bartholdy schrieb. Ein anderes Werk Shakespeares, *Der Sturm,* diente dem Schweizer Komponisten Frank Martin als Vorlage für mehrere Orchesterstücke. Aber auch Antonin Dvořáks *Mittagshexe* bannt Elemente volkstümlichen Geisterglaubens in eine meisterliche musikalische Form.

N

Naseby, Die Schlacht von

Die vernichtende Schlacht von Naseby im englischen Bürgerkrieg, die unwiderruflich die Chancen König Karls I., die Armee des Parlaments zu schlagen, zunichte machte, wäre niemals ausgetragen worden, wenn er auf einen Geist gehört hätte! Einer Überlieferung zufolge, die in zahlreichen Werken über den Bürgerkrieg erwähnt wird, wurde Karl I. im Juni 1645, während er im »Wheatsheaf Hotel« in Daventry weilte, von dem Geist eines ehemaligen Anhängers, des Earl von Strafford, besucht, der ihn dringend bat, seinen Marsch nach Norden fortzusetzen und sich nicht den überlegenen Kräften des Parlaments zu stellen, die damals in Northampton lagerten. Karl war offensichtlich zutiefst von dieser Erscheinung beeindruckt, und das um so mehr, als der Geist mit derselben nachdrücklichen Botschaft in der folgenden Nacht wieder erschien. Trotz seiner Überzeugung, daß er nicht kämpfen sollte, ließ sich Karl vom Prinzen Rupert und den anderen Verfechtern seiner Sache dazu überreden, daß die Zeit reif sei zum Angriff; die vernichtende Schlacht von Naseby fand dann auch am 14. Juni statt. Wie der Historiker Henry Mastin festhält, hätte der König mehr Anhänger sammeln und den parlamentarischen Kräften gleichwertiger gegenübertreten können, wenn er nur die Warnungen des Geistes beachtet hätte und nach Norden marschiert wäre.

Nebelbogen

Der Nebelbogen ist eine seltsame Erscheinung, von der Alpenreisende seit Jahrhunderten berichten. Edward Whymper, der das Matterhorn bestieg, beschrieb ihn 1933 folgendermaßen: »Ein

Der Geist des Earl of Strafford, der Karl I. kurz vor der Schlacht von Naseby heimsuchte und ihn dringend bat, nicht zu kämpfen.

gewaltiger Bogen erscheint am Himmel, wenn der Reisende der Sonne den Rücken zukehrt. Der Bogen entwickelt sich nach und nach zu einem Kreis oder einer Ellipse mit einer Linie, die senkrecht in der Mitte nach unten verläuft, dann erscheinen zwei blasse Kreuze auf jeder Seite dieser Linie. Zum Zeitpunkt einer solchen Erscheinung tritt auch Nebel oder Dunst auf, und die

Das seltsame Phänomen des Nebelbogens, der schon viele Bergsteiger in den Schweizer Alpen getäuscht hat.

Erscheinung wird auf der Nebelwand abgebildet.« Es überrascht nicht, daß der Nebelbogen über Generationen hinweg für eine geisterhafte Botschaft gehalten wurde, aber heute ist es erwiesen, daß er durch die Brechung und Reflexion des Lichts entsteht, genau wie das berühmte »Brockengespenst« im Harz.

Nixen

Nixen sind deutsche Wassergeister, der einsamen Loreley vergleichbar, können aber jede große Wasserfläche heimsuchen. Sie besitzen auch die Fähigkeit, ihr Aussehen nach Belieben zu ändern oder sogar unsichtbar zu werden. Die Legende besagt, daß sie normalerweise mit einem menschlichen Oberkörper und einem Fischschwanz erscheinen, was unserer Vorstellung von Seejungfern und Wassermännern ungefähr entspricht. Meist belästigen sie die Menschen nicht, obwohl sie nach einer alten Überlieferung jedes Jahr ein menschliches Opfer fordern sollen.

Der Geist einer Nonne, der einer Frau erscheint, die sich offensichtlich mit der Schwarzen Kunst befaßt.

Aus diesem Grunde locken sie irgendeine nichtsahnende Seele ins Wasser und ertränken sie. In der Vergangenheit wurde behauptet, daß jedes mit einem großen Kopf geborene Kind auf den Zauber einer Nixe zurückzuführen sei.

Nonnen

Laut *Family Ghosts and Ghostly Phenomena* (1933) von Elliott O'Donnell sind Phantome von Nonnen (wie auch von Mönchen) überall in Europa verhältnismäßig häufig anzutreffen, und man nimmt an, daß es Geister von Nonnen sind, die bei lebendigem Leibe eingemauert wurden, zur Strafe für ein von ihnen begangenes Verbrechen – üblicherweise wegen sexueller Vergehen.

O

Ocean Born Mary

Ocean Born Mary (dt.: die auf dem Ozean geborene Mary) ist eines von Amerikas seltsamsten Gespenstern, ein großer, rothaariger und grünäugiger Geist, der in der Stadt Henniker, New Hampshire, spukt. Mary erhielt ihren merkwürdigen Namen, weil sie auf hoher See geboren wurde, und zwar am 28. Juli 1720, als ihre Mutter und ihr Vater von Irland aus in die Neue Welt auswanderten. Der Augenblick ihrer Geburt war höchst günstig, denn das Schiff, auf dem sich die Auswanderer befanden, war gerade von Piraten gekapert worden, die von einem gewissen Kapitän Pedro angeführt wurden. Der Freibeuter war jedoch von dem Weinen des Säuglings derart gerührt, daß er versprach, Mannschaft und Passagiere zu schonen, falls man dem Baby den Namen seiner Frau, Mary, geben würde. Froh darüber, einer solch einfachen Bitte entsprechen zu können, wurde das Neugeborene auf den Namen Mary getauft, und die Piraten kehrten auf ihr Schiff zurück und verschwanden.

Ocean Born Mary wuchs zu einer hübschen, von den Menschen in New Hampshire sehr bewunderten Frau heran; sie heiratete und schenkte vier strammen Söhnen das Leben. Später starb ihr Ehemann, und als sie gerade dabei war, sich auf ein ruhiges Witwendasein einzustellen, trat kein anderer als Kapitän Pedro in ihr Leben, jener Mann, der ihr Leben vor so vielen Jahren verschont hatte, nun begnadigt worden war und nicht mehr zur See fuhr. Laut Überlieferung gründeten der alte Seebär und Ocean Born Mary einen Hausstand und lebten gesund bis in ihre neunziger Jahre zusammen. Und seit damals kehrt Marys lieblicher Geist in die Gegend ihrer Wohnung zurück; man vermutet, daß sie nach dem von ihrem zweiten Ehemann gehorteten Schatz sucht, den er irgendwo in der Nähe vergraben haben soll. Diese bezaubernde Geistergeschichte wurde in mehreren Büchern erzählt, unter anderem auch in Hans Holzers *Yankee Ghosts* (1966) und in Susy Smith' *Prominent American Ghosts* (1967).

O'Donnell, Elliott (1872–1965)

Elliott O'Donnell war wahrscheinlich der produktivste Schriftsteller des 20. Jahrhunderts, der über Geister und Spukgestalten geschrieben hat. Obwohl in Bristol geboren, entstammt er einer sehr alten irischen Familie und behauptete, daß sie von ihrer eigenen höchstpersönlichen Banshee (Todesfee) heimgesucht wurde! Um die Jahrhundertwende begann ihn das Übernatürliche zu fesseln, und er schrieb für eine Vielzahl von Zeitschriften und Zeitungen Artikel und Geschichten. Er untersuchte unzählige Spukberichte, und aus diesen Erfahrungen ergab sich eine Flut von Büchern, wie zum Beispiel *Some Haunted Houses in England and Wales* (1908), *Twenty Years Experiences of a Ghost Hunter* (1917), *The Banshee* (1923) oder *Dangerous Ghosts* (1954). Wenn man O'Donnells Behauptungen Glauben schenken darf, dann hat er buchstäblich Tausende von Orten besucht, an denen es spukte, und Hunderte verschiedener Geister gesehen. Er war ein begeisterter Sammler von Geisterfotografien und veröffentlichte in seinen Büchern mehrere Beispiele, von denen er annahm, daß sie echt waren.

Odysseus' Geister

Das epische Gedicht *Odyssee* von Homer aus dem 8. Jahrhundert v. Chr. enthält viele Details darüber, wie sich frühere Menschen die Geister vorstellten. Es ist eine Erzählung über Odysseus' Irrfahrt, während der er mehrere Begegnungen mit Todesgeistern hatte, »dünne, durchsichtige Schwärme von unwirklichen Geistern«, wie der legendäre Dichter sie nennt. Homer schrieb darüber auch in seinem anderen großen Werk *Ilias*, das den Tod von Hektor beschreibt und jenen Moment, »als Hektors

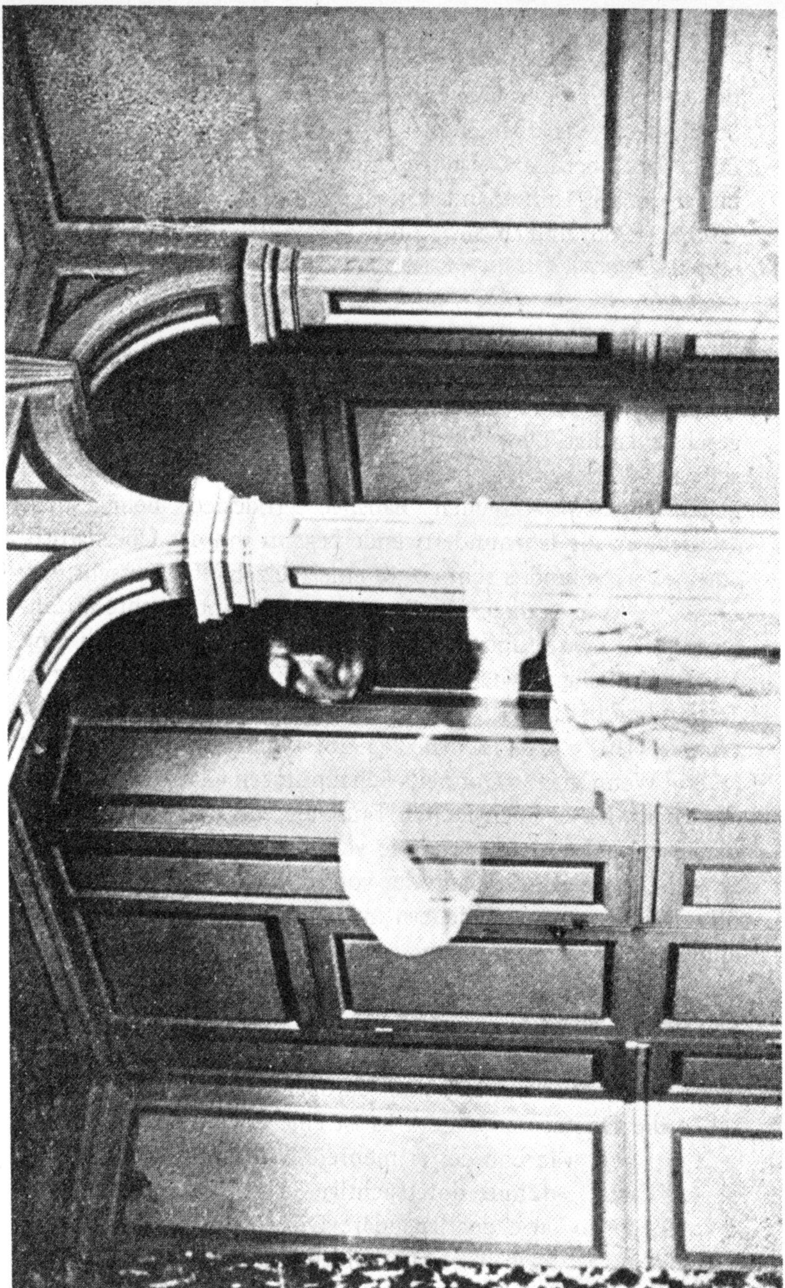

»Der Phantommönch von Bristol«, ein Foto, das der Geisterjäger Elliott O'Donnell für echt hielt.

Odysseus begegnet den Geistern der Toten.

Geist vor meinem Antlitz erschien – wie ein blutiges Leichentuch und tränenüberströmt«.

Old Bailey

Vom Old Bailey, dem altehrwürdigen Gerichtsgebäude in London, wird gesagt, daß dort ein Geist spukt, der nach besonders berüchtigten Verhandlungen erscheint. Die Gestalt soll so schattenhaft sein, daß man unmöglich sagen kann, ob es sich um eine Frau oder einen Mann handelt. Man stellte die Theorie auf, daß es der Geist eines oder einer Gefangenen sein könnte, der oder die im Old Bailey zum Tode verurteilt wurde. Eine andere Version lautet, daß es sich um den Geist eines neunjährigen Jungen handelt, der im 18. Jahrhundert zum Tode verurteilt wurde, weil er aus einem Laden Waren im Werte von 2 Pence gestohlen haben soll!

Old Lady of Threadneedle Street

Die »Old Lady of Threadneedle Street« (dt.: Alte Dame von der Threadneedle Street) ist ein Begriff, der häufig auf die Bank von England in London angewendet wird, und verdankt seinen Ursprung höchstwahrscheinlich einem Geist! Seit 1836 spukt in der Bank eine schwarzgekleidete Erscheinung, die man für den Geist einer Frau namens Sarah Whitehead hält. Sarahs Bruder Philip, Angesteller der Bank, wurde 1811 wegen Scheckfälschung grausam hingerichtet; das brachte Sarah so aus dem Gleichgewicht, daß sie den Rest ihrer Tage damit verbrachte, auf der Threadneedle Street herumzuirren, in der Hoffnung, ihren Bruder wiederzusehen. 1836 wurde sie im Garten der Bank beerdigt, seitdem taucht sie gelegentlich auf, um ihre vergebliche Suche fortzuführen – und überrascht dabei irgendwelche Mitglieder des Personals und Kunden, die sie gesehen haben.

Old Scarf

Old Scarf soll ein unsichtbarer Geist sein, der in der Küstengegend von Norfolk herumstreift und seinen Opfern durch Rippenstöße oder Umwerfen das Leben unerträglich macht. Nach einem neueren Bericht soll Old Scarf in Great Yarmouth aktiv gewesen sein, indem er eine ganze Familie, die dort ihre Ferien verbrachte, aus ihrem Wohnwagen kippte!

Old Shuck

Old Shuck ist ein in Norfolk und anderen Gegenden Ostenglands sehr bekannter Phantomhund. Der Name der Bestie leitet sich von dem angelsächsischen Wort »scucca« oder »sceocca« ab und bedeutet Satan. Der Geist soll von der ansehnlichen Größe eines Kalbes sein. Völlig schwarz (was zu seinem anderen Namen »Black Shuck« führte) trottet er geräuschlos hinter den Hecken neben einsamen Straßen daher, jederzeit bereit, sich auf unachtsame Reisende zu stürzen. Er hat erschreckend gelbe Augen, die in der Dunkelheit wie Feuer glühen. Jedermann, der dieser Kreatur begegnet, soll von diesem Tag an innerhalb eines Jahres sterben.

Eine der Erklärungen für seine Herkunft lautet, daß er der schwarze Jagdhund Odins war, der vor Jahrhunderten von den einfallenden Wikingern nach Ostengland gebracht worden ist. Die Legende soll Sir Arthur Conan Doyle (1859–1930) zu seinem

Old Shuck, der Phantomhund aus Norfolk, soll Sir Arthur Conan Doyle zu seinem Roman »Der Hund von Baskerville« (1902) inspiriert haben.

berühmten Sherlock-Holmes-Roman *Der Hund von Baskerville* (1902) inspiriert haben.

Ouija-Brett

Vom Ouija-Brett wird behauptet, daß es ein wirksames Medium ist, mit dessen Hilfe die Geister toter Menschen mit den Lebenden kommunizieren können. Das Ouija – vom französischen »oui« und dem deutschen »Ja« – besteht aus 38 Karten, die kreisförmig entlang der Kante eines blankpolierten Tisches ausgelegt werden. Auf 26 Karten stehen die Buchstaben des Alphabets, auf zehn Karten die Zahlen von null bis neun und auf den letzten beiden die Worte »Ja« und »Nein«. In der Mitte steht ein umgekehrtes Wasser- oder Weinglas. Die Teilnehmer setzen sich rund um den Tisch und legen ihre Zeigefinger auf das Glas, dann wird eine Frage gestellt. Das Glas bewegt sich entweder zur Ja- oder Neinkarte; wenn die Antwort positiv ist, rutscht es zwi-

Eine Gruppe von Leuten, die das Ouija-Brett benutzen, um Botschaften von den Toten zu erhalten. Standfoto aus dem Film »The Uninvited« (1944).

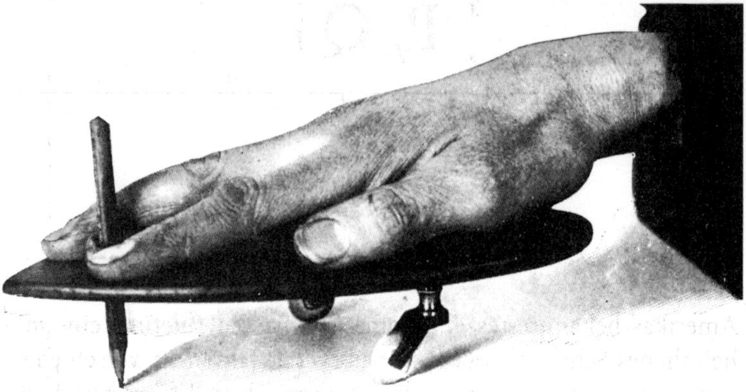

Die Planchette, die angeblich Botschaften »von der anderen Seite« aufzeichnen kann.

schen den Buchstaben hin und her und buchstabiert so die Antwort.

Eine Variante des Ouija-Bretts ist die Planchette (1853 nach ihrem französischen Erfinder benannt), ein herzförmiges Holzstück auf zwei kleinen Rädern mit einem Bleistift, der als dritter Arm der Standfestigkeit dient. Der oder die Ausführende legt die Hand auf die Planchette, und wenn die Bedingungen günstig sind, fängt die Planchette an, sich zu bewegen und Botschaften auf ein Blatt Papier, das unter ihr liegt, zu schreiben. Das Thema wird umfassend in dem Buch *On the Threshold of the Unseen* von Sir William Barrett (1918) erörtert und war auch Gegenstand einer denkwürdigen Szene in dem amerikanischen Spielfilm *The Uninvited* aus dem Jahre 1944 (Regie: Lewis Allen) nach einem Erfolgsroman von Dorothy Macardle.

P, Q

Palatine

Amerikas bekanntestes Phantomschiff ist die *Palatine,* ein unheimliches Schiff, von dem seit über 200 Jahren an verschiedenen Orten entlang der nordamerikanischen Küste berichtet wird. Das Phantom ist sehr beeindruckend und unverkennbar, weil es vom Vordersteven bis zum Heck zu brennen scheint. Der Legende zufolge war die *Palatine* ein holländisches Auswandererschiff, das 1752 über den Atlantik nach Amerika segelte. Als es die Küste der Neuen Welt erreicht hatte, geriet es jedoch genau vor Rhode Island in einen schrecklichen Sturm, der seine fast völlige Zerstörung sowie den Tod des Kapitäns zur Folge hatte. Die Mannschaft meuterte offensichtlich anschließend, stahl alles, was ihr in die Hände fiel, besetzte die Rettungsboote und überließ die Passagiere ihrem Schicksal. Ohne die Mannschaft, die das Schiff hätte steuern können, trieb das Schiff einige Tage auf See, bis es schließlich vor Block Island auf Grund lief. Hier taumelten die erschöpften und verwirrten Passagiere endlich an Land, wo sie sofort auf eine Gruppe von Einheimischen stießen, die an Bord des Schiffes eilten, um nach Beute zu suchen. Aus Wut über die Entdeckung, daß die meuternden Seeleute nichts von Wert zurückgelassen hatten, legten sie Feuer auf dem Schiff und ließen es aufs offene Meer zurücktreiben. Schnell war das brennende Schiff am Horizont verschwunden. Seitdem soll die Palatine immer am Jahrestag der ursprünglichen Tragödie gesichtet worden sein, noch immer so heftig lodernd wie beim ersten Mal.

Parfümgeister

Edith Cave, eine Forscherin aus Devon in England, ist davon überzeugt, daß Geister häufig in der Form eines Phantomduftes erscheinen. Als Resultat einer landesweiten Untersuchung im Jahre 1978 veröffentlichte sie zahlreiche Fälle von Leuten, die plötzlich einen Duft wahrgenommen hatten, den sie sofort mit jemandem identifizieren konnten, der gestorben war. Unter anderem führt sie das Beispiel einer Frau aus Bristol an, die das von ihrer Mutter benutzte Parfüm, dessen Duft durch ihr Treppenhaus wehte, riechen konnte. Ein Mann aus Okehampton, Devon, gab an, eines Nachts aufgrund »des schönsten, unbeschreiblichen Dufts, ich empfand völligen Frieden und keine Angst«, aufgewacht zu sein. Das war genau drei Wochen nach dem Tod seines Vaters. Noch seltsamer klingt der Fall einer Mutter aus Ross-shire in Schottland, den Mrs. Cave erwähnt. Die Frau sagte, daß ihr kleiner Junge starb, nachdem er in ein Desinfektionsbad für Schafe gefallen war. Danach war mindestens einmal wöchentlich der scharfe Geruch des Desinfektionsmittels durchs Haus gezogen. Und ein Ehepaar aus Northampton berichtete, häufig Treibstoff gerochen zu haben, nachdem ihr Sohn bei einem Flugzeugabsturz ums Leben gekommen war.

In seinem Buch *Miscellanies* (1696) erwähnt John Aubrey vielleicht das berühmteste historische Beispiel für einen geisterhaften Duft. »Anno 1670«, schreibt er, »gab es nicht weit von Cirencestor eine Erscheinung. Befragt, ob ein guter oder böser Geist, gab sie keine Antwort, sondern verschwand mit einem seltsamen Parfümgeruch und einem höchst wohlklingenden Schwirren.«

Peg O'Nell

Auf dem Grundstück von Waddow Hall in der Nähe von Clitheroe erinnert eine kopflose Steinfigur an Peg O'Nell, einen bösen Geist, der am nahegelegenen Fluß Ribble spukt. Der Überlieferung nach war Peg O'Nell ein Dienstmädchen auf Waddow Hall, das sich mit seiner Herrin zerstritt und nach seinem Tode als mißgünstiges Phantom zurückkehrte. Sie sprach über Waddow

Hall auch einen Fluch aus, nämlich daß sie alle sieben Jahre ein Opfer für den Ribble fordern würde. Einige Zeit hieß es in der Gegend, daß man eine Katze oder einen Hund in der Nacht von Peg O'Nell zu ertränken pflegte, um Schlimmeres zu verhüten. Die Geschichte des Geistes wird in dem Buch *Folk-Lore of the Northern Counties* (1879) von William Henderson erzählt.

Perks, Thomas (ca. 1680–1703)
Die Geschichte des jungen Büchsenmachers Thomas Perks, der versuchte, die Geister der Toten zu beschwören und dabei verrückt wurde, gehört zu den berühmten Geistergeschichten, die häufig von Experten zitiert werden. Perks, der in Mangotsfield in der Nähe von Bristol lebte, geriet in den Bann der Astrologie und erwarb ein altes Buch mit magischen Zauberformeln, von

Der unglückselige Thomas Perks, dessen Versuch, die Geister der Toten zu beschwören, zu seinem eigenen Tod führte.

denen eine Anleitungen zur Beschwörung von Geistern gab. Eines Nachts zog er auf einer Wegscheide den erforderlichen Kreis für dieses Ritual. Laut Lionel A. Weatherley in *The Supernatural* (1891) »erschienen die Geister schneller als erwünscht und in äußerst schrecklicher Gestalt, zischelten ihn an und versuchten, Speere und Feuerbälle auf ihn zu schleudern, was ihn in Angst und Schrecken versetzte; und je mehr er fühlte, daß es nicht in seiner Macht stand, sie zu bannen, desto mehr standen ihm die Haare zu Berge, jeden Moment erwartend, in Stücke gerissen zu werden«. Diese Geister umzingelten den unglückseligen Perks in seinem Kreis bis Tagesanbruch. Danach, so Weatherley, »erholte er sich niemals wieder von dem Schock, verging vor Gram und starb«.

Pfarrhaus von Borley

Das Pfarrhaus von Borley, ein dunkles und verschachteltes Haus im Dorf Borley an der Grenze zwischen Essex und Suffolk, galt

Die Ruinen des Pfarrhauses von Borley, jahrelang das spukreichste Haus Englands.

jahrelang als das »spukreichste Haus Englands«. In letzter Zeit sind jedoch erhebliche Zweifel an vielen Spukgeschichten laut geworden, und da das Haus selbst nicht mehr steht, sind die Behauptungen schwer nachzuprüfen.

Das Pfarrhaus von Borley verdankt seinen Ruhm zu einem großen Teil der Arbeit des Geisterjägers Harry Price (1881–1948), dessen Nachforschungen eine vermutlich lange Serie von Spukerscheinungen ans Licht brachten, die alle im 14. Jahrhundert mit der Ermordung einer Nonne begannen, die eine gesetzwidrige Liebesaffäre hatte. Er sammelte nicht nur Berichte über die Erscheinung dieser Nonne, wie sie in der Nachbarschaft gesehen wurde, sondern stöberte darüber hinaus Geschichten über eine mysteriöse Kutsche samt Pferden auf, die die Straße entlang galoppierten, über Erscheinungen eines kopflosen Mannes und über alle möglichen poltergeistähnlichen Vorgänge im Hause selbst, wie zum Beispiel von Gegenständen, die umhergeworfen wurden, merkwürdigen kratzenden Geräuschen und auf unerklärliche Weise läutenden Glocken.

Als Price mit einem Forscherteam in das Pfarrhaus zog, nachdem die ehemaligen Bewohner geflohen waren, wurden die Erscheinungen merklich weniger. Das hinderte Price jedoch nicht daran, seine Untersuchung zu vervollständigen und die Ergebnisse in *The Most Haunted House in England* (1940) zu veröffentlichen. Obwohl er viele der seltsamen Geschehnisse einem der früheren Bewohner zuschrieb, glaubte Price an wirkliche Anzeichen für einen Spuk. Das Geheimnis verdichtete sich um so mehr, als plötzlich ein Feuer ausbrach und das Pfarrhaus völlig ausbrannte. Und weitere merkwürdige Dinge geschahen – man berichtete von seltsamen Geistern in den Ruinen und fand menschliche Überreste im Keller!

Price veröffentlichte 1946 ein zweites Buch, *The End of Borley Rectory*, das die Geschichte auf den neuesten Stand brachte, und damit begann ein Streit, der bis zum heutigen Tage tobt. Die möglicherweise bekannteste Arbeit, die Price und die Geschichte »des spukreichsten Hauses von England« bloßstellt, ist *The Haunting of Borley Rectory* von E. J. Dingwall, K. M. Goldney und Trevor Hall (1956). Obwohl das Pfarrhaus selbst nicht mehr steht, währt seine Berühmtheit und der Streit darum, was dort nun wirklich geschah, immer noch an.

Pferde

Wie Hunde sollen auch Pferde die Fähigkeit besitzen, die Nähe von Geistern zu spüren. Es gibt viele belegte Fälle eines Pferdes, das wiederholt vor dem Haus, in dem jemand stirbt, wiehert und auch seine Angst bezeugt, wenn es irgendwo in die Nähe dieses Hauses geführt wird. Das Thema wird mit ziemlicher Ausführlichkeit in Elliott O'Donnells Buch *Animal Ghosts* (1913) erörtert, und es werden auch eine Reihe berühmter Phantomreiter Europas erwähnt, auch der englische »Wild Will Darrell«, der deutsche »Hakelnberg« und der schwedische »Weiße Reiter«, die alle dazu verdammt sind, bis zum Jüngsten Tag zu reiten.

Phantasmagorien

Künstlich erzeugte Trugbilder oder Phantasmagorien, wie sie heute genannt werden, waren gegen Ende des 18. Jahrhunderts und auch während des 19. Jahrhunderts eine sehr populäre Form der Volksbelustigung. Das Prinzip, Apparate wie die Laterna magica zu benutzen, um vor einem Publikum Geistergestalten auf die Wand zu werfen – die Grundidee der Phantasmagorie –, ist seit dem 15. Jahrhundert bekannt, aber es ist hauptsächlich dem Werk eines belgischen Optikers, E. G. Robertson, zu verdanken, daß die »Geisterillusion« in den neunziger Jahren des 18. Jahrhunderts sowohl überzeugend wirkte als auch populär wurde. Ein Kommentator schrieb 1798: »Geht zu Robertsons Vorführung, und ihr werdet die Toten in Massen zum Leben zurückkehren sehen. Robertson ruft Phantome herbei und herrscht über Legionen von Geistern.«

Die »Geistermaschinen« waren so überzeugend, daß man sie, nachdem erst einmal die Technik von skrupellosen Unternehmern beherrscht wurde, dazu benutzte, die Geister verstorbener Verwandter für leichtgläubige Kunden zu »beschwören«. Hunderte dieser Männer, die behaupteten, die Toten zurückbringen

Eine entlarvende Zeichnung, die zeigt, wie man Geister in Theatern mit künstlichen Hilfsmitteln erzeugen konnte.

zu können, wirkten überall in Europa, und es bedurfte in mehreren Ländern gemeinsamer Anstrengungen der Verwaltungen, um zu beweisen, daß diese Leute Betrügereien begingen, ehe die Öffentlichkeit aufhörte, sich so leicht täuschen zu lassen. Die Geschichte der Phantasmagorie sowie das Werk Robertsons und seiner Nachfolger wurden von F. Marion in dem Buch *The Wonder of Optics* (1868) in fesselnder Weise beschrieben. Aus diesem Buch stammt auch die hier abgedruckte und aufschlußreiche Illustration. Der Autor dieses Lexikons hat die Geschichte auch in seinem eigenen Buch *Ghosts: An Illustrated History* (1974) beschrieben.

Phantomarmeen

Als Folge entsetzlicher Gemetzel auf den Schlachtfeldern wurde zu allen Zeiten von Phantomsoldaten und Geisterarmeen berichtet. Die früheste dieser Geschichten geht zurück auf die Assyrer, als Geisterkrieger Wüstenstädte angegriffen haben sollen, und sie ziehen sich durch die Geschichte bis zum jüngsten Krieg in Vietnam, wo Fußabdrücke einer Geisterkompanieabteilung 1971 eine Gruppe amerikanischer Soldaten narrten. Man sagt, daß in gewissen Nächten des Jahres Ritter in Rüstungen in Glastonbury (England) gehört werden können, und es gab im Laufe der Jahre wiederholt Berichte darüber, daß Männer in den Uniformen des Cromwellschen Bürgerkrieges im Marston-Moor gesehen worden seien. Der Erste und Zweite Weltkrieg haben die meisten Geistergeschichten hervorgebracht. Eine interessante Auswahl kann in *War and the Weird* von Forbes Phillips und Thurston Hopkins (1919) und in *Strange Mysteries of Times and Space* von Harold T. Wilkins (1958) nachgelesen werden.

Phantomglocken

Das Läuten von Phantomglocken, die einst in Kirchen erklangen, die heute vor der Küste der Britischen Inseln versunken sind, ist laut Alasdair Alpin MacGregor in *The Ghost Book* (1955) ein allgemein auftretendes Phänomen. Er zitiert zwei berühmte Beispiele, nämlich Dunwich, eine einst blühende Stadt, die heute unter den Wellen vor der Küste von Suffolk liegt, und das überflutete Land von Lyonesse vor der Küste Cornwalls. Viele Menschen, die in der Nähe dieser beiden Orte leben, haben Glockengeläut vernommen, wenn Sturm erwartet wurde, insbesondere zur Weihnachtszeit. MacGregor schreibt, daß sich die Leute nach solchen Tönen immer vergewissern, ob nicht irgendwo an Land eine Glocke zu diesem Zeitpunkt geläutet hat; der stichhaltige Beweis, daß das Läuten von einer Phantomglocke stammte, bestehe darin, daß immer ein Glockenschlag fehlte. Neben nachgewiesenem Phantomgeläute, das von in Seen versunkenen Kirchen in Wales, Schottland und Irland ausgeht, erwähnt MacGregor auch folgendes: »Sagen und Überlieferungen von versunkenen Städten, untergegangenen Dörfern sind überall in der Welt anzutreffen. Auf dem europäischen Kontinent, besonders in Frankreich, der Schweiz, Deutschland und auf den Ostseeinseln, sind sie sehr zahlreich. Viele von ihnen sind mit dem Klang eines gespenstischen Glockenspiels verbunden. Die Glocken von Gelte, einem deutschen Dorf in der Nähe von Themar, das schon vor langer Zeit versunken ist, werden oft um Mitternacht gehört. Ebenso werden zu bestimmten Jahreszeiten die Glocken der untergegangenen Stadt Boisse von Reisenden zwischen Niort und Fontenay vernommen.«

In seinem Buch *Strange Things Among Us* (1895) zitiert H. Spicer mehrere Beispiele englischer Familien, die von Phantomglocken geplagt werden, die, kurz bevor jemand aus diesen Familien stirbt, läuten. Die Töne können entweder von Glocken innerhalb des Hauses ausgehen, die keine menschliche Hand berührt hat, oder von Kirchenglocken, die ganz von selbst läuten.

Phantomköpfe

Es gibt sowohl in Europa als auch in Amerika viele Beispiele für spukende Phantomköpfe. Die vielleicht am besten belegte Geschichte stammt aus Oakville in der Nähe von San Francisco und ereignete sich 1891. Nach dem *San Francisco Examiner* wurde eine Familie namens Walsingham von einem Phantomkopf heimgesucht, der zunächst als kugelförmiges, furchterregendes Licht erschien, das sich dann langsam zu einem Kopf mit langen grauen und verfilzten Haaren und Blutflecken auf der Stirn entwickelte. Der Kopf schwebte ungefähr 15 Zentimeter über dem Fußboden, sobald sich ihm aber jemand näherte, hatte er das Gefühl, als ob sich eisige Finger würgend um seine Kehle legen würden. Mehrere Außenstehende waren im Haus und sahen und fühlten den Kopf ebenfalls. Der Kopf verursachte solches Entsetzen, daß das Haus verlassen und schließlich abgerissen wurde. Als man ein kopfloses Skelett im Fundament entdeckte, glaubte man, den Grund für den Spuk gefunden zu haben.

Phantomkutschen

Laut Überlieferung kommt die Phantomkutsche, um die Sterbenden abzuholen, sie dient aber auch den Toten für ihre späten Nachtfahrten. Sie kann entweder eine richtige Kutsche sein oder ein Leichenwagen, aber sie ist immer so schwarz wie die Pferde und die Fahrer, die fast ausnahmslos kopflos sind. Selten macht

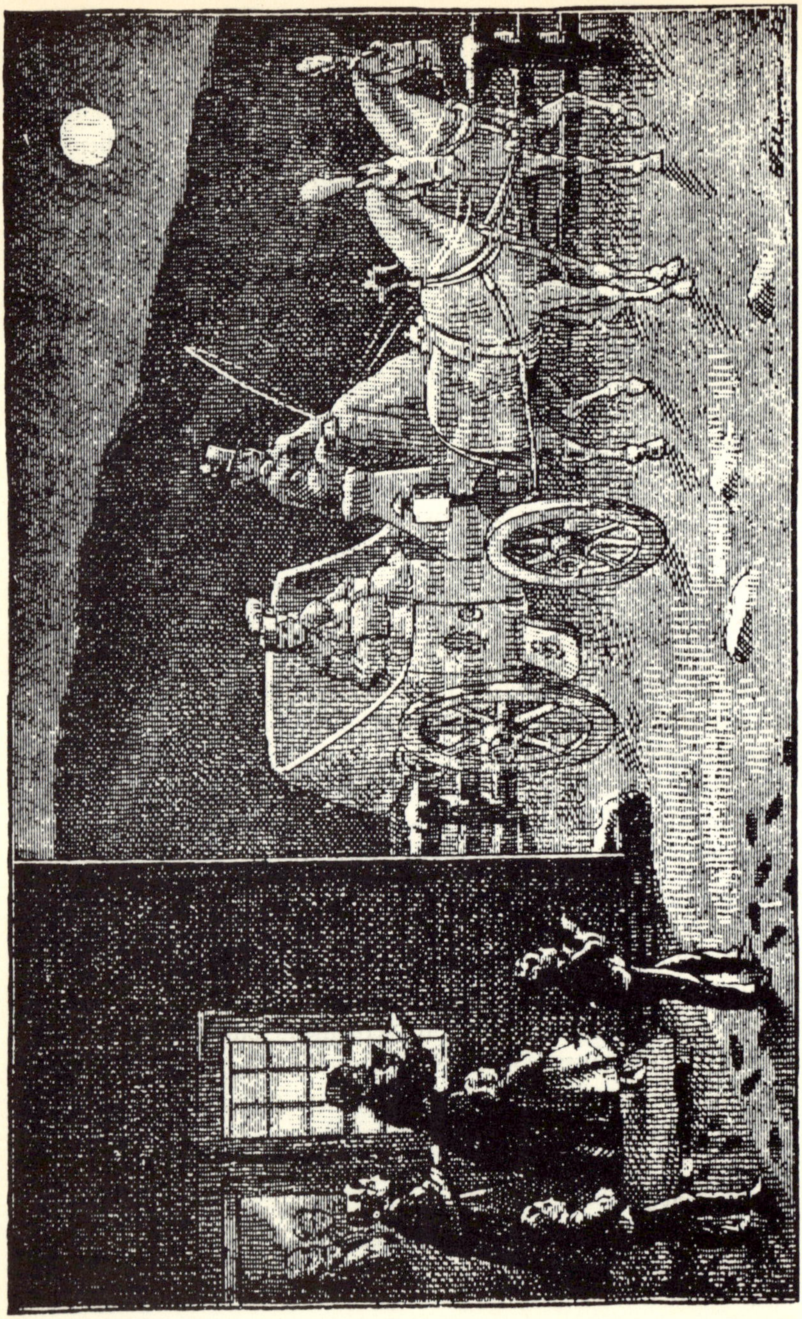

Eine Phantomkutsche, die für jeden, der sie sieht, ein Todesomen sein soll. Bild aus dem 19. Jahrhundert.

die Kutsche ein Geräusch, aber sie fährt mit großer Geschwindigkeit, und für jeden, der sie sieht, soll sie ein Todesomen sein.

Diese Kutschen sollen nach einem unbekannten Schriftsteller aus dem Jahre 1847 die Banden von »Phantomjägern«, die einst die ländlichen Gegenden plagten, verdrängt haben. Er schreibt: »Die Geistererscheinung zeigt sich häufig in der Gestalt einer großen schwarzen Kutsche, auf der Hunderte von Geistern sitzen, eine wundervolle süße Melodie singend. Vor ihr geht ein Mann, der jedermann laut auffordert, aus dem Weg zu gehen. Alle, die ihn hören, müssen sich sofort mit dem Gesicht nach unten zu Boden werfen, wie beim Herannahen des Wilden Jägers, und sich an irgend etwas festhalten, und sei es nur an einem Grashalm, denn die wilde Horde ist dafür bekannt, so manchen Mann in die Kutsche gezwungen und ihn Hunderte von Meilen durch die Luft entführt zu haben.«

Phantomkutschen sind offensichtlich mit dem Aufkommen des Automobils seltener geworden, aber sie werden immer noch in ländlichen Teilen Englands als auch Frankreichs und Deutschlands gesehen. Die vielleicht berühmteste Phantomkutsche ist die Turberville-Kutsche von Dorset, die in der Abenddämmerung von Woolbridge Manor, dem ehemaligen Sitz der Familie Turberville, zu einer Stelle in der Nähe von Bere Regis fährt. Sie soll immerhin über 200 Jahre alt sein, ist aber immer noch ein Todesomen für jeden, der sie sieht. Unsterblich wurde das Phantom durch den großen englischen Schriftsteller Thomas Hardy (1840–1928), dem die Legende vertraut war und der sie in seinem berühmten Werk *Tess of the d'Urbervilles* (1891) erwähnte. Ähnlich wie viele andere Phantomkutschen soll sie ihren Ursprung einem entsetzlichen Mord verdanken. Eine weitere bekannte Phantomkutsche ist die Sir Francis Drakes, die in sternlosen Nächten quer durch das Dartmoor fährt, gefolgt von einem Rudel dumpf bellender Jagdhunde.

Phantomvögel

Für Phantomvögel, die am Krankenlager von Leuten erscheinen, die im Sterben liegen, gibt es zahlreiche Beispiele. Den vielleicht

Der Phantomschwan vom Closeburn Castle, dessen Erscheinung einen Todesfall in der Familie Kirkpatrick ankündigt.

besten Bericht über dieses Wesen liefert eine Broschüre aus dem 17. Jahrhundert mit dem Titel »Eine wahre Begebenheit von einer Erscheinung in der Gestalt eines Vogels mit weißer Brust, der über dem Totenbett einiger Kinder von Mr. James Oxenham aus Orehampton zu schweben schien«. Das Werk beschreibt, wie dieser Geistervogel, von dem schon ein Jahrhundert zuvor berichtet worden war, ausnahmslos erschien, wenn ein Mitglied der Familie Oxenham im Sterben lag. Andere Vögel dieser Art sind die Eule, die die Familie Arundel in Wardour heimsucht, der Schwan mit blutbefleckter Brust, der bei den Kirkpatricks of Closeburn Castle erscheint, und ein schönes, geisterhaftes Rotkehlchen, von dem mehrere Male in Durham berichtet wurde.

Phouka

Der Phouka oder Puca ist ein weiterer berühmter Geist Irlands und wird fast immer in der Gestalt eines Pferdes gesehen, obwohl er auch als Ziege, Esel, Stier oder sogar Adler oder Fledermaus erscheinen kann! Man nimmt an, daß sich der Name von dem Wort »poc« ableitet, einem Ziegenbock, und man vermutete, daß er der Vorfahre von Shakespeares »Puck« war. Er lebt in einsamen Bergen oder in alten Ruinen. Es gibt zahlreiche Plätze in Irland, die als »poula phouka« oder »Loch des Phouka« bekannt sind. Die Lieblingsbeschäftigung des Geistes scheint darin zu bestehen, nichtsahnende Opfer auf wilden Querfeldeinritten zu verschleppen, nachdem er sich an sie herangeschlichen und auf seinen Rücken geschleudert hat. Die Landbevölkerung warnt ihre Kinder stets davor, Brombeeren nach dem Michaelistag (29. September) zu sammeln und zu essen, denn die Zahnfäule, die sie dann befällt, sei das Werk des Phouka. In einigen Teilen Irlands soll der Geist eher schelmenhaft denn gefährlich sein, in der Hauptsache hilfsbereit und der Menschheit wohlgesonnen – das heißt so lange, wie man ihn mit Respekt behandelt.

Der Historiker Douglas Hyde (1860–1949) hat in *Beside the Fireside* (1920) dazu ausgeführt: »In einer alten Geschichte lesen

Der Phouka, ein irischer Geist, der meist in Gestalt eines Pferdes erscheint.

wir, ›daß aus einem gewissen Hügel in Leinster ein feistes, aalglattes, schreckliches Roß bis zur Hälfte aufzutauchen pflegte und zu jedermann mit Menschenstimme über den Novembertag sprach. Es war gewöhnt, denjenigen intelligente und zutreffende Antworten zu erteilen, die ihn über das befragten, was ihnen bis zum November des nächsten Jahres widerfahren könnte. Und die Menschen pflegten Geschenke und Gaben an seinem Hügel niederzulegen.‹ Diese Überlieferung scheint mit der des Puca verwandt zu sein.«

Ein freundlicher und sehr geschwätziger Phouka ist eine Hauptperson in dem vor Einfällen überquellenden Roman *Zwei Vögel beim Schwimmen* von Flann O'Brien (1978).

Planet des Todes

Den Planeten des Todes hält man für einen Himmelskörper, auf dem sich die verstorbenen Seelen von Menschen sammeln, die zu Lebzeiten zu sündhaft waren, um wiedergeboren zu werden. Dort werden diese Seelen, denen es noch nicht einmal vergönnt ist, als böse Geister zur Erde zurückzukehren, schließlich für immer ausgelöscht.

Poltergeist

Der Poltergeist, der auch im englischen Sprachgebrauch mit seinem deutschen Namen bezeichnet wird, verdankt diesen seiner Lieblingstätigkeit, »Poltern«, das heißt Lärm durch Zerschlagen oder Herumschleudern von Gegenständen zu erzeugen, zu klopfen oder zu klappern, zu schelten oder zu prahlen. Er ist in der Regel unsichtbar und besitzt einen äußerst komplexen Charakter, der bestens von dem großen Experten auf diesem Gebiet, Harry Price, in der ausführlichen Untersuchung *Poltergeist Over England* (1945) beschrieben wird: »Ein Poltergeist ist ein angeblicher Geist, ist Element, Ding, Werkzeug, zweitrangige Persönlichkeit, ›Intelligenz‹, ›Macht‹, Geist, Kobold oder ›Vertrauter‹ mit gewissen unerfreulichen Eigenschaften. Während der gewöhnliche Geist unserer Geschichtensammlung ein ruhiger, passiver, schwacher, geräuschloser und ziemlich wohlwollender

Eine Darstellung der Aktivitäten eines Poltergeistes von Harry Price.

Geist ist, mit – gewöhnlich – freundlichen Gefühlen gegenüber den leibhaftigen Bewohnern jedes Ortes, wo er haust, ist der Poltergeist genau das Gegenteil davon. Den vielen Berichten über seine Aktivitäten zufolge, und zwar in allen Ländern und zu allen Zeiten, ist der Poltergeist mißgünstig, destruktiv, lärmend, grausam, unberechenbar, diebisch, protzig, ziellos, listig, nutzlos, hämisch, unverfroren, neckisch, übelwollend, boshaft, mitleidslos, einfallsreich und ein Blutsauger dazu. Ein Geist ›spukt‹, ein Poltergeist ›verseucht‹. Ein Geist liebt die Einsamkeit, ein Poltergeist zieht die Geselligkeit vor. Ein Geist sucht das Dämmerlicht, ein Poltergeist ›produziert sich‹ im Tageslicht.«

Kurz gesagt: Der Poltergeist ist als »Radaugeist« bekannt, der sehr häufig mit einem oder über einen Jugendlichen kommuniziert. Dieser Zusammenhang hat zu der Theorie geführt, daß die Poltergeister die besondere Energie der Jugend brauchen, um tätig werden zu können. Harry Price führt dazu aus: »Poltergeister sind aufgrund von Gesetzmäßigkeiten, die unseren Physikern bislang unbekannt blieben, in der Lage, von lebenden Personen Energie zu beziehen, häufig von Jugendlichen, auffallend oft von weiblichen Heranwachsenden, besonders dann, wenn sie an irgendeiner Geistesstörung leiden. Sie scheinen die Fähigkeit zu besitzen, junge Menschen als Stützpunkt, Hebel oder Rückhalt auszunutzen, um diese Energie zu steigern oder zu erhalten sowie ihre Kraft intelligent einzusetzen. Sie sind in der Lage, diese Macht auf telekinetische Weise zur gewaltsamen Fortbewegung oder Verlagerung von Gegenständen auszuüben, mit dem Ziel der Zerstörung und insbesondere zur Erzeugung der unterschiedlichsten Geräusche – vom ›Knistern‹ eines Seidenhemdes bis zur ›Explosion‹, die die Fensterscheiben klirren läßt.«

Poltergeist, Prozeß um einen

Die Geschichte des Poltergeistes, der vor britischen Gerichten Rechtsstatus gewann, ist heute weitgehend in Vergessenheit geraten. Zu Beginn dieses Jahrhunderts mietete der englische Dichter Stephen Phillips (1864–1915) ein abgelegenes Haus in der Nähe von Windsor, wo er Frieden und Ruhe für seine Arbeit zu finden hoffte. Innerhalb weniger Tage wurde er jedoch von unzähligen Geräuschen geplagt: Schritte wurden im Haus gehört, Türen öffneten und schlossen sich ohne Grund, Schmerzens- und Verzweiflungsschreie hallten im Gebäude wider. Unfähig, inmitten eines solchen Getöses zu arbeiten, gab Phillips das Haus auf, und bald darauf wurden seine Erlebnisse in der Landespresse behandelt. Der Eigentümer des Hauses war empört über diese Publizität und verklagte zwei in die Angelegenheit verwickelte Zeitungen, gewann den Fall und erhielt eine Entschädigung. Als jedoch eine der Zeitungen Widerspruch einlegte, wurde der Beschwerde vom Hohen Gerichtshof stattgegeben. Obwohl er selbst niemals in den Zeugenstand gerufen wurde, hat sich der Poltergeist von Windsor so einen Platz in der Rechtsgeschichte erobert!

Price, Harry (1881–1948)
Als »Geisterjäger« populär geworden, war Harry Price ein schillernder und arbeitsamer Parapsychologe, der nur gelegentlich die Bedeutung seines Werks durch bewußte Sensationsmache und effektvolle Darbietungen schmälerte. Seine Forschung auf verschiedenen Gebieten des Übernatürlichen und insbesondere seine umfangreiche Untersuchung des Pfarrhauses von Borley in Essex, dem »spukreichsten Haus Englands«, machten ihn weltberühmt. Er war hauptsächlich an betrügerischen Medien und spiritistischen Fotografien interessiert. Im Zuge seiner Forschungsarbeit kam eine riesige Bibliothek seltener und wichtiger Bücher, Zeitschriften, Broschüren, Sammelalben, Illustrationen und Fotografien zusammen, die heute in der Universität von London untergebracht ist. Leben und Werk von Price wurden von Paul Tabori, seinem literarischen Nachlaßverwalter, in *Harry Price – The Biography of a Ghost Hunter* (1950) geschildert. Von seinen eigenen Werken sollten hier erwähnt werden: *Leaves from a Psychist's Case-Book* (1933), *Fifty Years of Psychical Research (1939)* und *Poltergeist Over England* (1945).

Psychographen
Psycho- oder Skotographen sind eine weitere spiritistische Merkwürdigkeit, die um die Jahrhundertwende weit verbreitet war. Es ging um Fotografien, auf denen Geisterbotschaften von Verstorbenen erschienen – zumindest behaupteten das die Fotografen,

die sie anfertigten. Die verschwommenen und häufig völlig unleserlichen Worte erschienen auf Fotos von Verwandten, die sich in der Hoffnung fotografieren ließen, daß man mit ihnen Verbindung aufnehmen würde. Solange sie Geld besaßen, so die Zweifler, empfingen sie auch allerhand Botschaften. Wenn Botschaften berühmter Menschen erbeten wurden – und es den Fotografen möglich war, Handschriftenmuster dieser Personen aufzutreiben –, verbesserte sich die Handschrift wesentlich, wurde leserlich, und die Worte ergaben einen Sinn.

Psychomantie

Die Psychomantie ist die alte Kunst der Wahrsagung vermittels Geister; die Deutung zukünftiger Ereignisse, insbesondere von Tod und Unglück, anhand der Erscheinung von Geistern der Toten, wie sie bereits in aktiken Quellen beschrieben wird.

R

Rachsüchtige Geister
Die Geschichte des Übernatürlichen enthält zahlreiche Berichte über Geister, die zurückkehrten, um sich an denen zu rächen, die ihnen Schaden zugefügt hatten. Der Fall von Christopher Slaughterford, der sich im Herbst 1709 zutrug, bleibt jedoch möglicherweise der berühmteste. Zu Anfang jenes Jahres wurde Slaughterford in der Stadt Guildford festgenommen und angeklagt, seine zukünftige Frau, Jane Young, ermordet zu haben. Obwohl er seine Unschuld beteuerte und die Beweise gegen ihn spärlich waren, wurde Slaughterford verurteilt und in das Marshalsea-Gefängnis von Southwark geschafft, wo er gehängt

Der Geist von Christopher Slaughterford, der nach Rache suchte – und sie 1709 fand.

wurde, obwohl er seine Schuld immer noch bestritt. Nach wenigen Tagen schon wurde sein Geist in Guildford gesehen, samt den Ketten, in die man ihn während der Verhandlung und im Gefängnis gelegt hatte, kläglich über seine ungerechte Hinrichtung weinend. Später kam es zu seinem dramatischsten Auftritt – bei seinem früheren Diener Joseph Lee. Diesmal trug der Geist von Slaughterford in einer Hand eine lodernde Fackel und um den Hals einen Strick. Nachdem er wiederholt so erschienen war, rannte der angsterfüllte Lee in Panik davon und wurde später erhängt aufgefunden – das Eingeständnis dafür, daß er der Mann war, der in Wirklichkeit Jane Young getötet hatte!

Rauchgeister

Das seltsame Phänomen von Rauchgeistern wurde über Jahre hinweg sowohl aus Europa als auch aus Amerika berichtet. Eine berühmte Geschichte ist dabei die eines Mädchens aus den Vereinigten Staaten, das während des 17. Jahrhunderts verbrannt wurde und dessen gespenstische Anwesenheit seitdem immer an dem sie begleitenden beißenden Rauchgeruch erkennbar ist. Über den absonderlichsten Typ dieses Geistes wurde 1954 aus dem Tower in London berichtet. Ein Wachsoldat bemerkte plötzlich eine Rauchwolke, die sich aus eigenem Antrieb bewegte, ihre Gestalt veränderte und sich nicht wie gewöhnlicher Rauch aufzulösen und wegzuziehen schien. Nachdem er sie einige Minuten beobachtet hatte, setzte der Mann zur Verfolgung an – aber in diesem Moment verschwand der Rauch unverzüglich.

Raynham Hall

Raynham Hall, ein hübsches altes Landhaus in Norfolk, ist die Heimstätte der »Braunen Lady«. Der beste Bericht über dieses Phantom, das eine elisabethanische Halskrause und ein braunes Kleid trägt, wurde von Kapitän Frederick Marryat (1792–1948) verfaßt. Er hatte mehrere Jahre ganz in der Nähe von Raynham Hall gelebt. Als sich die Besitzer des Hauses bei ihm über die seltsame Gestalt beklagten, die ihren Schlaf störte, bot er sich

Ein Rauchgeist, wie er um 1838 dargestellt wurde.

an, mit einer Pistole bewaffnet Wache zu halten und den Geist festzunehmen, der sich schlicht und einfach – so nahm Marryat an – als Einbrecher herausstellen würde. Nach zwei ereignislosen Nächten erschien die Braune Lady plötzlich in einem Flur vor ihm, »bösartig und diabolisch grinsend«, wie er in seinem Bericht über den Spuk, *There is No Death* (1844), schrieb. Sofort schoß er mit seiner Pistole auf das entsetzliche Gesicht, und der Geist verschwand. Am folgenden Morgen wurde die Kugel auf der gegenüberliegenden Wand des Flures gefunden, und Kapitän Marryat erklärte, von dem Spuk überzeugt zu sein.

Die Kugel schreckte die Braune Lady offensichtlich nicht ab, denn sie erschien noch jahrelang und wurde im September 1936 tatsächlich in Raynham Hall fotografiert. Das ereignete sich, als Kapitän Provand, ein Berufsfotograf, die große Eichentreppe in Hall fotografierte. Während seiner Arbeit erblickte er plötzlich eine ätherische, verschleierte Gestalt, die die Treppe herunterkam. Geistesgegenwärtig machte er eine Aufnahme. Das Foto erschien am 26. Dezember 1939 in der Zeitschrift *Country Life*, wurde von Experten geprüft und hielt allen Versuchen stand, es als irgendeine Fälschung hinzustellen.

Religiöse Visionen

Das Schrifttum aller Religionen ist angefüllt mit Geschichten über übernatürliche Erscheinungen; das gilt insbesondere auch für die christliche Religion. Die vielleicht bekannteste Schilderung dieser Art betrifft den heiligen Antonius, dessen verschiedenartige Begegnungen mit geisterhaften Phänomenen zu allen Zeiten ein bevorzugtes Thema der Künstler waren. Er war der Begründer des christlichen Mönchtums, war bei seinem Streben nach Frömmigkeit vielen Versuchungen ausgesetzt – insbesondere einem schönen weiblichen Geist, der ihn wiederholt zu verführen suchte.

Es überrascht nicht, daß sich auch ziemlich viele religiöse Visionen in Kirchen abgespielt haben sollen, wie zum Beispiel auch die Erscheinung einer Geistergestalt, die auf der Kanzel der Kirche von Oberdollendorf in Deutschland im Jahre 1970 von

Der heilige Antonius, der regelmäßig von hübschen Geistergestalten in Versuchung gebracht wurde.

Mr. H. B. King aufgenommen wurde. Der gesamte Komplex wird recht ausführlich in dem Buch *Unbidden Guests* von William Oliver Stevens (1949) behandelt.

Die geisterhafte Gestalt eines Priesters, der 1970 in der Oberdollendorfer Kirche fotografiert wurde.

Rennbahngeist

Die bekannte Happy-Valley-Rennbahn in Hongkong besitzt den einzigartigen Ruf, vom Geist eines Jockeys heimgesucht zu werden. Der Spuk geht auf das Jahr 1960 zurück, als ein Jockey namens Marcel Samarig, der sein Pferd unbarmherzig peitschte, abgeworfen und getötet wurde. Kurz darauf tauchten Berichte über ein auf der Rennbahn galoppierendes Phantompferd auf, während die nebelhafte Gestalt eines Jockeys in den Wettkampffarben, die Samarig getragen hatte, in den Umkleidekabinen gesehen wurde. Weil es auch Berichte über weitere Geister in der Umgebung gab – diese Geister kommen offensichtlich aus den riesigen Friedhöfen auf den höhergelegenen Berghängen –, haben die Buddhisten regelmäßig Geisterbeschwörungszeremonien veranstaltet, um die Geister der Toten zu besänftigen.

Revenant

Man nimmt häufig an, daß »Revenant« (franz.: Gespenst, umgehender Geist eines Verstorbenen) nur ein anderes Wort für Geist

Eine Gruppe von Revenants, wie sie von einem Künstler des frühen 19. Jahrhunderts gesehen wurde.

ist, tatsächlich aber bestand die ursprüngliche Bedeutung des Worts darin, jedes Wesen, das nach langer Abwesenheit von den Toten zurückkehrte, zu beschreiben. Von Vampiren nimmt man zum Beispiel an, daß sie Revenants sind, mit der Macht ausgestattet, sich selbst nach längerer Abwesenheit zum Leben zu erwecken. Der Revenant ist dem traditionellen Geist eigentlich recht unähnlich, denn es mögen Jahrzehnte, ja Jahrhunderte vergehen, ehe er das erste Mal erscheint. Er braucht aber, um sich zu ernähren, kein menschliches Blut wie der Vampir.

Ein anderes unterscheidendes Merkmal dieser Geister ist der Umstand, daß sie stets vollständig wie zu Lebzeiten gekleidet sind. Manchmal sollen sie auch in Gruppen auftreten, wie zum Beispiel die Schar der Ojibwa-Indianer, die in einer Schlacht vor über einem Jahrhundert von Soldaten getötet wurden und die kürzlich wiedergesehen wurden, wie sie in der Gegend umherstreiften, in der sie starben – alle in vollem Kriegsschmuck. Die berühmteste Geschichte eines Revenants ist die von Johann Steinlin, der im 17. Jahrhundert die Diözese von Konstanz terrorisierte und dessen Aktivitäten in *The Haunters and the Haunted* (1921) von Ernest Rhys geschildert werden.

Rotes Meer

Laut Christina Hole in *Haunted England* (1940) wird das Rote Meer häufig in Geschichten über Geisteraustreibungen erwähnt. Anscheinend wurde es zu einer Tradition, die Geister, unabhängig davon, wo sie spukten, in das Rote Meer zu scheuchen und dort auf »tausend Jahre zu verbannen«. Es war niemals ganz klar, so Christina Hole, wozu sie an diesen abgelegenen Ort geschafft werden sollten, obwohl »wahrscheinlich die biblische Vorstellung und das Gefühl unendlicher Entfernung, die im nicht weit herumgekommenen Provinzler durch den Namen geweckt wurden, die Legende erklären«. Sie schildert ebenso die Geschichte eines Mannes aus Northamptonshire, der sagte, daß es in diesem Bezirk keine Geister mehr gäbe, weil »vor schrecklich langer Zeit alle Mann ihre Kraft zusammenlegten und sie ins Rote Meer trieben«.

Rübezahl

Die wohl bekannteste Geistererscheinung des deutschen Volksguts ist Rübezahl, der Berggeist des Riesengebirges, Hüter der dortigen Bodenschätze. Er ist ein Gespenst mit einem äußerst

Der schlesische Berggeist Rübezahl.

stark ausgebildeten Gerechtigkeitssinn; er hilft den Armen und Bedrückten, bestraft aber die Unmäßigen und Habgierigen. Wenn er zürnt, schickt er schwere Unwetter, die diejenigen treffen, die seinen Zorn heraufbeschworen. Aber er kann auch ein Spaßvogel sein: Wanderern gesellt er sich oft hinzu und treibt harmlose Späße mit ihnen. Oft erscheint er in menschlicher Gestalt, manchmal als Riese, aber auch als Zwerg, Mönch oder in Tiergestalt wurde er schon gesehen.

Rudra

Rudra ist ein indischer Geist, der über Gespenster und böse Geister herrschen soll. Seit Jahrhunderten werden ihm Opfer dargebracht, um ihn davon abzuhalten, Bataillone von Phantomen auszusenden, um die Lebenden zu plagen. Weil die Inder glauben, daß die Geister sich an Kreuzwegen zu sammeln pflegen, hinterlegen sie ihre Opfergaben für Rudra an solchen Plätzen. Sir James Frazer behandelt diese Gottheit in seinem Werk *The Golden Bough* (1890).

S

Sabberhexe

»Sabberhexe« ist der volkstümliche Name für den bösen walisischen Geist »gwrach-y-rhibyn«. Der Geist erscheint in Gestalt einer fürchterlichen alten Hexe mit langem verfilztem Haar, einer Hakennase, stechenden Augen, einem Buckel und langen Armen mit klauenartigen Fingern. Die Arme werden manchmal schuppigen schwarzen Flügeln ähnlich beschrieben. Sie hat eine schrille Stimme, die ein Todesomen sein soll, wenn man sie hört. Der Überlieferung nach spukt sie nur bei alten walisischen Familien – ein Charakteristikum der irischen Banshee –, wozu

»Die Sabberhexe«, einer der bekanntesten und gefürchtetsten walisischen Geister.

man die Stradlings vom St. Donat's Castle in der Nähe von Llantwit, die De Clares vom Caerphilly Castle bei Cardiff und die Barrys aus Südwales zählen kann. Der vielleicht bekannteste Ort, an dem eine »gwrach-y-rhibyn« spukte, ist die Ruine des Pennard Castle.

Nach John Rhys' Buch *Celtic Folk Lore* (1901) ist die Herkunft der Hexe unbekannt. Sie könnte vielleicht der Geist einer alten walisischen Göttin sein. Wirt Sykes behauptet in seinem Buch *British Goblins* (1880), daß der Schrei der Hexe manchmal zu verstehen sei: Wenn ein Mann sterben soll, klagt sie: »Oh, oh! Fy ngwr, fy ngwr!« (dt.: Oh, oh! Mein Mann, mein Mann!), wenn ein Kind vom Schicksal ereilt wird: »Fy mlentyn, fy mlentyn bach!« (dt.: Mein Kind, mein kleines Kind!). Er erwähnt auch, daß die Bemerkung: »Sie ist so häßlich wie ›gwrach-y-rhibyn‹!« eine Redewendung in Wales gewesen sei.

Särge von Barbados

Es gibt zahlreiche Berichte über Särge, die von Geisterhand bewegt wurden; der klassische Fall dieser Art ereignete sich jedoch während des frühen 19. Jahrhunderts auf der Insel Barbados. Hier wurde die Gruft der Familie Chase in den Jahren zwischen 1812 und 1820 regelmäßig von einem Poltergeist gestört.

Sechs Särge, alle aus Blei, die in einer in einen Felsen geschlagenen und versiegelten Gruft standen, wurden nicht weniger als fünfmal in Unordnung gebracht. Der Fall wurde sorgfältig von mehreren Leuten untersucht – unter anderem auch von dem Gouverneur auf Barbados, Lord Combermere. Alle gelangten zu keiner anderen Auffassung als der, daß ein gewalttätiger Geist am Werk gewesen war und die Särge umgekippt und verschoben hatte. Um das Rätsel zu lösen, führte Lord Combermere 1819 eine strenge Prüfung durch, bei der er eigenhändig die riesige Platte aus blauem Devonshire-Marmor versiegelte, die den Eingang zum Grab schützte und nur von vier Männern bewegt werden konnte. Zuvor hatte man die Särge in einer bestimmten Ordnung aufgestellt und ihre Lage skizziert. Als man im darauffolgenden April Geräusche aus der Gruft hörte, wurde sie

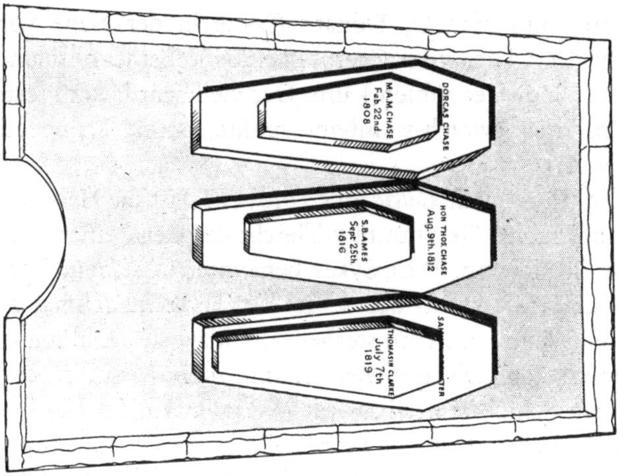

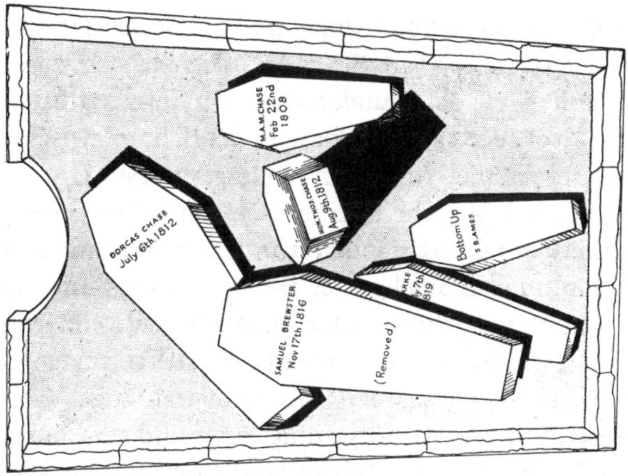

Zwei Bilder, die die sich bewegenden Särge von Barbados zeigen und wie sich ihre Positionen vom Juli 1819 bis April 1820 verändert haben.

schnell geöffnet. Ein Anblick totaler Unordnung bot sich den zahlreichen Augenzeugen, denn noch einmal lagen die sechs Särge der unglücklichen Familie Chase verstreut in der Gruft. Um weitere Störungen auszuschließen, ordnete Lord Combermere an, die Särge zu entfernen und in Einzelgräbern auf dem Kirchhof zu begraben. Seit dieser Zeit gab es keine weiteren Zwischenfälle mehr, aber die Legende von den »sich bewegenden Särgen« blieb überall in Westindien berühmt. Die Geschichte wurde in zahllosen Büchern geschildert, auch in *Poltergeist Over England* (1945) von Harry Price.

Salbeiblätter

Der Aberglaube schreibt Salbeiblättern die Kraft zu, Menschen zu befähigen, Geister sehen zu können. Wenn beispielsweise ein junges Mädchen – einer alten englischen Überlieferung zufolge – in der Nacht vor Hallowe'en, möglichst um Mitternacht, in den Garten geht und zwölf Salbeiblätter pflückt und dann ruhig wartet, materialisiert sich die schemenhafte Gestalt ihres zukünftigen Ehemannes in der Dunkelheit.

Schauspieler

Angehörige des Schauspielerstandes werden häufig für Menschen gehalten, die den ausgeprägtesten Glauben an Geister und den gesündesten Respekt vor ihnen und abergläubischen Regeln besitzen. Ihre Zunft umgibt sich tatsächlich mit merkwürdigen und rätselhaften abergläubischen Gewohnheiten, die beachtet werden müssen, um den Erfolg auf der Bühne zu gewährleisten – das Ignorieren von Omen soll Katastrophen heraufbeschwören können. Viele dieser abergläubischen Gewohnheiten sind in einer Anzahl von Büchern besprochen worden, so in Philippa Warings umfassendem *Dictionary of Omens and Superstitions* (1978). Sie erwähnt, daß die meisten Schauspieler fest an Geister glauben und daß es in vielen berühmten Theatern spuken soll. Es überrascht daher wohl kaum, daß einige Theatergeister die Geister von früheren Schauspielern sein sollen. Zum Beispiel spukt Dan Leno, einer der berühmtesten englischen Komödian-

Eine fotografische Darstellung des Geistes, der im Theatre Royal in London spukt.

ten, im Theatre Royal in Londons Drury Lane. Der Komiker Stanley Lupino sagt, daß er während eines Pantomimenstücks Leno gesehen und mit ihm gesprochen habe. Das Theatre Royal soll auch vom Geist des großen dramatischen Schauspielers Charles Kean heimgesucht werden. Außerdem soll ein Herr in Grau der Geist jener unglücklichen Seele sein, die vor vielen Jahren bei lebendigem Leibe im Fundament des Gebäudes eingemauert wurde. Das Londoner Adelphi Theatre wird von William Terris, dem schönen viktorianischen Matinee-Idol, heimgesucht; er wurde 1897 an der Bühnentür erdolcht.

Dennoch ist die berühmteste aller Geistergeschichten vielleicht jene, die von Sir Alec Guiness überliefert wurde. Während er *Hamlet* im Old Vic spielte, erschrak er plötzlich vor der Gestalt des William Shakespeare, der ihn vom Parkett aus ansah! Man muß hinzufügen, daß Shakespeare, was den Aberglauben am Theater betrifft, eine herausragende Rolle spielt! Es soll Unglück bringen, in seinem Stück »Macbeth« aufzutreten, kein erfahrener Schauspieler würde je daraus zitieren – schon gar nicht die berühmte »Hexenszene«, die angeblich die Macht hat, böse Geister zu beschwören.

Scheifenhäuserin

In einem naturgeschützten Tal in der Nähe von Düsseldorf liegt das Gut Scheifenhaus. Den Bewohnern erscheint in unregelmäßigen Abständen eine Hexe: die Scheifenhäuserin. Als 1975 eine Gruppe Städter das bis dahin landwirtschaftlich genutzte Anwesen bezog, wurden die Berichte erstmals über den engeren Umkreis hinaus bekannt. Des Nachts trat ein eindeutig als weiblich empfundenes Wesen mit starker magischer Kraftausstrahlung an das Bett des Schlafenden und versuchte die Decke wegzuziehen. Ein eiskalter Mund legte sich auf den Nacken des Schläfers, und dieser hatte das Gefühl, sein Rückenmark würde ausgesaugt. In anderen Fällen zeigte das Wesen nur mahnend auf die Hauswand, hinter der sich die Scheune befindet. Zuletzt hörte der Geweckte immer ein leises, sich schnell entfernendes Getrappel auf der Holztreppe, die vom Keller bis zum Dachgeschoß führt. Dies passierte unabhängig voneinander mehreren Bewohnern; auch der vorige Pächter, ein Bauer, bestätigte die nächtlichen Erscheinungen, die er und seine Frau erlebt hatten. Je weiter man zurückforschte, desto mehr unheimliche Begebenheiten förderte man zutage, deren Schauplatz dieses älteste Haus der Gegend bildete – die Ortschronik notiert eine Grundbucheintragung des Gebäudes aus dem Jahre 1388.

Die Aufmerksamkeit richtete sich schließlich auf die Wand der Scheune, wohin die Scheifenhäuserin immer wieder gedeutet hatte. Man klopfte die Wand ab. Sie klang hohl. Ein Loch wurde gestemmt und in den Zwischenraum geleuchtet – leer. Doch den Anwesenden schien dabei, als sei während des Bruchs durch die Wand irgend etwas entwichen.

Die Scheifenhäuserin erscheint bis heute, doch hat sie ihren anfänglichen Schrecken verloren. Man stuft sie als einen Hausgeist ein, der schon einmal Herzklopfen bei seinem Erscheinen verursacht, es gleichwohl bei harmlosen Neckereien beläßt. Auch zeigt sie nicht mehr auf die Wand.

Bei weiteren Nachforschungen stieß man auf eine mögliche Lösung des Geheimnisses: Keine 100 Meter von dem Gut entfernt hat im 18. Jahrhundert ein Heilkundiger praktiziert, der wegen seiner Erfolge weit über das Bergische Land hinaus Bekanntheit erlangte – selbst Goethe hat bei ihm Rat gesucht. Vermutet wird, daß eine kräuterkundige Frau (»Möhn«), die dem selbsternannten Medicus zur Hand ging und die im hohen Alter auf Gut Scheifenhaus eine Kammer bewohnte, den späteren Bewohnern erschien, um sie zu warnen – wovor, das blieb bis heute ihr Geheimnis und das der nächtlich Erschreckten.

Schiffswracks

Unter Seeleuten existiert der Aberglaube, niemals direkt ein Seegebiet durchqueren zu dürfen, in dem ein Schiff auflief oder sank, da dies voraussichtlich die Geister der Seeleute, die ertranken, stören würde und sie infolgedessen kommen und das Schiff und seine Mannschaft heimsuchen könnten.

Schreiende Gruben

In Aylmerton in Norfolk gibt es eine Anzahl von großen, kreisförmigen Gruben, von denen man annimmt, daß sie Überreste prähistorischer Siedlungen sind. Im Laufe der Zeit nannte man sie »Schreiende Gruben«, weil eine weiße Gestalt dort spuken soll, die gelegentlich die schrecklichsten und herzzerreißendsten Schreie von sich gibt. Trotz der hartnäckig sich haltenden Legende nimmt die Folkloristin Christina Hole in ihrem Werk *Haunted England* (1940) an, daß es sich hier um einen Spuk handelt, der eher auf natürliche denn übernatürliche Ursachen zurückgeführt werden kann – die Effekte werden ihrer Ansicht nach durch eine Mischung von Nebel und Vogelgeräuschen erzeugt.

Schreiende Schädel

In der Geschichte der Geister findet man eine Anzahl sehr bizarrer Berichte über menschliche Totenschädel, die bei jedem Versuch, sie von ihrer letzten Ruhestätte zu entfernen, die scheußlichsten Schreie von sich geben. Jedesmal wird behauptet, daß der leibhaftige Besitzer des Kopfes besondere Anweisungen gegeben habe, was mit seinem oder ihrem Körper nach dem Tode zu geschehen habe. Wenn man diese Wünsche ignorierte, benutzten die Verstorbenen den Totenschädel als Medium für den schrecklichsten Spuk.

Der bekannteste dieser schreienden Totenschädel wird heute noch in Dorset aufbewahrt. Er gehörte einem Negersklaven, der seinem Herrn erzählte, daß er den Platz verfluchen würde, falls sein Körper nach seinem Tode nicht nach Westindien zurückgebracht werden sollte. Der Sklavenbesitzer schenkte der Drohung offensichtlich keine Beachtung. Seitdem hat sich der alte gelbgewordene Totenschädel gegen alle Versuche, ihn fortzuschaffen – auch gegen eine Beerdigung –, mit wilder Vergeltung widersetzt, indem er solch beängstigende Tumulte veranstaltete, daß die Besitzer gezwungen waren, ihn in das alte Büro zurückzubringen, wo er seit über 200 Jahren liegt. Christina Hole widmet den schreienden Totenschädeln in ihrem Buch *Haunted England* (1940) ein ganzes Kapitel und führt dort noch zahlreiche andere Beispiele auf.

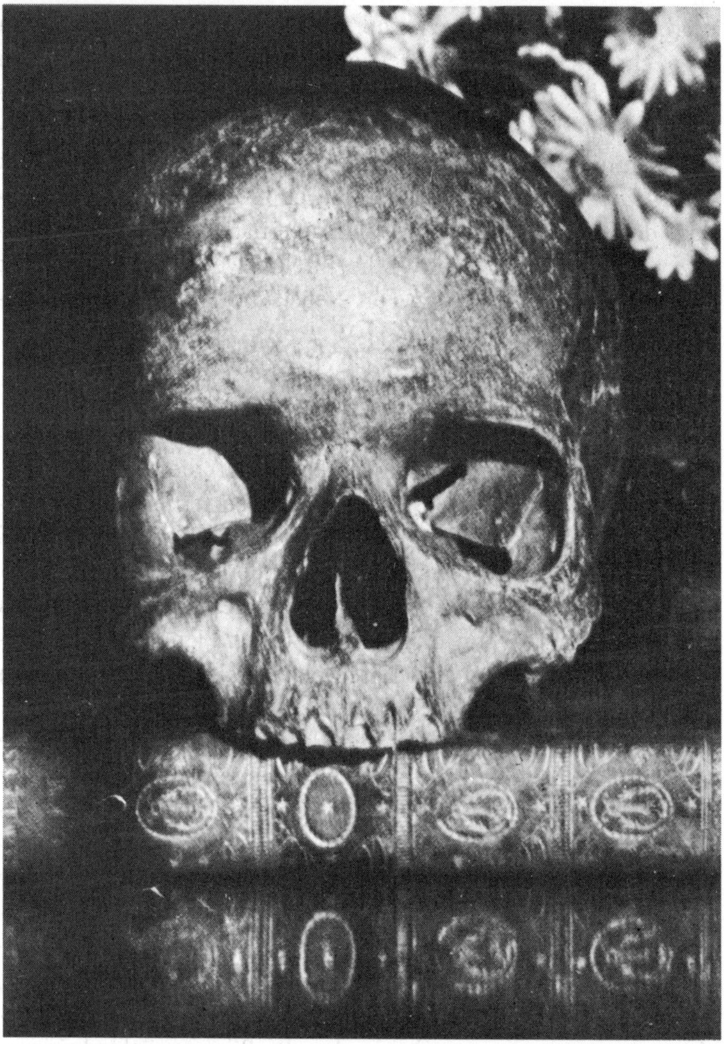

Der berühmte schreiende Totenschädel im Bettiscombe Manor in Dorset.

Schwarze Dame von Darmstadt

Die Schwarze Dame ist ein bekanntes deutsches Gespenst, das der Geist von Marianne, der Frau des ehemaligen Großherzogs Ferdinand, sein soll. Ihre Besuche konzentrieren sich auf Mitglieder des Hauses Hessen. In ihre schwarzen Frauenkleider und den langen Schleier gehüllt, bietet sie einen grausamen Anblick. Die Schwarze Dame ist ein Todesomen, und einige Begebenheiten ihrer Auftritte sowie deren traurige Folgen wurden von Hugh Fraser in ihrem Buch *A Diplomat's Wife in Many Lands* (1893) geschildert.

Séance

Eine Séance ist eine Zusammenkunft, die normalerweise unter der Schirmherrschaft praktizierender Spiritisten inszeniert wird und bei der ein Medium – eine Person, die behauptet, Verbindungen zur Geisterwelt herstellen zu können – versucht, entweder physische Phänomene (in der Gestalt menschlicher Wesen, aus Ektoplasma bestehend) oder geistige Phänomene (Stimmen

Drei Fotos, die auf einer von Ethel Post-Parrish geführten Séance aufgenommen wurden und ihren indianischen Geisterberater »Silver Belle« bei der Materialisierung zeigt.

Gestorbener) hervorzurufen. Diese Fähigkeit soll angeboren sein und in ihrer höchsten Vollkommenheit auch mächtig genug sein, die Materialisation von Geistern zu bewirken.

Während einer solchen Versammlung sitzen üblicherweise zwei, vier, sechs oder acht Personen im Kreis und verbinden ihre Hände mit denen des Mediums. Das Medium fällt dann in Trance; in dieser Zeit sollen die Phänomene erscheinen, meistens begleitet von einer merklichen Temperaturveränderung in dem Raum, in dem die Séance stattfindet. Es gibt unzählige Berichte über Materialisationen, die auf solchen Séancen stattfanden. Die vielleicht bemerkenswertesten aller Zeiten waren jedoch jene, die in den sechziger Jahren unseres Jahrhunderts von dem amerikanischen Medium Ethel Post-Parrish aus Pennsylvania vorgeführt wurden. Mrs. Post-Parrish materialisierte eine junge Indianerin, die sie »Silver Belle« (dt.: Silberschönheit) nannte. Während einer denkwürdigen Gelegenheit produzierte sie diesen Geist vor einer achtzigköpfigen Zuschauermenge. Der Geist wurde auf dieser Séance mit Hilfe eines Infrarotfilms aufgenommen.

Eine interessante Arbeit zu diesem Thema stellt das Buch *Clairvoyance and Materialisation* von Dr. Gustave Geley (1927) dar.

Shakespeare, William (1564–1616)

Das Übernatürliche war wahrscheinlich in den englischen Dramen während des elisabethanischen Zeitalters weiter verbreitet als zu jeder anderen Epoche. Diese Tatsache verdankt man vor allem William Shakespeare, der zutiefst an allen Aspekten dieses Themas, insbesondere an Geistern, interessiert war. Ihm waren die Probleme – vielleicht mehr als jedem anderen Dramatiker – gegenwärtig, wenn er versuchte, so etwas Überirdisches wie einen Geist auf der Bühne zu präsentieren, wie F. E. Budd in *A Survey of the Occult* (1935) folgendermaßen beschrieb: »Shakespeare war sich dessen völlig bewußt, daß Geister und Hexen nicht per se die höchstmögliche Wirkung auf die Einbildungskraft garantieren können. Um diese zu erreichen, sah er, wie we-

Eine von vielen Episoden in William Shakespeares Bühnenstücken, die sein besonderes Interesse an Geistern und am Übernatürlichen belegen.

sentlich es ist, die Reaktionen einer empfindsamen Seele auf die Suggestionskraft zu zeigen. Die Wirkung würde um so höher sein, je feinsinniger diese Seele ist. Darüber hinaus spielte er, wie alle großen Dramatiker, auf das Vorhandensein übernatürlicher Kräfte an, ohne nun unbedingt das Gespenstische einzusetzen. Das Walten des Schicksals, der Einsatz tragischer Ironie und die Beschreibung solcher Naturereignisse, wie sie die Morde an Cäsar und Duncan begleiteten, gehören zu den Mitteln, mit deren Hilfe er der menschlichen Handlungsweise mehr als menschliche Bedeutung verleiht.«

Seine Dramen *Julius Caesar* und *Macbeth* sind mit ihren machtvollen Geisterszenen natürlich so bekannt, daß sie hier nicht weiter beschrieben werden müssen. Bei beiden ist es Cäsars

Geist auf der einen und Banquos Geist auf der anderen Seite, die die gesamte Handlung auf irgendeine Weise beherrschen. Auch im *Hamlet* gibt es einige gespenstische Momente, aber Shakespeare zeigte uns gleichfalls, wie man das Übernatürliche in Komödien wie *Ein Sommernachtstraum* und *Der Widerspenstigen Zähmung* ins Spiel bringen kann. Der Stoff Shakespeares, seine Verbindung mit dem und seine Vorstellungen vom Übernatürlichen seiner Zeit, wie sie besonders schön in *Sturm* deutlich werden, wurden in vielen Arbeiten ausführlich behandelt, insbesondere in *Life in Shakespeare's England* (1911) von Dover Wilson.

Shins

So wie die Chinesen die volkreichste Nation der Erde bilden, besitzen sie auch mehr Geister als alle anderen Völker – ihre Überlieferung kennt nicht weniger als sechzig verschiedene »Shins«, böse Geister. Jeder von ihnen erscheint an einem besonderen Tag in einem Zyklus von sechzig Tagen, der sich endlos wiederholt. Um diese Geister zu besänftigen, hinterlegen die Chinesen vor ihren Häusern kleine Opfergaben in Form von Kuchen, in denen Botschaften an die »ehrenwerten, heimatlosen Geister« mit der Bitte stecken, sich an dem Geschenk zu erfreuen und dann das Anwesen in Frieden zu verlassen. Es kann eine entnervende Erfahrung sein, ein solches Phantom zu erblicken, denn sie erscheinen zuerst als formloser Nebel, aus dem sich langsam die Gestalt eines Menschen herausbildet, wobei sich der Kopf zuerst materialisiert, dann die Füße und zum Schluß der restliche Körper! Das ist aber nicht ihre einzige Besonderheit – chinesische Geister haben kein Kinn!

Shojo

Nach der japanischen Überlieferung sind die Meere von Seegeistern, genannt Shojo, bevölkert. Sie haben leuchtend rote Haare, führen mit den Seeleuten aber nichts Böses im Schilde. Offensichtlich sind sie dem Alkohol ergeben und sehr lustig, gewöhnlich sieht man sie auf den Wellen tanzen. Einer anderen Überlieferung zufolge soll es möglich sein, einen Shojo mit einem Krug

Sake an Land zu locken und dann zu fangen, denn Sake ist ihr Lieblingsgetränk.

Spiritismus

Der Spiritismus ist eine weltweit verbreitete Bewegung, die glaubt, daß der Geist eines Menschen nach seinem Tode weiterlebt und daß es möglich ist, mit diesem Geist durch die Vermittlung eines Mediums auf Séancen Kontakt aufzunehmen. Das Thema wird umfassend in zahlreichen Werken behandelt, besonders gut in dem Buch *Spiritualism Today* (1969) von Maurice Barbanell und der sechsbändigen Reihe *Moderne Universalgeschichte der Geheimwissenschaften* (1979).

Spook

Der Spook ist ein Geistertypus, den man nur in Amerika antrifft, und er soll ein eher wohlwollender denn bösartiger Geist sein. Die ersten Legenden um den Spook finden sich in den Überlieferungen der Indianer, die glaubten, daß diese Geister die Kontrolle über den Körper einer lebenden Person übernehmen könnten. Die Geister können anscheinend unbemerkt eine Person beeinflussen, indem sie sich nach Belieben mit dieser vereinigen. Unter der Landbevölkerung mehrerer amerikanischer Oststaaten existieren Geschichten von Menschen, die im Leben versagten, ehe ihr Spook sie übernahm, die dann Reichtum und Ansehen gewannen.

Mit dem Wort »Spook« umschreibt man heute in Amerika Privatdetektive und staatliche Überwachungsorgane.

Sprechender Mungo

Den »Fall Gef«, des sprechenden Mungos von der Isle of Man, hält man für die außergewöhnlichste Geschichte über ein Tiergespenst in diesem Jahrhundert – und sie ist ganz sicher eine der bekanntesten.

Im Herbst 1936 wurde von seltsamen Geräuschen aus einem als »Cashens Gap« bekannten alten Bauernhaus in Dalby berichtet. Bald sah der Besitzer des Hauses, ein Mr. Irving, einen Schatten, der sich durch die Räume des Hauses bewegte, und dann konnte man durch einen Riß in der Decke kleine behaarte Füße erkennen. Das erstaunlichste war jedoch, daß das Wesen begann, mit Mr. Irving zu sprechen, und sich selbst als »Gef«, einen Mungo, vorstellte!

Anschließend wurden der Spuk und das Haus von Journalisten und Parapsychologen einer Prüfung unterzogen. Keiner konnte beweisen, daß es sich lediglich um eine Zeitungsente handelte. Das anfänglich brennende Interesse der Öffentlichkeit an dem sprechenden Mungo – dem ersten bekanntgewordenen Beispiel eines Tiergeistes mit der Fähigkeit, zu Menschen zu sprechen – nahm irgendwann ab, und auch Gefs Anwesenheit wurde immer seltener bemerkt.

Einige Jahre später berichtete ein neuer Besitzer des Bauernhauses, daß er ein kleines Pelztier auf dem Anwesen erschossen habe. Ob es sich dabei um den sprechenden Mungo gehandelt hat, wurde nie befriedigend geklärt. Die gesamte Geschichte um dieses Phänomen wird mit bewundernswerter Akribie in dem Buch *The Haunting of Cashens Gap* (1936) von Harry Price und R. S. Lambert geschildert.

Spuk

Das Wort Spuk wird gebraucht, um das Erscheinen einer geisterhaften Gestalt zu beschreiben, die zu verschiedenen Gelegenheiten aus eigenem Entschluß auftaucht. Jedes Gebäude oder jeder Ort, wo solche Anzeichen vorkommen, gelten als vom Spuk heimgesucht, und es gibt auf der ganzen Welt unzählige Beschreibungen solcher Orte. Obwohl es seit vielen Jahren intensive Untersuchungen über Spukvorkommnisse gibt (so beispielsweise durch das Freiburger Institut für Grenzgebiete der Psychologie und Psychohygiene), ist es ziemlich unmöglich, Zahlen darüber anzugeben, an wieviel Orten es spukt. Feststellbar ist aber die Verbreitung des Glaubens an paranormale Vorkommnisse, wie die Zahlen aus dem Vorwort zu diesem Buch belegen.

Spukland

Ein äußerst erfolgreiches Buch mit dem Titel *Raymond, or Life and Death*, das 1916 von dem hervorragenden Physiker Sir Oliver Lodge (1851–1940) herausgegeben wurde, erweckte den Eindruck, ein Bild von dem zu geben, wie das Leben der Geister wirklich aussieht. Das außergewöhnliche Werk basiert auf Gesprächen, die Sir Oliver mit seinem im Ersten Weltkrieg gefallenen Sohn Raymond geführt haben will und die durch ein Medium namens Mrs. Gladys Leonard ermöglicht worden waren. Im Spukland, so Raymond Lodge, leben die Geister in von Blumen und Bäumen umgebenen Ziegelhäusern. Sie besitzen Körper, die ihnen genauso stofflich vorkommen wie uns die unsrigen. Wie wir sehen sie die Sonne, und die Erde, auf der sie leben, ist so echt, daß Raymond seine Kleidung beschmutzte, als er auf ihr niederkniete. Diese Kleidung entsteht offensichtlich aus dem Duft und den Ausdünstungen, die von den irdischen Garderoben ausgehen! Obwohl das Buch viel Lächerliches enthielt – die Geister liebten zum Beispiel noch Alkohol und rauchten Zigaretten –, gibt es keinen Zweifel daran, daß seine Popularität viel mit der aufgewühlten Zeit zu tun hatte, in der es erschien – Tausende waren im Krieg getötet worden, und ihre trauernden Verwandten suchten verzweifelt nach jedem Hinweis auf ein mögliches Leben nach dem Tode.

Spukreichstes Haus Englands

Jahrelang galt das Pfarrhaus von Borley an der Grenze von Essex und Suffolk als das »spukreichste Haus Englands«, nun, wo es nicht mehr existiert, gebührt die Ehre unzweifelhaft dem Herrensitz »Sanford Orcas« in der Nähe von Sherborne in Dorset. Dieses prächtige Tudorhaus, das anheimelnd in einem ruhigen Dörfchen steht, soll von nicht weniger als vierzehn Geistern heimgesucht werden! Unter ihnen befinden sich zwei Frauen, eine völlig in Grün gekleidet, die andere, die »Dame in Roter Seide«, ist ein verführerischer Geist, der sich angeblich genau vor Mitternacht rührt. Es gibt auch einen schwarzen Jagdhund, einen Mönch und den Geist von Sir Hubert Medlycott, einem früheren Besitzer, der im Pförtnerhaus des Herrensitzes Selbstmord beging. Am bizarrsten ist wahrscheinlich aber ein über 2 Meter großes Gespenst, das nur dann erscheint, wenn ein jungfräuliches Mädchen anwesend ist! Es soll Lakai im Herrenhaus gewesen sein und gewohnheitsmäßig die Mägde verführt haben. Weitere Einzelheiten über das Haus können in dem Buch *Gazetteer of British Ghosts* (1971) von Peter Underwood nachgelesen werden.

Spunkies

Eine alte Überlieferung besagt, daß Spunkies besonders traurige Wesen sind: Geister ungetaufter Kinder. Sie werden gleichermaßen an Land und auf See angetroffen – auf der Suche nach jemandem, der ihnen einen Namen gibt. In Schottland sagt man, daß sich die Spunkies manchmal versammeln, um sich in ihrer Einsamkeit gegenseitig zu trösten. In Westengland besitzen sie die Fähigkeit, sich in kleine weiße Nachtfalter zu verwandeln, die sich unerkannt zwischen den Menschen bewegen. Ruth Tongue schreibt in ihrem Buch *Country Folklore* (1970), daß Spunkies dazu verdammt sind, bis zum Jüngsten Gericht herumzuirren, und daß sie an jedem Abend vor Allerheiligen zur Kirche gehen, um dort die Geister jüngst Verstorbener zu treffen.

Steinzeitgeist

Der wahrscheinlich älteste Geist auf der Welt ist der eines Steinzeitmannes, der auf dem Rücken eines Pferdes durch den Cranborne-Forst in Dorset galoppiert. Dieses seltsame in Felle gehüllte Phantom reitet sein struppiges Tier ohne Zaumzeug und Bügel und schwingt in seiner Hand einen Gegenstand, der wie eine Steinaxt aussieht. Der Steinzeitgeist wird gewöhnlich in der Nachbarschaft der alten Römerstraße nach Old Sarum gesehen, obwohl er auch in der Nähe des prähistorischen Lagerplatzes im Forst aufgetaucht sein soll. Das führte zu der Vermutung, daß es sich um die Seele eines Kriegers handeln könne, der einst in diesem Lager wohnte.

Stimmen der Toten

Es gibt zahlreiche Berichte über Leute, die Stimmen von Menschen hörten, die sie tot oder abwesend wähnten. Einige der besten Beispiele findet man in Camille Flammarions Werk *Death and Its Mysteries*, das 1864 veröffentlicht wurde. In einem gut belegten Fall, der sich im Ersten Weltkrieg ereignete, hörte eine Mutter in Indiana (USA) plötzlich, wie sie meinte, ihren Sohn, der seinen Kriegsdienst in Frankreich leistete, um Hilfe schreien. Sie kniete nieder und betete um seine Rettung. Zwei Monate später erfuhr die Mutter als Antwort auf einen Brief, den sie an den Jungen geschrieben hatte, daß ihr Sohn tatsächlich in dem Moment angeschossen und verwundet worden war, als sie seine Schreie hörte.

In einem Buch mit dem Titel *Überleben wir den Tod? Neue Experimente mit dem Stimmenphänomen* (1973) behauptete ein deutscher Psychologe, Dr. Konstantin Raudive, Tausende von Geisterstimmen auf Tonband aufgezeichnet zu haben. Raudive (1909–1974) war von der Vorstellung gefesselt, mit den Geistern der Toten in Verbindung zu treten, und zwar infolge von außergewöhnlichen Erfahrungen, die er bei seinem Hobby, der Tonbandaufzeichnung von Vogelstimmen, gesammelt hatte. Er stellte daher seine Aufnahmeausrüstung um und forderte, unter den wachsamen Augen zweier Beobachter, die Toten auf, mit ihm zu sprechen. Es wurde eine Vielzahl von Antworten aufgezeichnet, manchmal in anderen Sprachen, manchmal verständlich, manchmal aber auch ein einziges Stammeln, doch der allgemeine Effekt war außerordentlich positiv, wie Dr. Raudive in seinem erstaunlichen Buch schreibt.

Summers, Montague (1880–1948)

Montague Summers, der behauptete, ein römisch-katholischer Priester zu sein, war Experte auf den Gebieten der Hexerei, des Vampirismus, der Werwölfe und Dämonologie. Über alle diese Themen schrieb er Bücher, die heute als Klassiker ihres Genres gelten, obgleich sie ziemlich beschränkt in ihren Ansichten und gelegentlich unglaublich naiv sind. Summers war darüber hinaus stark an Gespensterkunde interessiert und gab zwei herrliche Sammlungen von Geistergeschichten heraus, *The Supernatural Omnibus* (1931) und *Victorian Ghost Stories* (1933), die vorbildlich in ihrer Art sind. Er will bei einem Aufenthalt in Bristol auch selbst einen Geist gesehen haben – den eines buckligen, bleichen Mädchens, das in den Räumen des Familienhauses umherirrte, wo sie ihr unglückliches Leben verbracht hatte, ehe sie um die Mitte des 19. Jahrhunderts Selbstmord beging.

Sündenesser

Sündenesser ist ein Begriff, der eine althergebrachte Sitte umschreibt, die man hauptsächlich in Wales antrifft und bei der eine Person dafür bezahlt wird, alle Sünden eines frisch verstorbenen Menschen auf sich zu nehmen, so daß die Seele des Betreffenden frei ist, den Körper zu verlassen und in den Himmel zu kommen, anstatt erdgebunden zu bleiben und zum Geist zu werden. Der Sündenesser legt kleine Schüsseln mit Salz und Brot auf die Brust der Leiche. Der Inhalt der Schüsseln wird rituell verzehrt. Dabei nimmt er nicht nur die Sünden des Verstorbenen auf sich, sondern verdient dabei auch ein namhaftes Honorar. Interessant dabei ist, daß man Salz lange Zeit für ein Abwehrmittel gegen böse Geister hielt.

T

Takarabune

Die *Takarabune* ist ein gespenstisches Schatzschiff der Japaner, von dem man glaubt, daß es am Neujahrstag in den Hafen segelt und jedem Glück bringt, der es sieht. Nach einem noch heute gepflegten Brauch sichert eine am Neujahrstag gekaufte Abbildung dieses Geisterschiffes, wenn man sie unter das Kopfkissen legt, dem Schläfer ein glückliches Jahr.

Tash

Tash oder Thevshi ist das irische Wort für einen Geist, und diese Geister können in menschlicher oder tierischer Gestalt erscheinen: In der Tat ist das Land besonders berühmt für seine zahllosen Legenden über Phantomhunde, Katzen, Pferde (kopflose und sonstige), Vögel, Kaninchen und sogar Insekten, ja selbst Steine! Ganz zu schweigen von der berühmten Banshee oder dem Phouka! Der überwiegende Teil der Geister soll aus den Seelen Verstorbener bestehen, die eines gewaltsamen Todes, entweder durch Mord oder Selbstmord, starben. Die Iren glauben, daß solche Seelen dazu verdammt sind, auf sich und ihre törichte Tat aufmerksam zu machen, indem sie dort, wo sie starben, spuken – als Lektion für andere. In vielen ländlichen Gegenden hält man es immer noch für unklug, um jemanden lange zu trauern, »weil er sonst aus seiner Ruhe gerissen wird und als Geist zurückkehrt«.

Irland besitzt auch eine stark ausgeprägte Geistergeschichtentradition und brachte den vielleicht größten aller Geistergeschichtenerzähler, Joseph Sheridan Le Fanu, (1814–1873) hervor. Viele Geschichten um irische Spukgestalten können in James

Der Tash, ein irischer Geist, kann sowohl in menschlicher als auch tierischer Gestalt erscheinen.

Reynolds hervorragenden Sammelbänden *Ghosts in Irish Houses* (1947) und *More Ghosts in Irish Houses* (1956) nachgelesen werden.

Tasmanien

Aus dem Buch *Visits From Beyond The Grave* (1975) von Joyce Zwarycz geht hervor, daß keine Provinz Australiens so viele Geister aufweist wie Tasmanien, »wo es Geistererscheinungen von Menschen, kopflose und andere, Phantompferde und -hunde, heimgesuchte Brunnen und sogar Geisterkutschen gibt, in denen schöne weibliche Geister, in Krinolinen gekleidet, sitzen«. Die seltsamste dieser Geschichten, glaubt die Autorin, rankt um ein Steinhaus namens »Garth«, das am Ufer des South Esk steht, einige Meilen von Fingal entfernt. Es wurde von einem jungen englischen Siedler für seine zukünftige Braut errichtet, die zu ihm in den Busch kommen sollte. »Der junge Mann war so sehr darauf bedacht«, schreibt die Autorin, »die junge Dame nach Australien zu holen, daß er nach London segelte, bevor das Haus fertiggestellt war. Bei seiner Ankunft in London mußte er jedoch feststellen, daß man ihm den Laufpaß gegeben hatte, deshalb kehrte er den langen Weg nach Garth zurück und erhängte sich im Hof des halbfertigen Hauses. Sein Geist, so sagt man, spukt noch immer dort.« Joyce Zwarycz behauptet, daß in dem Haus auch noch der Geist einer Frau und eines Kindes spuken – das Kind soll aus Angst vor der Frau in den Brunnen gesprungen sein, die Frau ertrank bei dem Versuch, das Kind zu retten, ebenfalls. Die Autorin fügt hinzu: »Heute steht dieses alte, finstere Haus verlassen da. Die oberen Räume und die Wohnhalle sind noch genau so unfertig, wie die Handwerker sie verlassen haben.«

Teiche des Schicksals

Das überlieferte Wissen vom Übernatürlichen kennt zahlreiche Beispiele für Teiche, wo es spukt – Gewässer, die ein Gefühl tiefster Traurigkeit und Melancholie hervorrufen. Einige sollen sogar Geister förmlich anziehen, insbesondere mißgünstige und menschenfeindliche Geister. Eine Anzahl dieser Teiche, allgemein als »Todesteiche« bezeichnet, werden in *Haunted Britain* (1948) von Elliott O'Donnell beschrieben. Er vertritt darin auch die Theorie, daß die meisten Gewässer deshalb so einen finsteren Ruf genießen, weil sich in ihnen Selbstmörder ertränken.

Teufel von Hjalta-Stad

Die Legende vom »Teufel von Hjalta-Stad« ist eine der berühmtesten Geistergeschichten Skandinaviens. Diese unheimliche halbnackte Gestalt, die plötzlich in der kleinen schwedischen Gemeinde Hjalta-Stad im Jahre 1750 erschien, wurde von einigen Dutzend Menschen gesehen und verursachte eine derartige Panik, daß viele Dorfbewohner sofort aus ihren Häusern flohen. Das kahlköpfige Gespenst wurde scheinbar als Dorfbewohner er-

Der Teufel von Hjalta-Stad, der skandinavische Geist, der 1750 erschien.

kannt, der wegen eines unbekannten Verbrechens von den Einwohnern ausgestoßen worden war und auf seinem Totenbett geschworen hatte, zurückzukehren und seine Verfolger als Geist zu peinigen. Warum er in einem Leinentuch zurückkehrte, obwohl er in einem Totenhemd beerdigt worden war, blieb unklar. Das Gespenst richtete einige Tage Verwüstungen in der Gegend an, bis der Dorfgeistliche sowohl das Haus, in dem der Mann gewohnt hatte, als auch die Stelle, an der er beerdigt worden war, durch einen Exorzismus reinigte. Danach verschwand der »Teufel von Hjalta-Stad«, wie das Phantom genannt wurde, und das Leben normalisierte sich wieder. Es gab jedoch auch Berichte, daß der Geist seitdem von Zeit zu Zeit wiedergesehen wurde, genauso mißgünstig und halbnackt wie zuvor.

Theatergeist
Der »Graue Mann« ist Londons bekanntester Theatergeist; er wurde bei mehreren Gelegenheiten im berühmten Theatre Royal in der Drury Lane gesichtet. Seine Geschichte erzählt der Theaterhistoriker W. Macqueen-Pope in seinem Buch *Theatre Royal, Drury Lane,* und schildert ihn als einen Mann mit einer weißen Perücke, einem Dreispitz, einem grauen Umhang über den Schultern und Reitstiefeln. Offensichtlich ist er ein Mann von Welt, einige Augenzeugen sagen auch, daß er einen Säbel trägt. Mr. Pope selbst hat den Geist gesehen, und er sagt, daß er stets nur in den Stunden zwischen 9.00 Uhr und 18.00 Uhr erscheint – exakt vor Beginn der Abendvorstellung. Der Legende zufolge war der »Graue Mann« ein reicher junger Geck aus dem 18. Jahrhundert, der sich in eine der jungen Schauspielerinnen verliebte. In einem Eifersuchtsanfall ermordete der damalige Liebhaber des Mädchens den Mann und versteckte seine Leiche heimlich hinter den Mauern des Theaters. Trotz der tragischen Geschichte wird der Geist heute von den Schauspielern am Theatre Royal mit gewisser Sympathie betrachtet, da man glaubt, daß sein Erscheinen direkt vor einer Premiere der neuen Inszenierung den Erfolg sichert.

Tiergeister

Viele Fachleute auf dem Gebiet des Übernatürlichen stimmen darin überein, daß es Tiergeister gibt und daß sie auf nahezu dieselbe Weise wirken wie menschliche Geister. Der Geisterjäger Elliott O'Donnell hat dem Thema sogar ein ganzes Buch gewidmet: *Animal Ghosts* (1913). Darin stellt er entschieden fest: »Die bloße Tatsache, daß es Manifestationen von ›toten‹ Menschen gibt, beweist irgendeine Art von Leben nach dem Tode für den Menschen; glücklicherweise ist derselbe Beweis in bezug auf das zukünftige Leben der Tiere zu erbringen; es gibt in der Tat genauso viele tierische Geistererscheinungen wie menschliche – vielleicht noch mehr.« Unter den verschiedenen Themen, die das gesamte Buch durchziehen, wird der Leser besondere Verweise auf tierische Geister wie Katzen, Hunde, Pferde und Vögel finden. Eine weitere, jüngere Untersuchung von Bedeutung ist *Animal Ghosts* (1970) von Raymond Bayless.

Tischrücken

Im Jahre 1853 entwickelte sich in England und Frankreich eine Manie für das Tischrücken. Man behauptete, daß, wenn eine um einen Tisch versammelte Gruppe von Menschen ihre Hände auf ihn lege, die Geister der Toten über die Art und Weise, wie das Möbelstück sich neige, ihre Botschaften übermitteln würden. S. G. Soal führt zu dieser Manie in seinem Buch *A Survey of the Occult* folgendes aus: »Man entdeckte, daß, wenn vier oder fünf Personen um einen leichten runden Tisch standen und ihre Hände darauf ruhen ließen, der Tisch sich neigte und manchmal auch kreiste. Die Richtung der Drehung paßte sich der gemeinsamen Erwartung der Leute, die um den Tisch standen, an. Wenn die eine Hälfte der Teilnehmer eine Drehung im Uhrzeigersinn erwartete und die andere in entgegengesetzter Richtung, blieb der Tisch stehen. Der große Physiker Michael Faraday (1791–1867) zeigte mit Hilfe geschickter Experimente, daß die Bewegung des Tisches durch den unbewußten Muskeldruck der auf ihm ruhenden Hände ausgelöst wird. Faraday erklärte jedoch nicht, warum der Tisch durch Kippen (unter Zuhilfenahme des

Alphabets) Botschaften übermittelte, die häufig für jeden der Anwesenden völlig unerwartet kamen.«

Todesahnungen

Das Phänomen von Geistern sterbender Menschen, die an einem weit entfernten Ort von Freunden oder Verwandten gesehen werden, ist in zahlreichen Arbeiten besprochen worden. Der

Eines der populären, gefälschten Geisterfotos, das angeblich den Geist des Verstorbenen unter den Trauernden einer Beerdigung zeigt.

schottische Mythologe Andrew Lang schreibt über diese Vorgänge: »Die Häufigkeit, mit der Halluzinationen auftreten, die im Zusammenhang mit dem Tod oder irgendeiner anderen Krise stehen, ist viel zu beachtlich, als daß man sie als rein zufällig betrachten könnte.« Nach Meinung dieses Autors ist die eindrucksvolle Schilderung dieses Phänomens in dem Buch *Falling Through Space* von Richard Hillary zu finden. Hillary war im Zweiten Weltkrieg Pilot bei der Royal Airforce und hatte, als er sich in einem britischen Hospital erholte, vom Bett aus die Vision, daß sein naher Freund und Flugkamerad Peter Pease in einem Luftgefecht mit einer deutschen Messerschmitt umkam. Doch erst zwei Tage später konnte bestätigt werden, daß Pease tatsächlich genau in dem Moment gestorben war, als Hillary seine Vision hatte.

Tokolosh

Der Tokolosh ist Südafrikas bekanntester Geist – eine seltsame halbmenschliche Kreatur, die in Flüssen und anderen Gewässern leben soll. Eric Rosenthal beschreibt ihn in *They Walk By Night* (1949) folgendermaßen: »Er ist nicht viel größer als ein Pavian, hat aber keinen Schwanz, und sein dichtes Körperhaar ist vollständig schwarz. Seine Hände und Füße sind die eines gewöhnlichen Sterblichen, aber man hört ihn nie sprechen. Er scheut das Tageslicht ... und seine Taten sind grenzenlos grausam und rachsüchtig.« Der Tokolosh kann sich unsichtbar machen, viele seiner Aktivitäten sind denen des europäischen Poltergeistes ähnlich.

Totenkerzen

Das »canhywallan cyrth« oder die Totenkerze ist vielleicht das bekannteste der walisischen Phantome. Diese seltsamen Lichter werden Kerzen genannt, weil ihre Umrisse denen einer Kerzenflamme ähneln, und sie sollen, kurz bevor jemand stirbt, in der Nähe des Hauses auftauchen. T. Charley zufolge ist es möglich, an der Totenkerze zu erkennen, ob die sterbende Person jung oder alt ist. Wenn das Licht klein und blaßblau ist, dann wird ein Kind sterben, ist es jedoch groß und rötlich, dann betrifft es einen Erwachsenen in der Blüte seines Lebens. Sollte das Licht groß sein und entweder blaßblau oder weiß, deutet dies auf den Tod eines alten und schon lange kranken Menschen hin. Die walisische Geschichte ist voller Erzählungen über Totenkerzen, ein schlagendes Beispiel zitiert Charley in seinem Werk *News from the Invisible World* (1896): »Der Reverend Mr. Davis hat mir von einer Totenkerze berichtet. Er schreibt: ›Neulich hat die Frau meines Küsters, eine ältere, kluge Frau, von ihrem Bett aus eine kleine bläuliche Kerzenflamme auf dem Tischende gesehen; nach zwei oder drei Tagen kommt ein Bursche ins Haus und fragt nach ihrem Mann, holt etwas unter seinem Umhang hervor und klatscht es direkt auf das Tischende, dort, wo sie die Kerze gesehen hatte; und es war nichts Geringeres als ein totgeborenes Kind.‹«

Totenschiffe

Eine alte Überlieferung besagt, daß immer dann, wenn ein alter Seemann an Land und nicht auf See stirbt, ein Phantomschiff, das Totenschiff, durch die Luft vom Ozean her angesegelt kommt, um seinen Geist mitzunehmen. Dem Buch *A Survey of the Occult* (1935) zufolge, in dem dieses Thema erörtert wird, besitzt das Schiff auf Borneo die Form eines Vogels, der die Seelen aller zur See fahrenden Männer aufnimmt.

Totenvögel

Der »derwyn corph« ist ein speziell walisisches Phantom. Dieser unheimliche und furchterregende Vogel ist, wenn er erscheint, ein Omen des Todes. Gewöhnlich sitzt er auf dem Fensterbrett vor einem Zimmer, in dem jemand im Sterben liegt, und klopft barsch an die Scheibe. Elliott O'Donnell beschreibt den Totenvogel in seinem Buch *Family Ghosts and Ghostly Phenomena* (1933).

In vielen ländlichen Gegenden Deutschlands glaubt man, daß die Schreie eines Käuzchens, das auf dem Dach eines Hauses sitzt, den baldigen Tod eines seiner Bewohner ankündigt; das

Ein Laterna-magica-Bild eines Totenschiffes.

»Ki-witt, ki-witt« des Vogels wird als »Komm mit, komm mit« (ins Totenreich) gedeutet.

Tower of London

Der Tower von London gilt als einer der am meisten heimgesuchten Plätze der Welt. Wenn man die Anzahl der Personen bedenkt, die dort während der 900 Jahre seines Bestehens hingerichtet wurden oder starben, ist das nicht weiter überraschend! Der bekannteste Geist ist der von Anne Boleyn, eine der vielen Frauen Heinrichs VIII., die im Towergarten enthauptet wurde und nun durch das Gelände irrt, den Kopf unter dem Arm tragend. Im Bloody Tower sollen auch mehrere Phantome von Männern spuken, die dort hingerichtet wurden, während man mehrmals von einer seltsamen, bläulich-weißen Erscheinung im Kronjuwelenhaus berichtete.

Trickstergeist
In den trügerisch schönen Everglades Floridas sollen zahlreiche »Trickstergeiste« spuken, unheimliche Phantome, die als Nebelgestalten oder tanzende Lichter erscheinen und ahnungslos folgende Menschen in den Sumpf und den sicheren Tod führen. Diese Geister sollen die Seelen von Indianern sein, die sich während der Seminolenkriege im Jahre 1858 dazu verpflichteten, sich am weißen Mann zu rächen. Der Trickstergeist wurde unsterblich durch die berühmten Geschichten von Brer Rabbit, die von Joel Chandler Harris (1848–1908) geschrieben wurden.

Trommler der Airlies
Der Phantomtrommler von Cortachy ist einer der bekanntesten Geister Schottlands und war Gegenstand unzähliger Berichte und Geschichten. Die Legende rankt um einen hübschen jungen Trommler, der unklugerweise mit der Frau des Earl of Airlie, der im Cortachy Castle lebte, ins Bett ging. Auf frischer Tat ertappt, wurde der Trommler in seine Trommel gestoßen und von den Zinnen geworfen. Seitdem kehrt der Geist des jungen Mannes von Zeit zu Zeit zurück und spukt im alten Schloß, wobei er die Trommel so herausfordernd und laut schlägt, daß damit Tote zum Leben erweckt werden könnten. Glaubhaften Berichten zufolge soll nach jedem seiner Besuche ein Mitglied der Familie gestorben sein.

Trommler von Tedworth
Die Geschichte des Phantomtrommlers von Tedworth gehört sicherlich zu den berühmtesten Geistergeschichten des 17. Jahrhunderts und wurde daher von Harry Price in *Poltergeist Over England* (1945) als »eine der frühesten gut belegten Poltergeist-

Der berühmte Trommler von Tedworth in einer zeitgenössischen Illustration aus dem 17. Jahrhundert.

fälle Englands« bezeichnet. Die Vorgänge ereigneten sich in dem kleinen Städtchen Tedworth (heute Tidworth) in Wiltshire.

Im Haus des dortigen Lokalrichters, Mr. John Mompesson, kam es zu einem plötzlichen Ausbruch trommelnder Geräusche. Kinder wurden in die Luft gehoben, Schuhe wurden den Leuten an den Kopf geschleudert, Nachttöpfe über den Betten ausgeleert, und einem Pferd wurde ein Hinterbein in das Maul gezwungen. Mompesson, ein nüchterner, gewissenhafter und geachteter Mann, war nur einer von vielen Zeugen dieser Erscheinungen, die erstmals im Frühjahr 1661 auftraten und genau ein Jahr lang andauerten. Die Ereignisse begannen, als der herumreisende Zauberer und ehemalige Regimentstrommler William Drury ins Gefängnis gesteckt wurde, weil er sich mit gefälschten Dokumenten Geld verschafft hatte. Er wurde vor Mompesson gebracht, der ihn mit einer Warnung laufen ließ, jedoch seine Trommel einzog und ihn aufforderte, den Distrikt zu verlassen. Ganz kurz darauf waren die Trommelklänge zu hören; Zeugen sahen, daß die Trommel in Mr. Mompessons Haus durch die Luft flog und einen höllischen Lärm verursachte. Einige Nächte später zertrümmerte der schlaflose Magistrat die Trommel, aber in der folgenden Nacht ging es unvermindert weiter, diesmal über dem Haus, wobei man auch die anderen schon beschriebenen seltsamen Manifestationen sehen konnte. Diejenigen, die spontan vermuteten, daß der vagabundierende Drury heimlich zurückgekehrt und für alles verantwortlich sei, wurden bald eines Besseren belehrt, weil der Mann wegen Diebstahls in Gloucester ins Gefängnis gekommen und zur Deportation verurteilt worden war.

Die Geschichte vom Trommler verbreitete sich bald übers ganze Land, und einer der ersten, die zu Nachforschungen anreisten, war Joseph Glanvill, Kaplan am Hofe Karls I. und Autor eines berühmten Buches über das Übernatürliche, *Sadducismus Triumphatus* (1681). Er hörte das Trommeln »gewöhnlich fünf Nächte hintereinander ... an der Außenseite des Hauses, das hauptsächlich aus Holz besteht«, und sammelte Augenzeugenberichte von Kindern und der Dienerschaft. Ein vom König daraufhin einberufenes Komitee, das den Fall untersuchen sollte, konnte keinerlei menschliche Einwirkung entdecken. Gegen Ende 1662 hörte das Trommeln dann genauso plötzlich und mysteriös auf, wie es angefangen hatte.

Turpin, das Gespenst, das von einem Geist heimgesucht wird
Der legendäre Straßenräuber Dick Turpin soll in gespenstischer Gestalt durch halb England galoppieren, insbesondere auf den Straßen zwischen London und York. Jedoch spielt die seltsamste Geschichte über ihn in der Stadt Loughton in Essex, wo Turpin

eine alte Frau über einem Feuer folterte, um herauszubekommen, wo sie ihr Geld versteckt hielt. Der Legende nach soll er seit seinem Tode mehrfach gesehen worden sein, wie er dorthin zurückreitet, wobei sich die Gestalt einer alten Frau, die er loszuwerden versucht, an seinem Rücken festklammert. Diese Geschichte stellt das einzige bekanntgewordene Beispiel eines Geistes dar, der von einem anderen Gespenst gequält wird!

Tyrone-Geist

Die irische Legende vom Tyrone-Geist, der Lady Beresford im Jahre 1693 erschien, gilt als einzigartig in den Annalen des Übernatürlichen, weil der Geist eine Erinnerung an seinen Besuch in der Form einer Unterschrift in einem Notizbuch zurückließ! Der Geist war Lord Tyrone, der einen Pakt mit seiner Busenfreundin, Lady Beresford, geschlossen hatte. Derjenige, der zuerst sterben müßte, sollte jede Anstrengung unternehmen, um zurückzukehren und dem anderen zu erscheinen. Einem von Lady Elizabeth Cobb, der Enkelin von Lady Beresford, verfaßten Manuskript zufolge kehrte Lord Tyrone tatsächlich zurück und überbrachte seiner Geliebten Neuigkeiten von ihrer Zukunft, die sich später als unheimlich treffsicher und genau erwiesen. Und um zu beweisen, daß es sich wirklich um ihn handelte, schrieb der Geist von Lord Tyrone seine leicht zu identifizierende Signatur in ihr Notizbuch. Er soll zudem noch Lady Beresfords Arm mit einer Hand »so kalt wie Marmor« berührt haben, was ihr Handgelenk für den Rest des Lebens lähmte.

U

UFO-Geister
Unbekannte Flugobjekte, populärer »Fliegende Untertassen« genannt, sind zum Gegenstand endloser Auseinandersetzungen und Diskussionen über ihre Wahrscheinlichkeit und ihren möglichen Ursprung geworden. Neben vielen Fällen, die auf optische Täuschungen, seltsame Wolkenformationen oder sogar vollkommen reale Objekte wie Wetterballons oder Flugzeuge zurückgeführt werden können, gibt es noch die seltsame Vermutung, daß sie Geisterwesen sind, merkwürdige Materialisationen, die der traditionellen Vorstellung von Geistern nicht unähnlich sind und aus verborgenen Energien entstehen und gespeist werden. Die Theorie wurde in solchen Büchern wie *The Dragon and the*

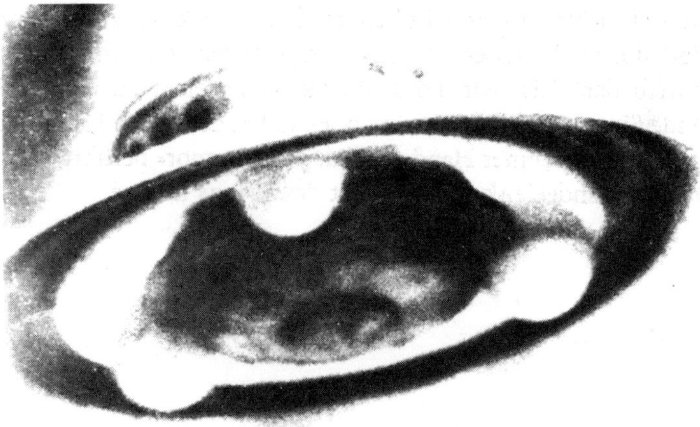

Unbekannte Flugobjekte oder »Fliegende Untertassen«.

Disc (1973) von F. W. Holiday und *The UFO Experience* (1972), dt.: *UFO, Begegnungen der ersten, zweiten und dritten Art,* von J. Allen Hynek erörtert.

Ujest-Armee

Von allen Geschichten, die man sich von Phantomarmeen am Himmel erzählt, hat die Geschichte der Ujest-Armee in Schlesien aus dem Jahre 1785 vielleicht die meisten Augenzeugen. Zeitgenössischen Berichten zufolge ereignete sich das seltsame Phänomen im April des genannten Jahres, und zwar während der Beerdigung des schlesischen Kriegshelden General von Cosel. Als der Sarg des Generals langsam zur Kirche in Ujest getragen wurde, erblickten die Trauergäste plötzlich ein Spalier von Gestalten in Uniform, die anscheinend in den Wolken paradierten. Hunderte von Menschen sollen die Truppe gesehen haben, die in zeitgenössischen Uniformen gekleidet war – was den Glauben nährte, daß sie die Geister der in den Schlachten des Generals gefallenen Soldaten waren, die sich noch einmal versammelt hatten, um ihrem Kommandeur die letzte Ehre zu erweisen.

Es gibt zu dieser Geschichte auch einen interessanten Nachtrag. Einige Wochen nach dem Begräbnis wurde die Phantomarmee von Ujest wieder am Himmel erblickt – und dieses Mal sah man allerdings den Geist des Generals von Cosel an der Spitze seiner Männer!

Umi Bozu

Der Umi Bozu ist ein riesiges Meeresphantom, das einer sehr alten Überlieferung zufolge erscheint, um japanische Seeleute zu erschrecken. Dieses schreckliche Phantom ist von schwarzer Farbe, hat einen rasierten Kopf und riesige Glotzaugen; sein Name bedeutet »Priester oder Mönch des Meeres«.

Undine

Die Undine oder Ondine, wie sie manchmal auch genannt wird, ist ein schöner weiblicher Geist, der an vielen europäischen Gewässern spukt. Es sollen die Geister junger Frauen sein, die sich ertränkten, üblicherweise begingen sie Selbstmord wegen einer in die Brüche gegangenen Liebesgeschichte. Obwohl sie tragische Figuren sind, meinen sie es nur mit herzlosen Liebhabern böse. Sie wurden in vielen Gedichten und Geschichten gepriesen; ein besonders schönes und trauriges Geschöpf kommt in einer anonymen deutschen Romanze, *Die Undine,* aus dem Jahre 1846 vor, aber auch in Albert Lortzings gleichnamiger Oper.

Unsichtbare

Der Name »Unsichtbare« wurde zunächst geprägt, um die unsichtbaren Spielkameraden vieler kleiner Kinder, die nur sie sehen können, zu beschreiben. Obwohl allgemein angenommen wird, daß solche Figuren reine Phantasiegebilde sind, wurde darauf hingewiesen, daß Kindern die Kraft innewohnt, Geister zu sehen, was mit dem Beginn der Reife und der Entwicklung des Skeptizismus zerstört wird oder wenigstens beträchtlich abnimmt. Über dieses Thema wurden an der Universität von Oxford Forschungen durchgeführt. Das Foto einer Gruppe von Kin-

Ein unsichtbares Kind materialisiert sich auf diesem Gruppenfoto, das 1928 entstand.

dern in feinen Kleidern, das 1928 von einem Mr. A. W. Bawtree auf einem Fest für seine Tochter aufgenommen wurde, ließ nach der Entwicklung des Fotos auf der linken Seite eine unsichtbare Spielkameradin erkennen. Das seltsame Kind soll einer Freundin von Mr. Bawtrees Tochter ähnlich sehen, die zwei Wochen zuvor plötzlich gestorben war. Das Foto ist von zahlreichen Experten, so auch von Harry Price, geprüft worden, doch konnten keine Anzeichen einer Fälschung festgestellt werden.

Aber auch die Erwachsenenwelt kennt unsichtbare Begleiter, meist bösartiger Natur, angefangen beim »unsichtbaren Dämon«, der 1876 in Nanking in China umherstreifte und nichtsahnenden Opfern die Zöpfe abschnitt, bis hin zu dem Angriff auf den Kapitän eines deutschen Schiffes im Dezember 1931, als vor den erschreckten Augen seiner Mannschaft plötzlich eine 10 Zentimeter lange Wunde auf seinem Kopf entstand. Einige dieser Vorfälle werden in dem Buch *Extraordinary Popular Delusions and The Madness of Crowds* (1892) von Charles Mackay behandelt, auch jene besondere Unruhe, die eine Gruppe Unsichtbarer im März 1623 in Paris ausgelöst hatte, als »kein Mann mehr seines Hab und Guts sicher war, kein Mädchen seiner Jungfräulichkeit oder kein Weib seiner Keuschheit ... und die Menschen Furcht hatten, von den sechs Unsichtbaren vertrieben zu werden«. Die gesamte Frage wird zusammen mit einer faszinierenden Sammlung anderer Beispiele in *Phenomena* (1977) von John Michell und Robert J. M. Rickard erörtert.

Unschuldsgeist

Es gibt einen alten Brauch in Cornwall, daß jede Frau, die verführt und verlassen wurde und an den Folgen dieser Tat stirbt, sei es bei der Niederkunft oder der Schmach, unweigerlich als »Unschuldsgeist« zurückkehren wird. Sie wird ihren Verführer als Geist heimsuchen und danach alle Mitglieder seiner Familie, und zwar für die Dauer einiger Generationen. Nach Elliott O'Donnell, der diese Tradition in seinem Buch *Family Ghosts and Ghostly Phenomena* (1933) schildert, ist dies der Hintergrund für den Spuk bei zahlreichen alten kornischen Familien.

Utukku

Utukku war der Name, den die alten Assyrer dem Geist der bösen Absichten gaben. Er lauerte ahnungslosen Reisenden auf, die nach einer Begegnung mit ihm kurz darauf krank wurden. Aus den Berichten geht hervor, daß die Assyrer zu den ersten Völkern gehörten, die die Geister ernst nahmen und abgesehen vom Utukku auch noch Bezeichnungen für zwei weitere mißgünstige Geister, die sie plagten, besaßen. Der Alu war ein abscheulich aussehendes Phantom, dem oft ein oder mehrere Gliedmaßen fehlten. Wenn er erschien, versuchte er immer, seine Opfer in seine feuchtkalten Arme zu ziehen. Der häufigste Geist war der Ekimmu, der immer vor einem Haus erschien, um vor einem bevorstehenden Tod zu warnen. Diese Geister gaben oft schreckliche, wehklagende Geräusche von sich. Ihre Laute zu hören oder die Geister zu sehen war gleichermaßen unheilvoll. Die Assyrer glaubten, daß alle ihre Geister darauf zurückzuführen waren, daß entweder ihre Leichen nicht beerdigt worden waren oder aber daß sie die vorgeschriebenen Riten nicht eingehalten hatten, wenn jemand gestorben war.

V

Vampirgeister

Vampirgeister (die man von Vampiren unterscheiden muß!) wurden in mehreren europäischen Ländern sowie besonders in Indien registriert. Solche Geister sind im allgemeinen unsichtbar, greifen gelegentlich Menschen an und hinterlassen Bißmale auf der Haut. Überall in Indien gibt es solche Geister, bekannt als Virikas, die kleine rote Körper besitzen, Zähne wie Löwen, und die in der Nacht umherstreifen, merkwürdig schnatternde Geräusche von sich gebend. In manchen Teilen des Landes werden kleine Altäre errichtet, auf denen Lebensmittelgaben für die Virikas hinterlassen werden, damit sie sich nicht auf die Suche nach menschlichem Blut machen. Es gibt sogar eine Gruppe von Männern, bekannt als die »Shaycana«, die die Fähigkeit besitzen, diese Vampirgeister von jedem Ort zu vertreiben, an dem sie möglicherweise spuken.

Auch in Europa haben derartige Geister wiederholt »zugebissen«, wie der 1926 bekanntgewordene Fall der Rumänin Eleanore Zugun beweist. Das Mädchen wurde einige Jahre lang ständig von einem Vampirgeist gequält. Erst nach einer ausgedehnten Teufelsaustreibung wurde dieser bösartige Geist verjagt, der auf ihren Armen und ihrem Hals rote Bißspuren hinterlassen hatte.

Varney der Vampir

Varney the Vampire lautet der Titel einer der berühmtesten Schauergeschichtenserien, die von einem Mann namens Thomas Peckett Prest (1810–1859) verfaßt und 1847 veröffentlicht wurde. Die Fortsetzungsgeschichte erschien in wöchentlichen

Zwei kleine Figuren aus Malaysia, Vampirgeister darstellend.

Folgen und umfaßte zum Schluß 220 Kapitel auf nahezu tausend Seiten. Jahrelang hielt man die Geschichte für eine reine Erfindung. Neuere Untersuchungen haben jedoch ergeben, daß sie vielleicht auf einem Fall geisterhaften Vampirismus' beruht, der sich in den letzten Jahren der Regentschaft von Königin Anne ereignete. Offensichtlich gab es seinerzeit aus Northumberland mehrere Berichte über einen Geist, der seine Opfer angriff und Kratzspuren auf ihren Körpern hinterließ.

Veal, der Geist von Mrs.
Die ungewöhnliche Geschichte von Mrs. Veals Geist, die als anonyme Broschüre unter dem Titel *The True Relation of the Apparition of One Mrs. Veal* im Jahre 1706 veröffentlicht wurde, hat einen besonderen Platz in der Geisterkunde eingenommen. Obwohl man sie für fiktiv hielt, ergaben spätere Überprüfungen, daß es sich tatsächlich um einen wahren Fall handelte. Die Nachforschungen enthüllten auch, daß der Autor kein anderer als Daniel Defoe (1660–1731) war, der später den klassischen *Robinson Crusoe* (1720) schreiben sollte. Einigen Experten zufolge berechtigt die Geschichte über Mrs. Veal dazu, Defoe als »den Gründungsvater der übernatürlichen Geschichte« zu bezeichnen. Es überrascht nicht, daß sie weiterhin für jene Anthologien ausgewählt wird, die überwiegend den Anspruch haben, die Entwicklung dieses Genres aufzuzeigen.

Verre-Geister
Der Stamm der Verre im Norden Nigerias pflegte eine besondere Grabrede über den Körpern der Toten, kurz bevor sie beerdigt wurden, zu halten, womit man verhindern wollte, daß sie als Geister zurückkehrten. Die Ermahnung lautete: »Du hast lange gelebt! Geh nun zur Sonne, und erkläre, du bist der letzte der Lebenden und daß es sinnlos ist, andere unserer Art zu holen. Und grolle uns nicht. Kehre nicht zur Erde zurück, um unsere Ernte zu stören oder unsere Frauen unfruchtbar zu machen.« Die Geschichte dieser und anderer Geistertraditionen wird in der wichtigen Untersuchung *Fear of the Dead* (1936) von James Frazer dargestellt.

Versailles-Geister
Die Geschichte zweier gebildeter Touristinnen aus England, die 1901 anscheinend eine Gruppe von Geistern in den Gärten des Trianon in der Nähe von Versailles sahen, wird heute allgemein für eine klassische Begegnung gehalten. Das Ereignis begann an einem heißen Nachmittag im August des Jahres 1901, als die beiden Damen, Miss C. A. E. Moberley und Miss E. F. Jourdain, auf dem Weg zum Petit Trianon waren, nachdem sie sich im schönen Schloß von Versailles umgesehen hatten. Die Damen interessierten sich für das Trianon, weil sie wußten, daß Ludwig XVI. es für seine Königin, Marie Antoinette, errichten ließ, um ihr und ihren Höflingen einen Zufluchtsort und ein Schloß zur Entspannung zu bieten. Sie hatten jedoch Schwierigkeiten, das Trianon zu finden, und waren sich bald einer merkwürdig frostigen und niederdrückenden Atmosphäre bewußt. Dann trafen sie ganz plötzlich auf eine Gruppe von Menschen, die in über hundert Jahre alte Kostüme gekleidet waren. Verwirrt gingen Miss Moberley und Miss Jourdain weiter und bemerkten bald eine weitere Veränderung in der Luft, die wieder zu der normalen Luftfeuchtigkeit eines Augustnachmittags führte. Eine Weile besprachen sie ihr Erlebnis – und gelangten zu der erstaunlichen, jedoch unbestreitbaren Tatsache, daß sie in das Jahr 1789 zurückversetzt und unter einige Herren und Damen des Hofes von Marie Antoinette geraten waren!

Sie waren von ihrer Begegnung derart überzeugt, daß sie einen Bericht darüber veröffentlichten, der 1911 mit dem Titel *An Adventure* erschien und seitdem wohl ein populäres als auch verwirrendes Buch geblieben ist. Einige Schriftsteller haben daraufhin die Geschichte untersucht, so auch J. R. Sturge-Whiting, der in seinem Buch *The Mystery of Versailles* (1938) behauptet, man könne die Vision logisch erklären, sowie Lucille Iremonger, deren Arbeit *The Ghosts of Versailles* (1957) eine sehr gründliche und ausgewogene Untersuchung darstellt. Jüngst schlug Dr. Joan Evans in der Zeitschrift *Encounter* (Oktober 1976) eine Lösungsmöglichkeit vor. Nach ihr war das, was die Damen wirklich gesehen hatten, eine malerische Szene, die vom Comte Robert de

Montesquiou-Fezensac aufgeführt worden war. Die Damen konnten nicht wissen, so der Artikel, daß der Comte es gewohnt war, auf diese Weise seine Phantasien über das 18. Jahrhundert auszuleben. Doch beeilten sich Verteidiger von Miss Moberley und Miss Jourdain, darauf hinzuweisen, daß seitdem ähnliche höfische Spukgestalten in den Jahren 1908, 1928 und 1955 am selben Ort gesehen wurden, und keiner der Leute hatte *An Adventure* gelesen.

Viehherden

Die erstaunliche Geschichte vom Geistervieh, das man in den Gippsland Hills südlich von Yallourn in Australien hören, aber nie sehen kann, gibt Geisterjägern seit Jahren Rätsel auf. Der Spuk scheint seinen Ursprung in der Mitte des vorigen Jahrhunderts zu haben, als wildgewordene Viehherden die kleine Stadt Moe nahezu völlig zerstörten. Von den Viehtreibern, die man bei der Herde glaubte, wurde niemals eine Spur gefunden. Als die Viehhirten aus der Gegend die Tiere zusammentreiben wollten, wurde nur ein Bruchteil derer eingefangen, die durch die Stadt gerast waren. Die Legende besagt, daß die Viehtreiber seit dieser Zeit in den Gippsland Hills Geräusche von ziehenden Viehherden gehört haben – aber niemals auch nur eine einzige Kuh sahen!

Villiers' Geist

Eine der bemerkenswertesten Geistergeschichten aus dem 16. Jahrhundert handelt von einem Gespenst, das sich im Windsor Castle materialisierte und verkündete, der Vater des Herzogs von Buckingham, George Villiers, zu sein. Das Phantom erklärte warnend, daß der Herzog sehr bald sterben würde, falls er seine brutalen Unterdrückungsmethoden nicht aufgeben würde. Da von der ersten Warnung wenig Notiz genommen wurde, kehrte der Geist zurück und wiederholte sehr nachdrücklich seine Warnung. Offensichtlich blieb auch diese unbeachtet, denn gemäß der Prophezeiung wurde der Herzog von einem seiner Gefolgsleute meuchlings ermordet.

Geist von George Villiers nach einem zeitgenössischen Stich.

Virginia, »Der Geisterstaat«

Virginia soll der am häufigsten von Geistern heimgesuchte Staat Amerikas sein. Die volkstümliche Erklärung für diese Tatsachen lautet, daß eine große Anzahl berühmter Menschen hier lebte, wie etwa die Präsidenten George Washington und James Monroe – und es sind ihre Schatten, die die Gegend heimsuchen. Jedoch gilt als bekanntester aller Geister die Frau in Weiß, die in dem schönen, aus dem 18. Jahrhundert stammenden Chatham Manor spukt. Die Dame soll der Geist einer jungen Frau sein,

Darstellung eines Geistes, der im Staate Virginia in Amerika spuken soll, einer alten Stadtgeschichte von Fredericksburg entnommen.

die Liebeskummer hatte und die nun alle sieben Jahre an ihrem Todestag, dem 21. Juni, zurückkehrt.

Fort Monroe, 1609 erbaut und der am längsten mit Truppen belegte Militärposten Amerikas, rühmt sich ebenfalls einer Liste hervorragender Phantome, unter anderem von General Robert E. Lee, General Ulysses S. Grant, Abraham Lincoln, Jefferson Davis, dem Schriftsteller Edgar Allan Poe und dem Indianerhäuptling Black Hawk (dt.: Schwarzer Falke). Augenzeugenberichten zufolge erscheint Jefferson Davis, der Präsident der Südstaaten während des Bürgerkrieges, am häufigsten.

Den einzigen Anspruch, den Virginia nicht erheben kann, ist der, Amerikas spukreichste Stadt zu besitzen. Diese Ehre gebührt New Orleans, wo es über zwei Dutzend Phantome gibt, von denen ständig berichtet wird und die in der Mehrzahl im alten und malerischen französischen Viertel auftauchen.

Virikas

Virikas sind die Geister Indiens, kleine abscheuliche Gespenster, die des Nachts mit schroffem, heiserem Ton erscheinen. Sie sind rot und haben lange, scharfe Zähne, ungefähr von der Art der Vampire. Weniger abstoßend sind zwei andere indische Geister, die »Paisachi« und die »Bauta«, die in der eher traditionellen, nebelhaften Gestalt von Männern und Frauen erscheinen und die für Omen des Todes gehalten werden. Die Inder haben gegenüber ihren Geistern schon immer Respekt gehabt und ihnen in vielen Teilen des Landes Schreine errichtet, in denen sie kleine Geschenke wie Blumen und Nahrungsmittel hinterlassen, damit sie unbehelligt bleiben. Wenn eine Familie von einem Geist besonders belästigt wird, kann sie sich immer auf die Dienste eines »Shaycana« verlassen, einen ehrwürdigen alten Mann, der die Macht besitzen soll, Geister zu vertreiben.

Visionen von Kindern

In ihrem Buch *My Life as a Search for the Meaning of Mediumship* (1968) schildert Mrs. Eileen Garrett Einzelheiten aus einer Reihe von Visionen, die von Kindern erlebt wurden. Diese hatten beschrieben, wie ihnen die Geister verstorbener Eltern und Großeltern erschienen waren. Trotz der Zweifel an solchen Erzählungen, die man oft aufgrund der Jugend der Beobachter hegt, glaubt Mrs. Garrett, daß viele im Hinblick auf die Bestimmtheit eines Kindes und die Genauigkeit seiner Beschreibung des Geistes erhärtet werden können.

W

Waldemar Atterdag
Das schreckliche Phantom von König Waldemar IV. Atterdag (1320–1375) erscheint im Gurreforst in der Nähe von Helsingör in Dänemark immer dann, wenn der dänischen Königsfamilie oder dem Land ein Unglück droht. Schon zu seinen Lebzeiten soll der Herrscher die Fähigkeit der Weissagung besessen haben.

Walpole, Horace (1717–1797)
Horace Walpole war der Autor des Buches *The Castle of Otranto* (1764), des klassischen Geisterromans, der das Genre der Schauergeschichten begründete. J. E. Budd schrieb 1935 über die Bedeutung dieses Werkes: »Walpoles Buch ist das früheste Beispiel eines Schauerromans, der wegweisend für die Mode einer Generation wurde, ihr lärmendes, grobschlächtiges Gespenst in einem düsteren gotischen Schloß anzusiedeln, das verschwenderisch mit Geheimgängen, Falltüren und Kerkern versehen ist. Gleichzeitig sollten durch Einführung von Glockengeläut, flatternden Eulen und Fledermäusen, scheußlichem Gestöhne, Musik aus dem Jenseits und solchen Begleiterscheinungen geisterhafter Heimsuchungen wie Lärmen unirdischer Mächte, gewaltigem Donnergetöse, unnatürlicher Spannung in der Atmosphäre und der eigenartigen Tendenz der Kerzen und Lampen, mit einer gruselig blauen Flamme zu brennen, alptraumhafte Effekte erzeugt werden. Andere lästige Phänomene sind: drohende Erscheinungen von so ungeheurer Größe, daß selbst ein geräumiges gotisches Schloß ihr Auftreten nur stückweise zuläßt; das Portrait, das tiefe Seufzer ausstößt und mit melancholischer Grabesmiene aus dem Bild steigt; die Statue, der drei Tropfen Blut

Illustration zu »The Castle of Otranto« (1764) von Horace Walpole.

aus der Nase tropfen, um sich gegen einen Heiratsantrag zu wehren, und die später zu enormer Größe anwächst, um ihren letzten Worten mehr Nachdruck zu verleihen; der betende Mönch, der beim genauen Hinsehen ›die fleischlosen Wangen und leeren Augenhöhlen eines Skeletts, das die Kapuze eines Einsiedlers trägt‹, erkennen läßt. Mit solchen Einfällen wollten die Autoren der Schauerromane ihre Leser in Angst und Schrecken versetzen.« Und es gelang ihnen!

Walpole, Sohn eines britischen Premierministers, schrieb über dreißig weitere Bücher und war ziemlich berüchtigt, weil er sein Haus in Strawberry Hill in Twickenham in ein mittelalterliches Schloß verwandelt hatte.

Walpurgisnacht

Die Nacht des 30. April ist in ganz Europa als Walpurgisnacht bekannt. Es ist die Nacht, in der die Geister und Seelen der Finsternis losgelassen sind. Besonders die Hexen können dann ihre schauderhaften Orgien abhalten, sobald die Sonne untergegangen ist. Eine ihrer beliebtesten Versammlungsstätten ist der Brokken im Harz.

Die Nacht hat ihren Namen ausgerechnet von St. Walpurga, die als Behüterin der Menschheit vor bösem Zauber gilt! Sie war eigentlich die Tochter des Sachsenkönigs Richard und ging vor mehr als 1200 Jahren mit dem heiligen Bonifazius nach Deutschland. Hier hat sie sich in den Feldzügen gegen den Dämonenglauben derartig ausgezeichnet, daß sie Äbtissin von Heidenheim wurde. Sie wurde um das Jahr 777 n. Chr. heiliggesprochen.

Weiße Dame der Hohenzollern

Die Weiße Dame der Hohenzollern ist ein weiterer sehr bekannter Geist in Deutschland und soll in einigen ehemaligen königlichen Wohnsitzen in Deutschland erschienen sein, so auch im Schloß Neuhaus (wo sie am häufigsten gesehen wurde) in Berlin, Bechin und Tretzen. Diese Geschichten haben natürlich die Vermutung gestützt, daß es mehr als einen Geist gibt, der die vom

Walpurgisnacht auf dem Blocksberg. Holzschnitt von 1669.

Unglück verfolgte Hohenzollern-Familie heimsucht. Die Berichte stimmen darin überein, daß die geisterhafte Dame völlig weiß gekleidet ist und etwas auf ihrem Kopf trägt, das wie ein Trauerschleier aussieht. George Doring hat einen vollständigen

Bericht, *Iris*, über die Weiße Dame geschrieben (1819), der auf Augenzeugenaussagen beruht. Er teilt die verbreitete Theorie, daß es sich bei dem Geist um Prinzessin Bertha oder Perchta von Rosenberg handelt, die von ihrem Ehemann, Baron Steyermark, sehr grausam behandelt wurde und nach ihrem Tode im Jahre 1451 aus Rache zurückkehrte, um in Neuhaus zu spuken. Man sagt auch, daß ihre Erscheinung gewöhnlich unmittelbar mit dem Tod eines Mitglieds der preußischen Königsfamilie oder einem anderen für diese Dynastie schrecklichen Ereignis zusammenhängt.

Weiße Damen

Weiße Damen sind eine Geisterart, die man ziemlich häufig auch auf den Britischen Inseln in Burgen und sehr alten Häusern findet. Sie sind oft Geister von Edelfrauen, die entweder ermordet wurden oder unter tragischen Umständen starben. Auch in Frankreich sind sie sehr bekannt, hier sollen sie sehr schön sein und gewöhnlich in der Nähe von Brücken auftauchen. Der Grund hierfür ist, einer alten französischen Legende zufolge, daß es einst üblich war, den Flüssen junge Frauen zu opfern, damit die Menschen sie sicher überqueren konnten. Wie in England wurden die Weißen Damen Frankreichs auch in alten Burgen und Schlössern gesehen, wo sie auf den Korridoren wandeln, manchmal mit Giftfläschchen in ihren Händen.

Weißes-Haus-Gespenst

Obwohl es Geschichten über mehrere Geister gibt, die in Amerikas bekanntestem Gebäude, dem Weißen Haus in Washington, gesehen wurden, ist das am häufigsten bezeugte Phantom im Hause des Präsidenten das eines Präsidenten selbst: Abraham Lincoln. Sowohl die Bewohner als auch die Besucher behaupten, Lincoln gesehen zu haben, so auch Theodore Roosevelt, der sagte: »Ich denke an Lincoln, unsicher gehend, schlicht, mit seinem traurigen, stets tief zerfurchten Gesicht. Ich sehe ihn in den verschiedensten Räumen und Sälen.« Offensichtlich wurde der Geist während jeder Regierungszeit nach Lincolns Ermordung

Weiße Damen sind in ganz Europa bekannte Geister.

Der am häufigsten bezeugte Geist in Amerika könnte der von Abraham Lincoln sein, der im Weißen Haus in Washington spuken soll.

im Jahre 1865 von irgend jemandem gesehen, wobei eine berühmte Darstellung von einer First Lady, Grace Coolidge, stammt, die sagte, daß der ehemalige Präsident ihr erschien, »ganz in Schwarz gekleidet, mit einem Schal um die Schultern, um sich vor Zugluft und Kälte zu schützen«. Als Königin Wilhelmina von Holland im Rosenzimmer des Weißen Hauses wohnte, das besonders mit dem Namen Lincolns verknüpft ist, soll sie ein Klopfen an der Tür vernommen, sie geöffnet und der geisterhaften Gestalt des früheren Präsidenten gegenübergestanden haben. Noch jüngeren Datums ist das Erlebnis Sir Winston Churchills, den ein unheimliches Gefühl im Rosenzimmer befiel, während Lady Bird Johnson eine »schaurige Erscheinung« verspürte, als sie sich eine Fernsehsendung über Lincolns Tod ansah.

Es ist vielleicht nicht überraschend, daß Lincolns Geist im Weißen Haus spuken soll, denn er neigte zum Spiritismus, und aufgrund seines großen Interesses am Übernatürlichen gestattete er die Abhaltung einer Séance, die im April 1863 im Crimson-Zimmer stattfand. Offensichtlich wurden im Verlaufe einer halben Stunde verschiedene Erscheinungen gesehen, Klopfen gehört und Tische gerückt. Bis zu seinem Tode blieb Präsident Lincoln von der Möglichkeit überzeugt, mit der Geisterwelt Verbindung aufnehmen zu können – und hat dies seitdem den Parapsychologen zufolge bewiesen, indem er in seinem ehemaligen Wohnsitz wieder erschien. Die gesamte Geschichte vom Spuk im Weißen Haus wird in dem Buch *Prominent American Ghosts* von Susy Smith (1967) geschildert.

Wells, Herbert George (1866–1946)
Obwohl H. G. Wells als »Vater der Science-fiction« sehr berühmt wurde, interessierte er sich auch für das Übernatürliche und schrieb eine Reihe von Kurzgeschichten über Geister, darunter *The Red Room* und *The Story of the Inexperienced Ghost*, die die Grundlage eines herrlich amüsanten Teils innerhalb eines klassischen britischen Horrorfilms, *Dead of Night*, aus dem Jahre 1946 bildeten.

Einem jüngeren Bericht zufolge ist Wells als Geist zurückgekehrt, um in seinem ehemaligen georgianischen Reihenhaus in Hampstead zu spuken. Auch ein Buch wurde veröffentlicht, das die »Geisteroffenbarungen« des großen Autors enthalten soll: *Bertie – The Life after Death of H. G. Wells* (1973) von Elizabeth Hawley und Columbia Rossi.

Eine amüsante Situation aus »The Story of the Inexperienced Ghost«, einer von mehreren Geistergeschichten von H. G. Wells.

Wendigo

Der Wendigo ist ein kanadisches Wesen, halb Phantom, halb Tier, das in den Wäldern lebt und Jagd auf Menschen, insbesondere auf Kinder, macht. Der Glaube an diese Schreckensgestalt geht auf früheste indianische Legenden zurück, und es heißt, daß der Wendigo das Fleisch seiner Opfer verzehrt. R. S. Lambert sagt in *Exploring the Supernatural* (1955): »Wendigos (die sowohl Männer als auch Frauen sein können) sollen sich mit bösen Geistern, die im Wald lauerten und ihnen halfen, ihre Opfer zu töten, zusammengeschlossen haben.« Die Legende von diesen Kreaturen wurde durch Algernon Blackwoods Kurzgeschichte *The Wendigo* (1907) unsterblich.

Wertminderung durch Gespenst

Der Fall des »wertmindernden Geistes« ereignete sich 1912 in Chicago, als ein Hausbesitzer erfolgreich durchsetzen konnte, daß der Taxwert seines Hauses gemindert wurde, weil ein Geist in ihm umging. Der Mann, James Denlertander aus der South Oakley Avenue 3375, legte am 18. April 1912 vor Gericht Protest gegen die Höhe der Besteuerung seines obenerwähnten Grundstücks ein und begründete dies mit den Worten: »Ein Geist hat es für mich unprofitabel gemacht.« Er erzählte dem Gericht, daß ein Mädchen unter mysteriösen Umständen in dem Haus gestorben sei und man vermute, daß sie umgebracht wurde. Danach habe sich jeder neue Mieter über fürchterliche Geräusche und Schmerzensschreie beklagt und das Grundstück innerhalb weniger Tage verlassen. Ergebnis der Beschwerde war, daß das Gericht den Taxwert von Mr. Denlertanders Haus um 4000 Dollar – zu den damaligen Zeiten eine beträchtliche Summe – senkte.

Werwölfe

Der Werwolf ist ein Wesen aus der Volkskunde, das sich von einem Menschen in einen Wolf und wieder zurückverwandeln kann – insbesondere in Vollmondnächten. Aber es gibt in Europa auch eine Reihe von Geschichten über Werwolfgeister, Geister, die von den Toten als Gestaltwechsler auferstanden sind. Die berühmteste dieser Geschichten rankt sich um Englands herzlosen und grausamen König John, der vergiftet worden sein soll und dann als Werwolf zurückkehrte, um die Landbevölkerung zu terrorisieren. Zwei neuere Beispiele stammen aus dem 19. Jahrhundert. In Cumberland führte die schattenhafte Gestalt eines Werwolfs einige Jahre lang zu allgemeiner Panik, bis man Menschen- und Wolfsknochen in einem Käfig fand, die man verbrannte; dem Schrecken war damit ein Ende gesetzt. Um die

Jahrhundertwende wurde in Wales regelmäßig ein riesiger Werwolf gesehen, bis man einen Wolfsschädel fand, ihn sorgfältig exorzierte und dann zu Staub zertrümmerte. Gegenwärtig spukt ein Werwolf in Flixton, Yorkshire. Er verwandelt sich von einem Menschen zum Tier und stiert mit blutunterlaufenen Augen jeden an, der das Unglück hat, seinen Weg zu kreuzen. Elliott O'Donnell widmet den Werwolfgeistern ein Kapitel in seinem *Casebook of Ghosts* (1969).

West-Point-Geist

Die berühmte Militärakademie in West Point, USA, wird von dem Geist eines Soldaten in der Uniform aus der Zeit Präsident Jacksons heimgesucht, der vor fast 150 Jahren starb. Einige Kadetten berichteten, sein beeindruckendes Phantom samt Tschako und Muskete gesehen zu haben. Der Spuk begann am 21. Oktober 1972, als ein Kadett in Raum 4714 der Unterkünfte der 47. Division aufwachte und die lebensgroße Erscheinung eines Offiziers aus dem 19. Jahrhundert aus einer Wand heraustreten sah. Der Kadett bemerkte sofort, daß es im Raum plötzlich kalt wurde, aber bevor er schreien und seinen Zimmergenossen wecken konnte, verschwand der Geist. In der darauffolgenden Nacht jedoch sahen beide jungen Männer das Phantom, bei anderen Gelegenheiten erblickten auch einige andere Kadetten den Soldaten, der mit Hilfe eines Gemäldes in der West-Point-Galerie identifiziert werden konnte.

Wilder Edric

Wann immer England Krieg droht, so eine alte Legende aus Shropshire, werden der »Wilde Edric« und seine Mannen aus der alten Bleimine, in der sie hausen, reiten, um sich mit dem Feind zu schlagen. Diese Geistertruppe reitet immer in die Richtung, aus der die gegnerischen Streitkräfte kommen sollen, und soll zuletzt verläßlich von zwei Leuten in Minsterley kurz vor Ausbruch des Krimkrieges (1853) gesehen worden sein. Edric trug als Anführer der Truppe grüne Kleider, einen Umhang und eine weiße Feder an seiner Kappe, während an seiner Seite eine schöne Frau ritt, ebenfalls grün gekleidet, mit langen blonden Haaren. Man nennt sie Lady Godda.

Die Legende behauptet, daß Edric eigentlich eine tatsächlich existierende Person war, nämlich Edric Streona. Er war es, der die Leute von Shropshire anführte, als sie sich gegen Wilhelm den Eroberer (1027–1087) erhoben. Er wurde nie besiegt, schloß aber am Ende Frieden mit dem König und ließ sich mit Lady Godda, seiner Frau, nieder, von der einige erzählten, sie sei eine Fee gewesen. Die Geschichten darüber, wie Edric in schweren Zeiten ausreitet, werden in Christina Holes Buch *Haunted England* (1940) erzählt.

Wilder Jäger

Die Legende vom Wilden Jäger taucht in ganz Nordeuropa auf. In ihrer ursprünglichen Form war es der Gott Wotan auf seinem weißen Pferd, der die Wilde Jagd durch die Wolken anführte und Tod und Verderben all denen brachte, die ihn vorüberziehen sahen. Die Jäger sollen die Geister ruheloser Toter sein.

Der fürchterliche Wilde Jäger.

Während sie hoch über den Köpfen dahinfliegen, geben die Geisterhunde, die sie oft begleiten, seltsame heulende Laute von sich, die stets die irdischen Hunde unter ihnen wild machen. Nach Christina Holes *Haunted England* (1940) kann man den Wilden Jäger an seinem breitkrempigen Hut und seinem weiten Umhang erkennen, dem er seinen Nachnamen »Hakelbarend« verdankt, ein altes Wort für »Mantelträger«. Eine Eule namens Tutursel und ein Schwarm Raben begleiten ebenfalls die Jagd. Miss Hole zitiert eine alte Quelle und schreibt:

»Wer sie kommen sieht, muß sich flach auf die Erde fallen lassen oder unter etlichen Brettern, neun oder zehn an der Zahl, Schutz suchen, sonst wird derjenige durch die Luft entführt und Hunderte von Meilen entfernt von zu Hause abgesetzt . . . Noch gefährlicher ist es, aus dem Fenster zu schauen, wenn Wotan vorbeifegt. Der unbesonnene Mann wird getötet oder bekommt wenigstens einen heftigen Schlag auf sein Ohr, der seinen Kopf anschwellen läßt, bis er so groß wie ein Eimer ist, und eine brennende Stelle auf seiner Wange bleibt. In einigen Fällen wird der Unglückliche blind oder verrückt. Es gibt bestimmte Plätze, an denen Wotan gewöhnlich seine Pferde füttert oder grasen läßt, an solchen Plätzen weht immer der Wind.« Miss Hole fügt hinzu, daß die Wilden Jäger in jüngerer Zeit von »der Geisterkutsche verdrängt« worden seien.

Wildwestgeister

Es überrascht wohl kaum, daß der bluttriefende Wilde Westen von Amerika von vielen Geistern heimgesucht werden soll, und zwar sowohl von Indianern, die starben, als sie den Übergriff des weißen Mannes auf ihr Land verhindern wollten, als auch von Soldaten und Gesetzeshütern, die Kanonen und Gewehre zur Beilegung ihrer Streitigkeiten einsetzten.

Ein berühmter indianischer Geist ist der eines riesigen Geisterkriegers, der quer durch Wyoming reitet und der ein Stammeshäuptling gewesen sein soll, den man überlistet hatte, das Land seines Volkes an Viehzüchter zu verkaufen, und der nun dafür büßen muß, indem er ewig in seinen alten Jagdgründen reiten muß. In Colorado geht der Geist von Häuptling Little Owl (dt.: Kleine Eule) in der Gegend um, wo er und sein Stamm vor der Ankunft des weißen Mannes jagten. An den Schauplätzen von Indianermassakern soll es zahllose Phantome geben, unter anderem auch in Mount Diabolo in Kalifornien oder im blutbesudelten Sand Creek in Colorado, wo 1864 200 Indianer niedergemetzelt wurden. Furchterregende, wehklagende Geister sollen auch an dem berühmten Ort Wounded Knee in South Dakota umgehen, wo über 200 Sioux-Indianer 1890 von Soldaten ermordet wurden.

Die Geister weißer Männer, Frauen und Kinder, die von Indianern umgebracht wurden, spuken ebenfalls entlang der von Pionieren ausfindig gemachten Routen – Routen wie der Oregon Trail, der Santa Fe Trail und der California Trail. Das Death Valley (dt.: Todestal) in Kalifornien erhielt seinen Namen, weil dort 1849 eine vierzehnköpfige Gruppe starb, ihre Geister werden gelegentlich noch immer gesehen. Der Goldrausch, der manchem zu seinem Glück verhalf und vielen anderen das Leben kostete, hinterließ eine Reihe von Phantomen, die unglücklich in den treffend genannten »Geisterstädten« umherirren müssen.

Von den Geistern berühmter Banditen, die immer noch im Wilden Westen reiten, sollte man Jesse James erwähnen, der an einer Anzahl von Orten erscheint, an denen er seine Überfälle beging, wie zum Beispiel in der Stadt Lawrence in Kansas, oder Billy the Kid, den man in Fort Summers, Neumexiko, wo er starb, sichtete. Von den Gesetzeshütern spukt Wyatt Earp in Tombstone, Arizona, Schauplatz seines berühmten Entscheidungskampfes. Der große Indianerkämpfer Wild Bill Hickok wurde in Deadwood, South Dakota, gesehen; er trug immer noch seine Wildlederbekleidung, an der er zu Lebzeiten immer sofort zu erkennen war.

Wolhaarhond

Der Wolhaarhond ist Südafrikas Phantomhund – ein großes wolliges Wesen, das in der Dunkelheit leuchtet. Aus der Ferne sieht der Hund wie ein rotes Licht aus, seine tatsächliche Gestalt materialisiert sich erst, wenn er sich einer Person nähert, die das Unglück hat, seinen Weg zu kreuzen. Eric Rosenthal bespricht dieses Geschöpf und einige andere Tierphantome in seinem Buch *They Walk By Night* (1949).

Wolseys Geist

Die merkwürdige Geschichte des Geistes einer führenden Persönlichkeit der englischen Kirche, der einer anderen erscheint, war das Thema einer Broschüre, die 1641 veröffentlicht und zum Verkaufsschlager wurde. Der Titel dieser heute äußerst seltenen Schrift samt seinem drolligen Holzschnitt, der die Begegnung darstellt, enthält bereits die ganze Geschichte: *Canterbury's Dream: In Which The Apparition of Cardinal Wolsey did Present Himself unto Him on the Fourteenth of May Last Past* (dt.: Canterburys Traum: In welcher die Erscheinung des Kardinal Wol-

Der Geist von Kardinal Wolsey, wie er gerade einem anderen hohen Kirchenmann, dem Erzbischof von Canterbury, im Jahre 1641 erscheint. Aus einer zeitgenössischen Broschüre.

sey sich ihm selbst am vergangenen vierzehnten Mai zeigte). Der anonyme Autor dieses Werks (wahrscheinlich ein Kirchenmann) teilt nur zögernd Einzelheiten des Gesprächs zwischen Mann und Geist mit, außer daß Wolsey vor schlimmen Zeiten warnt, die dem Volk Englands bevorstehen, wenn es sich nicht wieder Gott zuwendet. Es war natürlich eine prophetische Warnung, denn im darauffolgenden Jahr brach der englische Bürgerkrieg zwischen Karl I. und Oliver Cromwell aus.

Woodstock-Betrug

Der Bericht über den tumultuarischen Spuk im Woodstock Palace in der Nähe Oxfords während des Cromwellschen Bürgerkrieges zählt zu den heiteren Momenten in der Geschichte des Übernatürlichen. Selbstverständlich waren die Parlamentarier nüchterne Puritaner und geneigt, alles, was sich gegen sie richtete, als das Werk des Teufels zu betrachten, so daß die Anhänger Cromwells, die nach Woodstock, einer ehemaligen königlichen Residenz, marschierten, um alle Spuren des Königs zu beseitigen, auf die Ereignisse von 1649 schlecht vorbereitet waren. Wenige Tage nach ihrer Ankunft – genau am Freitag, dem 13. Oktober – wurde der Schlaf der Männer Cromwells von merkwürdigen Geräuschen gestört, unheimliche Gestalten strömten durch die Korridore, und alle möglichen Haushaltsgegenstände flogen auf rätselhafte Weise durch die Luft. Sofort wurde die Gruppe von Panik ergriffen, und als ein Mann fast einen anderen getötet hätte, der ihm auf einem dunklen Flur begegnet war und nur ein langes weißes Nachthemd trug, worin er wahrhaftig wie ein Geist aussah, gab man die Mission auf und flüchtete.

Die Geschichte über den Spuk im Palast verbreitete sich natürlich wie ein Lauffeuer, und die Parlamentarier machten deshalb bis zum Ende des Bürgerkrieges einen großen Bogen um ihn. Sobald jedoch die Restauration der Monarchie begann, gestand ein früherer Schreiber in Woodstock, Joseph Collins – dort allen als Schelm bekannt und mit dem Beinamen »Funny Joe« (dt.: Spaßiger Joe) versehen –, daß er für den Spuk verantwort-

Der »Spuk« in Woodstock, bei dem eine Gruppe von Cromwells Männern 1649 von einem erfinderischen Schelm erschreckt wurde.

lich gewesen sei und alle Geistererscheinungen ersonnen habe, um die Eindringlinge zu vergraulen! Die hier wiedergegebene berühmte Abbildung illustriert, was seitdem als klassischer Fall eines betrügerischen Spuks gilt.

Worth, Patience

Patience Worth war ein aus Dorset in England stammendes Mädchen, das im 17. Jahrhundert nach Amerika ging und dort von Indianern getötet wurde. Drei Jahrhunderte später, 1916, wurde sie Gegenstand einer erstaunlichen Kontroverse. In diesem Jahr behauptete ein Medium namens Mrs. John Curran aus St. Louis, daß sie Verbindung mit Patience aufgenommen habe, die ihr unablässig eine Menge literarischer Werke in der Sprache des 17. Jahrhunderts diktiere. Mrs. Currons Behauptung wurde sehr gründlich überprüft, und die Tatsachen über Patience Worth stellten sich nach und nach als wahr heraus. Dr. Walter Prince, der einer der Sachverständigen war, schrieb später ein Buch, *The Riddle of Patience Worth* (1926), das die Behauptung, die Geschichte stelle »eines der außergewöhnlichsten Phänomene dieser Zeit« dar, noch untermauerte.

Wraith

Der Wraith ist der Geist einer Person, die sich am Rande des Todes befindet. Den alten Überlieferungen zufolge erscheinen sie als genaue Entsprechungen ihres menschlichen Gegenstücks und zeigen sich den Verwandten oder Freunden des Sterbenden. Natürlich werden sie als Todesomen betrachtet, und sollte jemand seinen eigenen Wraith sehen, dann sind auch seine Tage gezählt. Das berühmteste Ereignis betraf den Dichter Percy Shelley (1792–1822), der seinen eigenen Wraith in dem Moment sah, als er in ein kleines Boot stieg, das ihn über die Bucht von Spezia in Italien zu der Stadt Livorno bringen sollte, wo er seinen Freund Leigh Hunt wiedersehen wollte. Natürlich ging das Boot in einem Sturm unter; Shelley ertrank und bekräftigte damit die Überlieferung vom Wraith. Nach Reverend Frederick Lees Buch *Examples of the Supernatural* (1894) scheint sich die Überlieferung vom Wraith aus einem sehr alten Glauben heraus entwikkelt zu haben, nämlich daß die Seele einer Person das genaue Duplikat seines leiblichen Körpers ist und daß sie dem Körper entfliehen muß, wenn der Tod bevorsteht.

Eine Variante dieses Geistes ist der Wasserwraith, ein Geist,

Ein Wraith, wie er in Reverend Frederick Lees »Examples of the Supernatural« (1894) geschildert wird.

der an Gewässern spukt; eines der berühmtesten Beispiele erscheint am River Conon in der Nähe des Brahan Castle in Schottland. Den Berichten aus der Gegend zufolge gab es kurze Zeit nach dem Erscheinen des Geistes jedesmal eine Überschwemmung.

Wu

Die Wu sind chinesische Medien, die es zulassen, daß die Geister der Toten in sie fahren, damit sie den Lebenden Botschaften übermitteln können. Diese besonders befähigten Leute sollen am ehesten die Verstorbenen erreichen können, wenn ein Fest zu Ehren der toten Person abgehalten wird und er oder sie zu den Feierlichkeiten eingeladen ist. Offensichtlich sind chinesische Geister in gewisser Weise klassenbewußt, denn Berichten zufolge nahmen sie im allgemeinen nur daran teil, wenn sie von Intellektuellen oder Mandarinen dazu aufgefordert wurden!

Ob sie dieses elitäre Verhalten auch auf die neue herrschende Klasse der Parteifunktionäre im heute kommunistisch regierten China übertragen haben, ist allerdings nicht bekannt.

X

Xenoglossie

Der Begriff Xenoglossie wurde von Professor Charles Richet geprägt und beschreibt Geistermedien, die in unbekannten Sprachen sprechen oder schreiben. Seit den Anfängen des Spiritismus in Amerika pflegten bestimmte Trancemedien Botschaften in fremden Sprachen zu übermitteln, die sie angeblich nicht kannten, oder in Dialekten, die niemals zuvor jemand gehört hatte. Professor Richet bespricht diesen und andere Aspekte seiner Arbeit in *Thirty Years of Psychical Research* (1923).

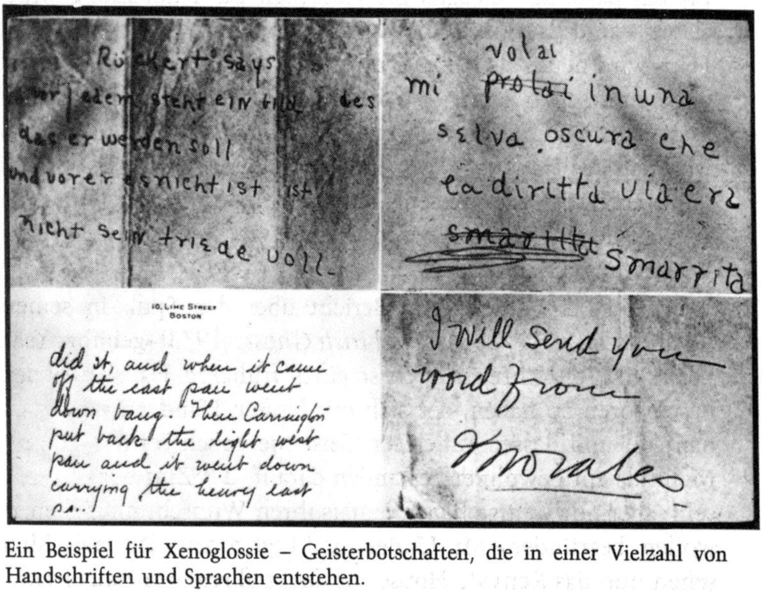

Ein Beispiel für Xenoglossie – Geisterbotschaften, die in einer Vielzahl von Handschriften und Sprachen entstehen.

Y

Yeats' Geist
Die Geschichte vom Spuk im Renvyle House in Connemara, Grafschaft Galway, sowie vom Geist, den der berühmte irische Dichter William Butler Yeats (1865–1939) beschworen haben soll, gilt als eine der faszinierendsten Geschichten. Einem Bericht zufolge erreichte Yeats den Geist über fremde Medien und erfuhr, daß er sich gegen Menschen richtet, die in seinem ehemaligen Zimmer wohnen. Der Dichter nahm dem Geist dann das Versprechen ab, nicht mehr zu spuken, wenn der Raum für Besucher gesperrt werden würde. Tatsächlich blieb alles ruhig, bis ein besonders neugieriger Gast sich der Anordnung widersetzte – und daraufhin kam der Geist noch einmal zurück. Das Haus wird heute als Hotel genutzt, gehörte jedoch vorher einem anderen irischen Schriftsteller, nämlich Oliver St. John Gogarty. Dieser arrangierte, obwohl er sich der Tatsache völlig bewußt war, daß das Haus den Ruf eines Spukhauses besaß, in den späten zwanziger Jahren unseres Jahrhunderts eine Reihe von Séancen, an denen Yeats teilnahm – und versuchte, mit dem Geist Verbindung aufzunehmen.

Nach Peter Underwoods Bericht über den Spuk in seinem Buch *Gazetteer of Scottish and Irish Ghosts* (1973) »gebührt Yeats persönlich die Ehre, den Geist eines früheren Hausbewohners beschworen zu haben, der sich mit bloßen Händen erwürgt haben soll und dessen ruheloser Geist hier noch immer umgeht. Mehr als ein Bewohner bestanden darauf, das Zimmer zu wechseln, aber nur wenige haben jemals ihren Wunsch, umziehen zu wollen, begründet.« Mr. Underwood fügt hinzu, daß viele Menschen nun das Renvyle House für das spukreichste Haus Irlands halten, und es gibt sogar die Vermutung, daß sich eine weitere große ätherische Gestalt zu dem Spuk gesellt hat – dabei soll es sich um den Geist von W. B. Yeats höchstpersönlich handeln! Damit wäre er der erste Nobelpreisträger, der nach seinem Tode als Gespenst wiedergekehrt ist.

Z

Zululand-Geist

Ein altes Schlachtfeld in Iteleni im Zululand (Teil von Natal in Südafrika) soll vom Geist des französischen Thronfolgers Louis Napoléon heimgesucht werden, der dort im Jahre 1879 in einer Schlacht getötet wurde. Die Existenz des Geistes kam zuerst am 25. Mai 1880 ans Licht, als die untröstliche Kaiserin Eugénie eine Pilgerfahrt zu der Stelle unternahm, an der ihr einziger Sohn gefallen war. Eric Rosenthal erwähnt in seinem Buch *They Walk By Night* (1949), daß die Kaiserin sich von einer übernatürlichen Kraft zu zwei sich kreuzenden holprigen Pfaden gezogen fühlte. Dort geschah ihr, wie sie später berichtete, etwas sehr Ungewöhnliches: »Plötzlich nahm meine Nase den schwachen Duft von Verbenaöl, dem Lieblingsparfüm meines Sohnes, wahr, und ich hörte seine Stimme murmeln: ›Mutter, es geschah hier.‹« Seitdem wurde die natürlich wirkende Gestalt von Louis Napoléon, in Kampfuniform gekleidet, in derselben Gegend mehrere Male gesehen.

Anhang

Personenregister

Ortsregister

Register der weiterführenden Literatur